学校教育改革
视界与设计

赵连根 著

广西师范大学出版社
·桂林·

走向人工智能时代的学校教育变革

（代序）

在工业社会向知识社会转型的重要时期，人类正在迎接人工智能（AI）时代的到来，人们的生活方式、学习方式、工作方式乃至思维方式将发生根本性的变化，随之而来，人的培养方式和教育方式也将发生变化。在竞争与合作、开放与包容的当今世界，各国对学校教育的改革和发展的关注与重视超过了以往任何一个时期。因为这不仅关系到一个民族、一个国家的未来，而且关系到全人类的未来。

现行的学校教育是工业社会的产物。通常，人们把始于18世纪初叶，伴随着工业社会而诞生的学校教育称为"近代学校教育"。这种学校教育实行班级授课制和学科课程制，既满足了工业社会形成的社会化大生产和金字塔式的社会结构对人力资源开发、专门人才培养的要求，也使每个适龄儿童都能获得教育成为现实。近代学校教育的发展也使公共教育制度得以建立。很多教育管理者借鉴古典管理理论分析教育行政管理和学校教育管理问题，力图提高学校教育的效率。

随着近代学校教育的发展，其弊端也逐渐显露出来。美国实用主义哲学家杜威一针见血地指出，这种学校教育以教师为中心、以课堂为中心、以书本为中心，有意无意地摧残、扼杀了儿童的兴趣、个性及特长。他提出了以儿童为中心、以社会为中心、以活动为中心的教育主张，并称其为进步教育。杜威敢于对阻碍社会和人的发展的近代学校教育弊端进行抨击，且大胆地提出自己的教育思想并付诸实践，体现了他的远见卓识。

自杜威的进步主义教育实践以后，世界各国的学校教育改革主要聚焦于课程教学、学习领域。如，美国在1934—1942年间进行了一场旨在改革课程体制的"八年研究"，主持人是著名课程论专家拉尔夫·泰勒。之后，美国又开展了"课程改革运动"。20世纪下半叶以来，美国、英国、澳大利亚、日本等国家围绕"校本课程开发""教学设计""合作学习"展开了较为系统的研究与改革探索，目的是要确立教师和学生在学校教育中的主体地位，提高学校教育的效能。尽管这些研究与探索对近代学校教育的改革与发展产生了重要影响，但依然无法适应人与社会发展的要求。

再看我国现行的学校教育，它是从西方植入并在科举文化的土壤上生长起来的。清末，掀起了"中学为体，西学为用"的教育思潮，清政府先后颁布《钦定学堂章程》（"壬寅学制"）、《奏定学堂章程》（"癸卯学制"），并废除科举制度，开办新式学校，标志着中国教育开始进入新的发展阶段。这种新式的学校教育为我国从农耕文明向工业文明过渡发挥了积极作用。尤其是中华人民共和国成立后，经过改造的学校教育为培养社会主义建设者和接班人做出了巨大贡献。当然，这种带有科举文化基因，以西方教育制度和模式为特征的学校教育在发展过程中出现了许多弊端，严重制约了人与社会的发展。因此，自中华人民共和国成立后，党和政府一直致力于学校教育改革，特别是改革开放以来更是加大了改革的力度。1985 年以中央名义发表《中共中央关于教育体制改革的决定》，标志着中国教育改革与发展的全面推开。其间，经历了以教育体制改革为中心的宏观改革，以面向 21 世纪，强化推进"素质教育"为中心的教育改革，以提高质量、均衡发展和制度系统创新为重点的教育改革。聚焦学校教育的重点是进行办学体制改革，课程教学改革，教育教学评价体系改革。通过坚持不懈地从宏观到微观，从外延到内涵的教育改革，我国的学校教育确实取得了长足的进步。但比照科技的进步、经济的发展、社会的转型对人的发展和人才培养的要求，学校教育不适应、不匹配的问题与矛盾依然十分突出。

可见，世界各国的学校教育都遇到了前所未有的挑战，那么，这种伴随工业文明而来的学校教育为什么会出现阻碍人与社会发展的种种弊端呢？我们不妨从哲学层面思考并揭示其本质。

众所周知，工业社会的主导哲学是技术理性，其核心是"控制"，人们通过对自然规律和社会规律的探索，实现对人与自然的关系、人与人关系的控制。这种"控制"给近代学校教育带来了巨大的影响。造成了人与自然的支离，人与社会的支离，人与自我的支离。这就是自杜威以后近一百年中，人们致力于学校教育变革收效甚微的原因所在。因为整个人类社会无法摆脱技术理性的支配，直到20 世纪末开始出现工业社会向知识社会迈进的趋势，才有了转机。

知识社会以知识经济与知识文明为基本特征，高科技是知识社会的显著特点。人工智能则是知识社会发展中最为重要的时代符号。

所谓人工智能，就是让机器来模拟人类认知能力的技术。其最核心的能力就是根据一定的"算法"，使得机器与人类相比在面对外部世界时"耳更聪""目更明"，在解决问题的过程中"心更灵""手更巧"。通常人们所说的机器学习，是实现人工智能的方法，而深度学习则是实现机器学习的技术。未来数据将会是生产资料，计算是生产力，互联网是生产关系，人工智能时代是基于这些改变而随之发生的巨大社会变革。

工业社会是让人更像机器，而进入知识社会的人工智能时代，正在把机器变成"人"。那么，人能不能活得越来越像人呢？即人能与自然共生，能与社会和谐发展，能与自我心智融合。这是人类必须认真思考和回答的问题。

人们在对工业社会的"技术理性"进行批判性反思的过程中，提出了知识社会的主导哲学，那就是解放理性，其核心是"权利赋予"，就是要把属于人自身的权利还给人，使人真正成为主体的人、自主的人。为什么要强调人的主体性？因为人与自然、社会只有有机共生，才能和谐发展。中国古典哲学中早就提出了"天人合一"的思想，西方"后现代主义"学者也认为，自然、社会、个人是有机统一的完整的连续体，具体来说，自然、社会、个人彼此之间，以及作为连续体的世界整体与自然、社会、个人各部分之间是相互生成的关系。把存在论、认识论、价值论统一起来，把科学、艺术、道德统一起来，把真、善、美统一起来，认为唯有这种统一才能不断提升人的主体性，才能使人生过得更加精彩。

未来的教育将回归本原，即为生命的健康成长而教育，为人的一生幸福而变革与发展。未来的教育应精准把握、了解、洞察学生的成长需要与个性特质，及时给予细致入微的个性化关怀、呵护、尊重，从而让学生在充满编程、编码、算法的人工智能世界里，依然能够感受到人性的温度、生命的价值。未来的教育重点不再是习得为将来从事某个职业所需要的特有知识、技能与方法，而是拥有合理的价值观、良好的心理素质、强大的创新思维与能力，以及自主学习的能力等。这些都是真正"成长"并走向"终身学习"的基础与前提。

未来的学校教育将会呈现三大特征：一是学校场景相互融通，整个世界都变成学习的平台；二是学习方式灵活多元，科学世界与生活世界，正式学习与非正式学习融为一体；三是学校组织富有弹性，根据能力而非年龄组织学习，利用大数据让教育变得更加智慧。因此，学校教育将会发生根本性的变化。

首先是学习空间的变化。学习空间将从"为集体授课而建"转向"为个性学习而建"，空间将变得更加灵活、智慧且可重组，能更好地支持个性化学习和多样化教学。

其次是学习方式变革。传统的学习是固定的学生在固定的时间学习固定的内容，并试图让所有学生达到固定的标准。未来将突破这种强调标准统一的教学秩序，允许不同的学生用不同的时间学习不同的内容。学习将出现新的趋势，一是主动学习，重组内容，创新方法，让学生在主动体验中学习；二是深度学习，创设机会，让学生掌握思考和解决实际问题的能力，掌握知识之间的深层次联系；三是无边界学习，突破校园界限，整合一切教育资源，为学生学习服务。

第三是课程体系重构。将根据生活中的真实问题设置主题，通过跨学科的课程整合，在不同学科领域之间建立联系，促进知识的活化，加强知识学习向实践创新的迁移。一是体现个性，为每一位学生量身定做课程；二是主张联结，把学习与自然、社会以及个体生活联结在一起，让学生自主选择课程资源；三是实现跨学科，通过序列化的问题把各学科知识串联起来，形成一种更加全面、相互衔接、融会贯通的课程结构体系。

最后是学校管理改革。学校管理中存在的功利化、科层化的现象将会改变，学校管理本应具有的教育性将凸显出来。学校管理变革的趋势为：一是开放，加强与外部社会的联系、合作与互动，整合一切教育资源为学生发展服务；二是民主，学校各成员秉持公平理解，相互尊重与包容，相互交流与理解，相互合作与分享；三是扁平化，学校将从纵向垂直的管理转向横向扁平的管理，建立"用数据决策、管理以及创新"的管理机制，实现学校治理现代化。

学校教育改革与发展关乎国家的前途，人类的命运，不但是全社会关心的重点，国家发展战略的重点，更是每一位教育工作者的历史责任。本人从事基础教育三十六年，既有普通教师工作的体验，也有学校管理和教育行政管理岗位的经历。其间，也接受了较为系统的教育理论学习与训练。基于教育实践的教育理论学习，不但丰富了本人对学校教育改革与发展的认识与理解，而且形成了从理论与实践的结合上去思考、探究问题的方法与习惯。

在长期的学校管理和教育行政管理的实践中，本人觉得，课题研究是思考和解决问题的最有效的途径与方法。于是，每到一个工作岗位，本人都以课题研究为抓手来推进工作。比如，在学校管理岗位，从学校自主管理出发，研究学校组织架构与运行机制；在师资培训岗位，从师资培训有效性出发，研究区域中小幼校（园）长和教师培训的新模式；在教育督导岗位，从学校主动发展出发，研究学校发展性教育督导评估；在教育行政管理岗位，从教育行政管理职能转变，研究区域教育公共治理结构和服务体系。这些研究，不仅提高了本人工作的质量与水平，而且拓宽了视野，深化了认识，也积累了许多有益的经验。

近阶段，与一些同人讨论学校教育问题，他们希望本人能把自己对学校教育改革思考与实践的理念和做法整理出来。起初，本人没同意，一是文章已发表过了，二是文章散落于各报纸杂志，三是文章整理起来较费时费力，四是本人深恐没多大价值。后来想想，本人的一些观点如果能引发大家对学校教育改革的思考与讨论，也许是一件有意义的事情。于是对这些文章进行了梳理、归类，以便较有层次地呈现自己的观点。

本书分为六个部分。第一部分是试图从哲学的角度审视学校教育改革的思想和思维方式，正确的教育思想可以引领学校教育改革，且能把握学校教育改革的方向，而良好的思维方式则可以更有效地推进学校教育改革；第二部分是从学校组织制度与运行机制改革的角度进行思考与探索，因为这是学校办学体制改革中最重要的部分；第三部分是从课程与教学的角度进行思考与探索，因为课程与教学改革是学校教育改革的核心问题；第四部分是从师资队伍建设的角度进行思考与探索，因为师资是学校教育改革，学校教育现代化的关键；第五部分是从督导评估的角度进行思考与探索，因为督导评估是学校教育改革与发展目标达成的重要保障；最后一部分则是从学校教育改革借鉴的角度进行思考与探索。这样的分类使原本松散、凌乱的材料显得有点条理性了，目的是便于展开针对性的讨论。材料中的观点难免片面与错误，还望大家批评与包容。

若此书能引发大家更加广泛深入地讨论学校教育改革，并在学校教育理念重塑、行为重构、文化重建的过程中进行审辩式思考，创新性设计与实践，此书出版的意图也就达到了。

赵连根

2020 年 5 月

目 录

五、督导评估创新

六、教育改革借鉴

一、教育价值探寻

　　人与社会的发展离不开教育，尤其是学校教育。学校教育直接影响着人与社会发展的质量与进程。因此，全世界都高度重视学校教育改革与发展。

　　当下的学校教育是伴随着工业社会而产生与发展的。在工业社会向知识社会转型的重要时刻，学校教育如何走向现代化，并与知识社会的发展相适应，正日益成为全人类关注的热点、探究的重点。

　　在科技迅猛发展、社会急剧转型、文化加快融合的新时代，应从哲学的高度，辩证地审视学校教育的过去、现在与未来，形成正确的学校教育价值导向，可以防止片面地、静止地、机械地看待学校教育的思维倾向，有助于形成整体地、动态地、有机地思考学校教育改革与发展的思维方式，有助于在正确的教育思想引领下扎实、有效地推进学校教育的改革与发展。

走向现代学校 *

一

21 世纪的学校教育与管理面临着严峻挑战。

学校教育是人类社会发展到一定历史阶段的产物，它必然要随着人类社会的发展而发展。只有这样，才能满足社会和人的发展需要。当前，人类社会正面临由工业社会向知识社会大步迈进的重要转型期，世界各国都把发展教育、转变人才培养方式与增强国力、可持续发展紧密相连。如何使我国中小学校跟上时代进步，满足国家经济建设的需要和人民大众对优质教育的期盼，迅速实现由传统学校到现代学校的嬗变，正成为人们关注的焦点。

我们这里说的现代学校，关键在"现代"，它直接关系到现代学校的定位与发展方向。"现代"（modern）一词在英语中，作为表示时间概念的形容词时，它的意思是"现世（代）的"或"近世（代）的"。用在历史学范畴中，大致是从公元 1500 年左右以后一直到现今的历史时期，这就是说，"现代"一词的历史时限比较长。为了与人们现实生活所处的时代区别开来，西方学者又把距离现实生活最近的时期称为"当代"（contemporary, present time）。在英语中，"modern"一词还有另一含义，即"时新的"（new, up-to-date）与"时髦的"（new fashioned）意思（参见《现代高级英汉双解词典》）。由此引申，"现代"有"新时代"的含义。

据考证，"现代"一词在文艺复兴时期人文主义者的著作中，最先作为价值尺度表示"新时代"的含义。当时用这个词表达一个新的观念体系，即把文艺复兴看成是一个与中世纪对立的新时代的开始。由于文艺复兴否定中世纪的神学权威，尊崇古典文化，故而文艺复兴以后的时代被视为欧洲历史的一个新时代。

许多学者在研究、总结、反思人类社会发展的历史进程中认为：人类社会发展大致经历四个阶段，即原始社会（形成原始经济与原始文明）、农业社会（形

＊ 此文为《现代学校解读与建构》（赵连根等著，上海教育出版社，2008）的绪论。

成农业经济与农业文明）、工业社会（形成工业经济与工业文明）、知识社会（形成知识经济与知识文明）。18世纪以来，由于科技的进步，人类社会加快了发展进程，其标志是推进现代化。

现代化是一个动态的概念。传统意义上的现代化，是指从农业经济社会向工业经济社会转变的过程。今天的现代化概念，对发达国家来说，主要是指从工业经济社会向知识经济社会演化的过程；对于发展中国家而言，则主要是指其加快发展，追赶发达国家的过程。所以，有的学者认为，18世纪以来世界现代化进程包括第一次现代化和第二次现代化两大阶段。第一次现代化是以发展工业经济为基本特征的经典现代化，第二次现代化（1970年以来）是以发展知识经济（新经济）为基本特征的新现代化。第一次现代化具有工业化趋同的倾向，第二次现代化则是物质生活质量趋同、精神和文化生活方式多样化。

学校教育在促进人类社会发展，加快世界现代化进程中发挥了至关重要的作用。同时，由于人类社会发展的内涵与方式的变化，对学校教育提出了新的要求，学校教育只有顺应时代的要求，适时地进行变革，才能获得更为主动的发展，才能更为有效地为人类社会的发展做出新的贡献。

二

现行的学校教育是工业社会的产物。通常，人们把伴随着工业社会而诞生的学校教育称为"近代学校教育"。它主要不是一个时间概念，而是表征一种特殊性质的学校教育——与工业文明相对应的学校教育。

众所周知，近代社会形态是在17世纪中叶以后开始确立的。它以资产阶级革命和产业革命为标志，"科学""技术""工业文明"是其基本内涵。"近代学校教育"作为一种观念，在17世纪捷克教育家夸美纽斯的教育思想中就已经有了比较充分的表达，但作为一种制度则是在18世纪中叶以后开始系统建立起来的，并以义务教育制度的建立为标志。

工业社会形成的社会化大生产（从手工工厂生产到大机器生产）和金字塔式的社会结构对人力资源开发、专门人才培养提出了全新的要求。建设与工业社会相适应的学校教育成为时代的需求。夸美纽斯提出的班级授课制和学科课程制为新学校的建立奠定了坚实的理论基础。经过一段时间的实践，到18世纪中叶，已形成了一套完善的、与工业社会相匹配的学校教育制度与模式。在近代教育理论支撑下形成的近代学校教育，在一定程度上满足了工业社会的发展要求，与古代学校教育相比，它至少有如下进步：第一，近代学校教育实行学科课程制，以科学理性精神为基本追求，力图把近代科学活动中形成的知识纳入到学校课程中去，通过教学活动，使人的心智从愚昧、迷信和盲从中获得解放；第二，近代学校教育实行班级授课制，使每个适龄儿童都能获得教育成为现实，为工业社会人力资源开发提供了可靠的保证，因而产生了空前的效率，教育的本质获得了新的展现；第三，近代学校教育追求民主、平等、自由等进步的价值观，推动了社会的全面进步。

近代学校教育有以下几方面的基本特征：其一，在学校教育价值取向上，强调满足社会发展需要，很少考虑个体发展需要。用统一的规格制订培养目标和内容，通过一次性教育向社会输送人才；其二，在课程设置与实施上，以学科中心主义思想为主导构建学科课程体系，以严格的学年制和班级授课制为形式组织教学活动；其三，在考试评价上，突出考试评价的选拔与淘汰功能，通过层层筛选，把培养的人输送到社会的不同岗位上，在金字塔式的社会结构调节中发挥了重要作用。

近代学校教育的发展导致了公共教育制度的建立。由于公共教育管理与学校教育管理日趋复杂，客观上便提出了对教育管理进行专门研究的需要。19世纪末20世纪初兴起的古典管理理论，使教育管理者得以借鉴该理论来分析教育行政管理和学校教育管理问题，从而使教育管理超越了原来的经验式管理，并逐步形成了教育管理学。

学校在管理理论上移植企业管理经验，借鉴其管理实践，逐步形成了统一、规范、有序、高效的科学管理行为。的确，无论是西方享有"科学管理之父"之称的泰罗的"科学管理"理论，还是同样著名的德国社会学家马克斯·韦伯的"科层制"理论，都对学校管理产生了重大影响。比如，学校根据科学管理的思想，设计了以提高管理效率为宗旨的作业标准、程序以及方法，明确了学校人员的岗位职责，采取了以"经济人"假设为前提的奖惩措施等。又如，学校按照科层制的观点，建构学校组织：一是确立目标；二是划分层次与职位；三是按等级排列职位，并明确权限；四是用制度规范学校人员的行为。

随着工业社会的发展，这种近代学校教育的弊端也逐渐显露出来了。20世纪初，美国实用主义哲学家、进步主义教育家杜威最先发现问题。他把这种学校教育称为传统教育，并一针见血地指出，这种学校教育以教师为中心、以课堂为中心、以书本为中心，有意无意地摧残、扼杀了儿童的兴趣、个性及特长。他认为教育即生活、教育即社会，提出了以儿童为中心、以社会为中心、以活动为中心的教育理念。他把这种与传统教育相对立的教育称为进步主义教育。尽管杜威的进步主义教育尚存在许多缺陷与不足，但他敢于对阻碍社会和人的发展的学校教育弊端进行抨击，且大胆地提出自己的教育思想并付诸实践，的确难能可贵。

那么，这种体现社会进步、与工业文明相伴而来的近代学校教育，为什么会出现阻碍社会和人的发展的种种弊端呢？我们不妨从哲学层面思考并揭示其本质。

工业社会的主导哲学是技术理性，其核心是"控制"，人们通过对自然规律和社会规律的探索，实现对人与自然关系、人与人关系的控制。这种"控制"给近代学校教育带来了巨大的影响。

首先，造成了人与自然的支离。技术理性是被限制于工具而非目的领域的理性。它追求知识、追求工具的效率和对各种行为方案的正确选择。在技术理性的视野内，自然界被置于人的对立面，并成为人改造和控制的对象。大自然被抽象为形形色色的规律、规则和知识，其令人神往的玄妙和神秘荡然无存。在近代学校教育中表现为数学和自然科学等普遍性知识领域占主导地位，而意识、道德等价值领域则退居边缘地位。当然，科学知识和能力的培养、科学精神的培育是非常必要的。一旦把技术理性在学校教育中绝对化、中心化以后，就会使人性枯萎，这种"受过学校教育的人"习惯于将自然客体化，用已有的知识对自然进行分类，进而用所掌握的规律、规则对自然进行计算和操纵，而不是通过将自我融于自然而对自然进行直觉、体验、想象和审美。由此导致的结果是加剧了人与自然的割裂和对立。

其次，造成了人与社会的支离。技术理性在指向自然的同时，也延伸到了社会。在社会管理体制上则表现为"科层制"的形成。"科层制"重视劳动分工专业化与权威等级制，注重技术效率和计划性。这一方面提高了社会管理的效率，另一方面使个人与社会的关系变得非常机械与僵化。近代学校教育同样离不开"科层制"的支配，实行了等级化管理，由此导致的结果是人际间的合作、理解、关爱、同情、友谊日渐衰微。学生可能取得很高的学业成绩，但却是以牺牲健全人格的发展为代价的。

最后，造成了人的自我支离。技术理性的控制性和功利取向，具有潜在的使人"物化"的倾向。人们往往只想"占有"而忘却了"生存"的意义，把自我价值等同于市场的交换价值，"在市场上成功地出卖自己"①成了人的目标。这样，人的自我被完全异化了，最终成了一个没有自我的物品。近代学校教育的非人性化经验导致的结果是学生的个性被扭曲、自我意识受到压抑、创造力枯萎、审美及敏感性日渐萎缩等。

自杜威以后的近一百年中，虽然人们一直在变革这种学校教育，但这种努力收效甚微。因为整个人类社会无法摆脱技术理性的支配，直到20世纪90年代中期开始出现工业社会向知识社会迈进的趋势，才有了转机。

---

① 弗洛姆著，陈永禹译：《健全的社会》，中国文联出版公司，1988，第143页。

三

知识社会以知识经济与知识文明为基本特征。高科技是知识社会的显著特点。高科技领域最具代表性的是正在进行的三大革命，即网络革命、基因革命和纳米革命。

网络革命，就是全球范围内建成以计算机为纽带的宽带化、智能化、个性化的信息与通信网络系统。它能以更快的速度传送和处理数量日益增多的数据、信息和知识。这是一种比以往人们所设想的更加灵活便捷的、更具高智能的、更为复杂的"神经系统"。网络正在成为人类生活不可或缺的重要组成部分。人一旦离开网络，就像离开空气那样会窒息。网络革命正表现出三个基本形态：其一，信息技术正朝着人机对话界面的人性化和对人的多种特质与能力综合模拟的方向突进。这种全面拟人化的走向，正在全面改变现存的人与技术的关系，走向信息技术服务于人的解放与发展。其二，信息化的结构性社会存在使整个社会生存环境中增加了虚拟空间，出现了第四空间（其余三个空间为物质空间、文化精神空间和个体心理空间），它向人的认识能力和价值体系提出了挑战。其信息化的个体生存正在使个人的时空意识发生变化，"现在"与"未来"紧密渗透，世界空间正在变小，而个人空间则因互联网而变大。个人的生存方式，即交往方式、学习方式、活动方式以及时间分配正在发生重大变化，对个体的主动性、性格、能力等会产生重大的影响。同时，还使个人的语言和思维方式发生变化。原先相对稳定的语言系统正变得开放、多元和复杂，思维方式上打破了传统的感性认识与理性认识的两个阶段，改变了认识方法中分析与综合的清晰界限。这是信息生命性存在的最内在、深刻和具有持久价值的变化。

基因革命，就是人类利用生物学技术手段，操纵、改造、重建细胞的基因组，从而使生物体的遗传性状发生定向变异。通过基因工程技术，人类不仅可以在分子水平上对微生物、植物、动物本身等不同种属之间的基因进行随意的剪切拼接，而且来源不同的微生物、植物、动物和人类之间的基因也可以任意地重组、传递，甚至还可以按照自己的意愿设计合成新的蛋白质。基因革命使整个生物技术跨入了一个崭新的发展时代，将对人类社会的发展产生重大而深刻的影响。对人类而言，它能降低和减少疾病，进而延长人的寿命，为改善人口素质和提高生命质量找到了突破路径。不过，基因技术的过度运用只是生命"量"的累积，而"质"的提升有所欠缺。生命的健康定义仅仅停留在狭隘的身体功能和生物基因的安全，实际上处于"生物人"的层面，忽视了人是自然性和社会性的统一。对教育而言，基因技术的运用可以极大地提高教育的质量与效率，如遗传基因的干预、智力的测量、潜能的开发、行为的矫治等将更为精准，同时又要注意防止历史上由来已久的"天才论""血统论"的死灰复燃，导致人性的丧失。因此，要有效利用基因技术去科学地解读和把握遗传在人的社会化进程中的作用，切实提高人的社会化的质量与水平，实现对人的生命的守望和关怀，注重人的主体性的自我展现。"人的继续生存既不能由自然本身——如通过其行为，一种处于本能的相应控制，也不能通过上帝的照顾来加以保障，而必须作为一种由他自己担负的责任来不断地提供新保障。"①

纳米革命，就是研究超微技术与材料。纳米是一个尺度概念，是一米的十亿分之一。当物质到纳米尺度以后，性能就会发生突变，出现特殊性能。纳米技术的内涵非常广泛，它包括纳米材料制造技术、纳米材料向各个领域应用的技术。纳电子代替微电子，纳加工代替微加工，纳米材料代替微米材料，纳米生物技术代替微米尺度的生物技术将成为推动社会经济快速发展的主导技术。美国卡耐基—梅隆大学特聘教授阿伦纳凯伦十分看好纳米技术的发展前景，认为纳米材料的发展甚至有可能超过计算机对人类生活的影响。它通过人类成功地在纳米尺度上变革自然，实现了各类物质能量载体的大幅度压缩、减少，从而进入一个信息量密度极高、载体极为微小的奇异时代，充分表现着与人类认识把握客体尺度缩小相对应的人类认识变革自然能力极大增长的趋势。纳米技术向人类提供了无限的可能性，不仅为人类的道德进步提供了丰富的物质基础，而且产生了新的职业和职业道德，丰富了人类道德的内涵，促进了人类整体道德的提升。同时，也会带来尚难以预测的负面影响，如在健康和环境方面对人类显示出来的危险。正如西方学者所指出："不管是什么物质，当体积缩小到超微级时，它的毒性会变得更大。"②总之，发展纳米技术要保证以人为本。因为，超越技术，回归人性是人类社会发展的永恒的追求。

高科技加快了经济全球化的进程，出现了资本、技术、人员等生产要素，以及生产过程、产品营销及消费市场等方面全球化的多种方式。它使人类的生活、学习、工作方式以及思维方式发生了根本性变化。同时，纵向垂直的金字塔式的社会结构正在被横向扁平的网格化的社会结构所取代。因此，不难看出，人类社会由工业社会进入知识社会将是一场翻天覆地的大变化。

知识社会不但是一个高科技快速发展的社会，而且是一个社会全面进步的社会。人们在对"技术理性"进行批判性反思的过程中，提出了知识社会的主导哲学，那就是解放理性，其核心是"权利赋予"，就是要把属于人自身的权利还给人，使人真正成为主体的人、自主的人。比如，20世纪80年代以来，西方"后

---

① 库尔特·拜尔茨著，马怀琪译：《基因伦理学》，华夏出版社，2000，第108页。
② 严芷清、董玮：《纳米技术带来的哲学思考》，《湖北成人教育学院学报》，2006年第5期。

现代主义"提出了"整体有机论"。他们认为，自然、社会、个人是有机统一的完整的连续体，包括两层基本含义：第一，它认为部分与部分之间、部分与整体之间拥有内在联系，任何一部分若从整体中剥离出来，其自身将不复存在。部分内在于整体之中，整体也内在于部分之中。第二，它认为具有内在联系的部分与部分之间、部分与整体之间是一种动态生成关系。具体来说，自然、社会、个人彼此之间，以及作为连续体的世界整体与自然、社会、个人各部分之间是相互生成的关系。整体有机论从根本上消解了主体与客体、思维与存在、自然与社会、社会与个人、自然与个人等的二元对立。它把存在论、认识论、价值论统一起来，认为彼此之间可以相互推导；它把科学、艺术、道德统一起来，认为它们彼此之间可以并应当相互渗透；它进而把真、善、美统一起来，认为唯有这种统一才能达到真正的人的自然的境界。

知识社会正在向我们大步走来，学校教育要主动适应知识社会发展，反思现行的学校教育，做出变革的回应。其一，在学校教育价值取向上，应强调满足每一个人自主而和谐发展的需要。所谓自主，主要包含两个方面：一是创造性。知识创新是知识社会的基本特点，要积极营造创造的环境与氛围，增强人的创造意识与激情，培育人的想象力、创造力以及创造精神。二是自律性。科技成果层出不穷，人人享受科技成果的恩惠是知识社会的又一基本特点。由此引发了新的问题，即科技成果在应用时，是一把双刃剑，既能造福于人类，又能给人类带来灾难性的后果。这就要求每一个人要以高度的道德自律性，本着对自己、对人类负责的态度，正确合理地使用科技成果。所谓和谐，主要指应按照每一个人的遗传、所处环境以及教育水平三大因素进行设计，积极创造条件与机会，努力把每一个人的潜在能力转变为现实能力，使每一个人身心都获得持续健康的发展。我们把这种与知识社会相适应的学校称为现代学校，或者说它是与世界现代化进程中的第二次现代化相匹配。现代学校的价值不再停留和满足于传递、继承人类已有知识，实现社会生产力和生产关系的复制式再生，而是追求为社会更新性发展，为个人终身发展服务的价值。因而，从传递知识为本转向以培养人的健康、主动发展的意识与能力为本，是现代学校价值的核心。其二，在课程设置与实施上，要以以人为本的思想构建适合每一个人自主而和谐发展的课程体系。具体地说，就是要致力于每一个人的发展，为每一个人量身定做一套课程，真正做到个别化教育。个别化教育不仅是知识社会的要求，而且完全能够在知识社会成为现实。在课程实施（课堂教学）上，要从单一传递教科书上呈现的现成知识，转为培养能在知识社会中实现主动发展的人，使书本知识与人类生活世界、人的经验世界和成长需要实现有效沟通，以唤起每一个人学习的内在需要、兴趣和信心，提升每一个人主动探索的欲望和能力，并在学习中获得成功的体验。其三，在考试评价上，着眼于每一个人的自我诊断、自我分析、自我选择，而选拔、淘汰功能将逐步消亡。这既是知识社会对人的自主性的要求，又是衡量人的自主发展的重要标尺。要使考试评价成为一种发现问题、发现经验和发现可能创造的过程，成为反思和提升自我意识、理想的过程。

学校教育是一个体系，由许多基本要素与层次构成。在现代学校教育价值支配下，我们必须对学校教育体系的功能做出选择。按知识社会对人才培养的要求，重新认识学校教育现代化的内涵，把握其发展方向，着力研究与建设一套能保证学校教育主动适应知识社会发展的学校制度，这种对现代学校的解读与建构，极具挑战性。

四

首先是学校理念。所谓学校理念，就是通常所说的办学理念，主要有教育理念与管理理念，实质上就是学校管理者和教职员工在对其所从事的学校教育本质特征认识的基础上形成的相对稳定的观念。任何学校的管理者和教职员工都是在一定的学校理念支配下开展教育教学工作的。我们不能孤立地谈教育理念与管理理念，而是要从整体上认识与把握教育理念与管理理念的相互关系与相互作用，使其成为学校理念的有机整体。

知识社会呼唤学校教育主体性的回归。学校教育的主体性是育人，是要促进每一个人自主而和谐的发展。首先，要重视个体的生命的成长价值，把每个人当作一个活生生的生命体，充分认识每一个个体生命发展的潜能，主动承担起为个体生命的健康、主动发展服务的神圣使命，积极创造各种机会，为个体潜能的开发提供条件，努力把个体生命的潜在能力转化为现实能力。法国现代教育家保尔·朗格朗认为："教育的真正对象是全面的人，是处在各种环境中的人，是担负着各种社会责任的人，简言之，是具体的人"，具有"作为一种物质的、理智的、有感情的、有性别的、社会的、精神的存在的各个方面和各种范围。这些成分都不能也不应当孤立起来，他们之间是相互依靠的"。[①]学校教育应为生命体的生存与发展，生命体间的对话、交流、合作、分享创造机会和条件。其次，学校教育要由知识为本转向以人的主动发展为本，在将人作为生命主体的基础上，采取多种形式激发人的主动性，使每个人具备终身学习和发展的意识与能力，为每一个人的终身学习与发展，实现幸福人生奠定基础；要把只会被动接受现成知

---

① 保尔·朗格朗著，周南照、陈树清译：《终身教育引论》，中国对外翻译出版公司，1985，第87—88页。

识，以适应、服从、执行他人思想与意志为基本生存方式的人，把缺乏创造精神与能力的人转变为善于在当今社会中实现其生命价值的主动发展的人。再次，学校教育要在尊重人的差异性基础上，认识到人的不同的发展起点、不同的兴趣、不同的个性特长、不同的学习及思维方式，甚而关注到每一个人的独特性和唯一性，并基于此采用因材施教的方式发展个体的特长，实现群体的共同发展与个体的个性发展的有机统一。

工业社会的学校教育管理思想是在逐步借鉴工商业管理理论的过程中发展起来的，随着系统管理理论的出现，学校组织的性质被重新审视。人们发现学校组织与其他组织系统一样，不再自我孤立与封闭，正在成为一个开放的系统，从而实现真正意义上的"以人为本"的管理。学校管理的目的在于自主，以人的自主、和谐、全面发展为核心，尽可能为组织内每一个成员能最大限度发挥其主体能动性，最大程度地实现自身价值，营造氛围，创造机会和条件，推动组织成员个体愿景和组织愿景的共同实现。"人们选择某个社会组织，实际上是对他们自己所选择的个人发展模式的追求，他们由此就将自己的命运与组织捆在一起。不仅他们是这个组织的，反过来这个组织也是他们的。在这个组织中适意地成长，既是他们的要求，也是组织的责任"①。由此，开展学习型组织建设，创建学习型学校正在成为学校管理新理念形成的重要途径，即组织团队学习，从目标推进过程中的问题出发，让每一个成员主动参与学习、讨论、研究，一方面找到解决问题的对策；另一方面提高每一个成员系统思考的能力，促进学校管理者与被管理者之间形成一种"交互主体"的关系，管理过程成为一种民主参与、协商、对话与交流、合作与分享的过程，最终使学校成为一个"专业学习共同体"。

其次是学校行为。学校理念支配着学校行为，学校行为是学校理念的反映。先进的学校理念可以引领学校行为的变革，学校行为的变革则能影响学校理念的更新或丰富学校理念。因此，学校理念和学校行为是在相互影响、相互促进的过程中获得发展的。学校行为主要表现在学校发展计划、课程与教学、教师队伍、学校组织制度、学校开放和学校自我评价等方面。

学校发展计划是学校发展的蓝图。学校发展计划是集对学校未来发展的战略思考和策划，对学校现实发展问题的诊断和系统分析，对学校发展行为路径的具体决策与管理这三者于一体的过程。在知识社会背景下，设计学校发展计划需要重点考虑三方面要素：一是系统分析学校深层变革。首先要有宽视角、新思路的考量和设计。所谓宽视角是指站在整个社会和教育系统发展变化的角度，审视和发现社会和人的新的需要，重点探索学校发展可能面临的新机遇和新危机。新思

---

① 王文奎：《在组织中成长——从被管理者的角度谈管理》，《理论导刊》，2002 年第 2 期。

路则是指探索新的生长点，寻找与传统办学思路不同的发展道路。二是演绎发展目标体系。从结构来看，包括学校发展整体目标、各领域发展目标和阶段完成目标三种类型。一般包括三个维度：方向（办学特色）、程度、时间。目标体系（群）包括四个方面：办学目标、培养目标、分类（领域）目标和阶段目标。三是选择重点发展项目。在学校计划早期阶段，选择优先发展项目相当重要。优先发展的项目应放在如何转变学生学习方式、培养学生的实践能力与创新精神上。学校发展计划的实施是从一种理想化的蓝图到成为学校发展现实的过程，在实践中要自觉主动地进行反思，不断提升主体价值。应该说，学校发展计划是一个不断积累教育经验、不断改进教育与管理工作的周期性过程。每一轮学校发展计划的制订都应以前一轮计划为基础，并通过协调学校的各项工作，使之成为具有内在结构的整体性计划。

课程是学校教育活动的载体。学校教育究竟能否适应知识社会的要求，核心问题是课程。当前，应着重从两个方面去探索现代学校课程建设：第一，构建学校课程体系。学校教育活动必须具有课程性，这是学校教育活动区别于其他教育活动的重要特征。当学校教育活动的内容和要求发生变化时，必然要改革课程，重新设计课程结构，从而使课程能充分满足学校教育活动的需要。所谓构建学校课程体系，就是将学校的所有教育活动按课程的要素进行设计，一方面要根据学校的定位与发展目标，实现国家课程、地方课程与学校课程的有机整合，实现学科课程与非学科课程的有机整合，实现显性课程与隐性课程的有机整合；另一方面，要根据学生的智能倾向和个性特长，努力为每一位学生量身定制一套适合其和谐发展的课程。第二，组织基于课程的教学。学校课程体系必须在实施中加以完善。课堂是课程实施的主渠道，要树立新的课堂教学观。不弄清是基于教材的教学还是基于课程的教学问题，就谈不上真正意义上的课程实施。要使新课程能真正进入课堂，就应以问题的提出到探究为逻辑线索，构建"课堂教学方案设计—实施—评价"的课堂教学新模式，使课堂教学由以教材为中心组织知识教学转向以人为本促进学生和谐发展。

教师队伍是实现学校发展的关键。教师的教育理念、职业素养及教育行为直接关系到课程实施与评价的质量与水平。加快教师队伍专业化进程，全面提升教师专业化水平是现代学校教育的重要组成部分。教师专业素养主要由四个部分构成：一是职业道德，教师热爱自己的职业，关爱每一个学生；二是教育理念，教师自觉认识教育工作的本质特点，不断更新教育观念，改善教育行为；三是专业结构，教师既有广泛的科学与人文知识基础，又有系统扎实的课程、学科、教育心理、教育研究与方法、信息技术等知识；四是专业能力，教师不但要有教育教学以及研究能力，而且要有与学生、家长、社区成员以及其他教师交往的能力。实现教师专业化既取决于职前教育，更有赖于职后培训。教师劳动的复杂性和长周期性，要求教师注重实践积累。经验加反思是教师走向专业成功的有效途径与方法。就学校而言，要着力构建一套促进教师专业发展的制度。其中，有两大制度极为重要：一是激励制度，要坚持以教师发展为本，尊重、理解、支持教师，努力为把每一位教师的潜在能力转化为现实能力创造机会和条件，主动为每一位教师走向成功搭建舞台；二是校本培训与教研制度，这是基于教师在教育实践中的问题的培训、教研，从问题出发到问题解决为归宿是校本培训与教研的重要特点。其基本路径是：教师具有问题意识，注重观察实践中的问题，对所观察到的问题进行筛选，把最有价值、迫切需要解决的问题设计成研究方案，在组织方案实施过程中边学习、边实践、边思考、边研究，最终形成成果，然后再到实践中去检验和推广成果。

组织制度是学校发展的重要保障。合理而有效的管理对于课程实施、教师专业发展是至关重要的。随着以计算机为纽带的信息网络的日趋发达和以人的发展为本的学校课程体系的构建与实施，政府出台了一系列增强学校自主办学地位的政策措施，为学校管理制度的变革带来了难得的契机。学校应成为最大限度发挥人的主观能动性的场所，其管理的目的在于自主，实现自我超越应成为学校每一个成员的价值追求。要确保这一目标的实现，学校应构建基于网络的横向扁平的管理制度，使之能适应并促进学校及其每一个成员的主动发展。这就要按照学校课程体系要求重新设计学校组织结构，以网络管理取代三级管理，实现管理重心下移；还要按照学校成员自主发展的要求，设计有效的激励机制，既要推出一整套的精神与物质激励相结合的举措，又要营造学校办学价值和每一个成员自我价值实现过程中的宽松的人际氛围和良好的文化环境。

开放是现代学校教育的一个重要特征。无论是课程开发与实施、管理体制机制变革，还是师资队伍建设，是否具有活力，皆有赖于开放，取决于信息能否实现有机交互与转换的开放结构和功能。在学校结构层面上，主要表现为两个向度的开放：一个是外向的，对网络、媒体的开放，对社区、社会的开放，以及学校间、相关教育机构的相互开放；另一个是内向的，在教育与管理活动中向师生开放，向家长开放，向学生可能发展的空间开放。从封闭走向开放是学校发展的必然趋势，也是对学校发展的基本要求。

学校自我评价是衡量现代学校发展水平的基本手段。学校自我评价是指学校组织为改进学校管理，通过自主选择评价标准和内容，运用专业评价技术和规范的程序，对学校管理活动进行事实判断和价值判断的活动。处于社会转型期的学校重在内涵发展，主要表现为组织和个人的自主而和谐发展。这种发展需要科学的评价技术与方法。学校自我评价有助于提升学校成员的主体意识、目标意识、反思意识和批判意识，并转化为改善管理、改进行为的具体实践。

最后是学校文化。学校文化是指学校在长期发展过程中逐步形成具有本校特色的、能长期推动学校发展壮大的群体意识和行为规范，以及与之相适应的规章制度和组织机构的总和。它是学校组织及其教职员工所具有的教育思维与行为方式，主要包括：价值观念、学校精神、行为准则、学校制度、办学环境、办学质量和学校形象等。它是一种内隐的、深层的但又弥漫在整个学校全部生活时空中的一种无形的力量，把学校教育介入到人的生命之中，关注学校教育中人的生命质量，激励学校群体成员完成共同的使命，并激发参与者的创造力和潜能。

在现代学校转型过程中，学校文化发展是一项根本性任务。它能使学校生活充满着教育意义，积极地影响和改善着人的精神生活，进而使学校获得内在的核心发展力。

现代学校文化是一种"自主、和谐、开放"的学校文化。自主是要促使学校由教育活动的工具存在（空间存在）转向本体存在（文化存在），由教育决策的边缘走向教育决策的中心，成为自我、自律、自为的文化主体。和谐是坚持以人为本的理念，用和谐的思维认识事物，用和谐的态度面对问题，用和谐的方式处理矛盾，形成诚信友爱、融洽和睦的人际关系，维护良好的教育教学秩序。开放强调学校文化与社会文化是一种相互影响、相互促进的关系，学校将走出"文化孤岛"，实现学校、家庭与社会不断走向融合和实现共同发展。总而言之，其核心是新的学校文化精神的凝结和良性的学校文化生态的构建，使学校呈现出新的发展范式——树立关怀生命的学校教育价值观，实现学校生命体价值的全面提升，让学校生活成为师生生命中有意义的组成部分。因此，学校新文化建设要实现以物为中心到以人为本的根本转换，以注重价值共享、注重全面分析、注重合作学习和注重创新探索为着眼点，促进教师文化、学生文化、管理文化和课程文化的更新，对学校中的教育行政管理者、校长、教师和学生的价值取向、思维方式和行为方式进行改变和转换。我们需要有文化意识，能将教育改革上升到文化层面进行思考和实践，能用文化的眼光来看待教育改革之人、教育改革之事，在孕育着新型师生的生存环境的同时，内化到人的生存方式与行为方式中。

五

总之，在人类社会由工业社会向知识社会迈进的重要转型期，我们要自觉承担起现代学校建设的神圣使命，以激情和智慧迎接学校教育变革的挑战，既要对工业社会的学校教育进行批判性总结与传承，又要对知识社会的学校教育做出前瞻性思考与建构。在实现学校教育主体回归的同时，更加积极主动地融入社会变革的历史进程中去，为实现社会和人的现代化做出新的更大的贡献。

学校教育功能浅论*

学校教育有其自身的功能，但是究竟有哪些功能，所具有的功能应如何整体协调地发挥作用，人们的认识似乎还比较模糊。由于这种认识上的模糊，往往会违背教育规律去强化或弱化某种学校教育功能，结果所实现的往往不是正功能，而是扭曲的功能或是负功能，给学校教育造成的损失不言而喻。

一

现代学校教育具备三个基本功能：一是促进社会的发展，它包含学校教育的政治、经济、文化、生态四方面因素。这是学校教育系统与社会各子系统在相互联系、相互作用的过程中形成的功能。二是促进个体的发展。这是学校教育与教育对象发生交互作用中所形成的功能。三是学校教育的自我保存和自我更新。这是学校教育内部调节中形成的功能。学校教育众多的功能说明："教育这个实现社会和人类自身再生产的重要社会工具已经被越来越多的人认识，而且在人类生活中占有越来越重要的地位。"[1]如何发挥学校教育的这些功能，将对学校教育产生重大影响。

二

学校教育功能是随着学校的产生和发展而不断演变的。在古代社会，学校教育为统治阶级政治服务的功能占中心地位，学校教育的其他功能不是被削弱，就是被掩盖了。学校教育的发展一直处于缓慢的状态。当历史跨入了以商品经济为主的资本主义社会以后，特别是确立以机器为主的大工业生产，社会对学校教育功能的需求发生了大的变化：要求学校教育为社会物质生产服务，为科学技术的

＊　此文发表于《上海教育科研》1994 年第 11 期。
① 　叶澜主编：《新编教育学教程》，华东师范大学出版社，1991，第 47 页。

普及与发展服务，而学校教育为政治服务的功能则变得隐蔽起来。学校教育传递文化的功能得到了强化，其中在自然科学和技术的传递方面表现得更为突出。

此外，学校教育为个体发展服务的功能也被鲜明地提出来了。到了社会主义制度建立时期，学校教育功能发生了更为重要的变化。社会主义社会以谋求人的全面、自由的发展和建立平等、互助、协作的人际关系为目标，为实现这一目标，它要求学校教育进一步协调促进社会发展的功能与促进个体发展的功能，同时在更大程度上推动学校的自身发展。这一要求预示了教育功能演变的方向，具有普遍意义。为了达到这个要求，在社会主义国家的学校教育实践活动中已进行了卓有成效的探索。还必须指出的是，20世纪50年代末出现的新技术革命给人类社会的各个方面都带来了冲击，社会对学校教育的要求发生了许多新的变化。如：要求加强学校教育与社会物质生产的直接联系，要求教育向终身化的方向发展，要求学校教育面向未来、先行一步，为社会和人类的未来前景提供教育保障等。由此而导致的学校教育功能的变化同样具有普遍意义。

纵观上述学校教育功能的演变过程，可以清楚地看到学校教育功能经历了由单项功能到多项功能，由突出局部功能到注重整体功能的过程。由于教育属于人为的事物，教育功能的表现形态较为复杂。不同的历史时期，学校教育的各种功能发挥是不同的；同一历史时期，不同发展水平的国家，对学校教育功能的认识与选择也是不相同的。但是，人类社会发展至今，已经到了需要学校教育整体协调地发挥各种功能的时候了。哪一所学校能整体协调地发展学校教育的功能，哪一所学校在教育竞争的年代就会处于优势地位，就会出现办学活力，就会出一流的教育、出一流的人才，就会真正满足社会和个体发展的需求。反之则不然。这一点已经不是在认识上有无疑问的问题了，而是在学校教育活动中如何去实现的问题了。

三

强调学校教育功能的整体性，是因为整体的功能大于部分之和。只有从整体上去认识学校教育的功能及其相互关系，去认识实现学校教育功能所必须的条件，才能从整体着眼而不是从局部着眼去实现学校教育功能。强调学校教育功能的协调性，是因为环境和条件的变化会引起各种功能强度的变化，各种功能之间甚至会产生冲突。只有根据环境和条件的变化，按照教育发展的规律，积极主动地协调学校教育的各种功能，才能使功能得到最合理、最充分的发挥。如果学校教育仅为了"适应"社会中一度被强化了的某种需要而强化学校教育的某种功能，掩盖或削弱学校教育的其他功能，就会给学校教育造成严重的后果。如"文化大革命"中，学校教育的政治功能被无限地夸大了，学校教育遭到了严重的破坏，给社会和个体发展所带来的不良影响之深、之广、之久，实在难以估量。

在建立社会主义市场经济体制和运行机制的今天，教育要有效地为经济建设服务，必然要对学校教育的功能做出新的选择和调整。根据目前社会发展的需求，在学校教育的各种功能中，适当增加经济权重，不仅是应该的，而且是十分必要的。但是，经济权重的增加应以不妨碍学校教育功能整体协调性为宜，决不能削弱或排斥学校教育的其他功能。现在有一种流行的说法是教育应与市场经济"接轨"。实际上，这是单纯追求经济的表现。因为学校教育与市场经济并非完全可以"接轨"的，有的可以接，有的不可以接，笼统地讲"接轨"极易造成学校教育功能的混乱。从学校教育经济功能的角度进行思考，学校教育要面向市场经济，有效地为经济建设服务，应树立教育的产业观念、成本补偿观念、效益观念，并借助一些经济手段来实现学校教育的目的，这是完全正确的。问题的关键是，我们不能以为要建立社会主义市场经济体制了，就仅从经济功能的角度去思考学校教育，让经济功能占据整个学校教育。倘若这样，就会给学校教育造成不良的后果，就会重演学校教育功能被扭曲的悲剧。

四

学校教育功能的选择决定学校教育结构的构思。一旦学校教育结构形成并开始运转后，学校教育结构对于学校教育功能的实现又具有决定性的意义。随着市场经济体制的建立，学校教育功能必然要适时地做出调整。如果我们能从整体上去思考学校教育功能，就能合理地变革学校教育结构，从而有效地实现学校教育功能。

从整体上去思考学校教育功能，就是要为每一种学校教育功能找到其应有的位子，并能相互协调地发挥作用。比如，我们过去对学校教育的文化功能重视不够，或者把学校教育的文化功能仅局限于文化知识的传递上。实际上学校教育的文化功能还包括思维方法、信息和价值观等，它对于社会和个体发展的影响是很大的。社会和个体就是在文化的延续、普及及更新的过程中获得发展的。学校教育的文化功能就是要努力创造良好的文化氛围，积极培养受教育者创造新文化的能力。这不仅有益于发扬民族的优秀文化传统，而且有益于吸收其他民族的优秀文化。更为重要的是，为跨世纪的一代创造新世纪的新文化打下了良好而坚实的基础。再如，以往我们一直忽视学校教育自我保存与自我更新的功能，因为学校教育自我保存和自我更新的功能属于内隐性功能。所谓学校教育的自我保存，是指学校教育实体一旦成立，学校教育活动就按自身的内在逻辑展开。学校教育由于具有"传递传统价值的职责"①的属性而产生的稳定性与保守性。教育过程的复杂性与教育周期的长久性决定了学校教育具有自我保存的功能。所谓学校教育的自我更新，顾名思义，就是学校教育内部的革新因素。学校教育之所以具有强大的生命力，是因为它存在着自我更新的潜力。一部学校教育发展史就是学校教育不断更新的历史。学校教育如果缺乏自我更新的功能，学校教育也就失去了活力。由此可见，学校教育改革真正要做的事应该是谋求学校教育自我保存与自我更新功能的统一。按照通常的说法，就是学校教育改革要符合学校教育自身的特点，既不能因循守旧、故步自封，也不能搞心血来潮的"即兴创作"与目光短浅的"实用主义"。②因为"学校和社会总是要有一定距离的，这是由学校的本质所决定的"③。实践表明，无视学校教育自我保存功能的改革难以行得通。因此，要认真协调学校教育自我保存与自我更新的功能，使之达到统一。也就是说，既不能因为强调学校教育自我更新的功能而不正视甚至恣意破坏学校教育自我保存的功能，也不能为了强调学校教育自我保存的功能而阻碍学校教育自我更新功能的发挥。在当今社会，只有实现学校教育自我保存与自我更新功能的真正统一，才能使学校教育真正"为一个新世界培养新人"④。

上述例子足以说明，要有效地发挥学校教育的功能，就应从整体上去思考，去探索。当前，学校教育改革正在进一步深化，作为一名教育工作者要正确把握学校教育功能的关系，认识现代社会学校教育功能的内涵，合理变革学校教育的结构，协调发挥学校教育的功能，从而使学校教育真正达到较高的水平。

①② 让·托马斯著、上海师大教育系外国教育研究室译：《世界重大教育问题》，1975，第116页。

③ 海后宗臣：《学校的本质与社会》，载《教育学的理论问题》，教育科学出版社，1984，第59页。

④ 联合国教科文组织国际教育发展委员会：《学会生存》，上海译文出版社，1979，第309页。

以科学发展观促进教育和谐发展 *

　　"和谐发展"是科学发展观的核心。协调性与可持续性是其基本内涵，它强调通过协调实现系统、层次、要素之间从不平衡到平衡的有机转换；强调现时的发展决不能以牺牲未来的发展为代价，要准确把握发展的度。"和谐发展"的根本目的是要实现人与自然、人与社会、人与人的和谐发展。从教育来看，是要实现教育与经济、社会的和谐发展，实现教育自身的和谐发展。

　　众所周知，教育系统与社会其他系统具有相互制约、相互促进的作用。长期以来，由于受片面发展思想的影响，教育与社会其他系统存在着许多不和谐现象。究其原因，主要是教育工具性的倾向一直左右着教育。在一定的社会历史背景下，教育一会儿成了政治的工具，一会儿又成了经济的工具，结果造成了教育本体性的缺失。所谓教育本体性，是指教育以人的和谐发展为宗旨，通过健全人格、提升素质来加快人的社会化进程，提高人的社会化质量。以教育工具性替代教育本体性，忽视甚至排斥教育自身发展的特点和规律，无法从根本上认识和确立教育在整个民族和国家发展中的地位和作用，既抑制或延误了教育的发展，又难以持续、有效地促进政治、经济、文化等领域的发展。

　　就教育自身而言，尽管在培养各级各类人才，推动科技进步，促进经济、社会发展方面发挥了重要作用，但也存在着许多亟待解决的问题。主要表现是：其一，重智轻德。注重学科教学，书本知识的传授、训练及考试，忽视学生道德认知的训练、道德情感的熏陶、道德行为的实践以及正确的价值观的形成。其二，重结果轻过程。注重明确知识的传授和结果反馈，忽视知识和能力习得过程的自主体验和实践，特别是学生在体验和实践中所发生的情感、态度及价值观的变化。其三，重单一的学科知识考试，轻综合素质评价。注重若干主要学科知识的考试，并以此考试成绩作为衡量学生优劣与否的标尺，忽视从德、智、体、美、劳诸方面对学生进行综合评价，更忽视学生个体差异性，及由此形成的个性、特长和智能倾向的不同。教育自身的诸种不和谐，损伤甚至摧残了人的自主性和创

＊　此文发表于《现代领导》2005 年第 4 期。

造性。遗憾的是，人们在传统的教育价值观支配下，可能还没有充分意识到问题的严重性。

上述种种现象，一方面削弱了教育全局性、基础性和先导性的战略地位，影响了教育功能的发挥；另一方面制约了社会其他领域的发展，影响了物质文明、精神文明和政治文明建设的进程。因此，实现教育和谐发展迫在眉睫。那么，如何实现教育和谐发展，是值得进一步思考的重要问题。笔者认为，应以科学发展观为指导，由以静止、片面、机械、线性的思维方式从事教育变为以动态、整体、有机、非线性的思维方式思考和探索教育改革与发展。

第一，全社会高度重视教育。首先，充分认识教育事业的战略性。在全球化进程中，教育举足轻重的地位越显突出。全世界都清醒地认识到科技竞争在于人才，人才竞争系于教育，教育的质量与水平直接关系一个民族、一个国家的生存与发展。中国作为一个正在建设小康社会的发展中国家，要由人口大国变为人力资源强国，不但要确定教育的主战略地位，而且要采取有效的措施确保主战略地位的落实。其次，充分认识教育投入与产出的长期性。要着眼于民族、国家的未来，舍得在教育上投入，更舍得在教育上高投入，但要清醒地认识到教育投入具有长周期性，教育变革具有复杂性，教育绩效形成具有滞后性等特点，形成正确的教育政绩观，坚决克服只注重硬件投入，忽视软件建设，只注重短期轰动效应，忽视长期持续发展的倾向，准确把握教育规律，真正发挥教育在文明教化、人力资源开发、国民素质提升、创新人才培养中的作用。

第二，全面推进教育改革。首先，不能把教育改革简单地看作是教育自身的改革。教育体制、机制创新会对社会其他系统产生影响和作用，反之也一样。应从整个社会系统出发，整体思考、设计教育改革。只有这样，才能真正扫除阻碍教育和谐发展的体制性障碍，实现教育资源的有效整合。比如，职业教育在计划经济体制下形成了按行业、部门举办和管理，只注重学历教育，不重视证书培训的局面，且行业与部门之间互不相通，结果造成办学效益相对低下。随着市场经济体制的建立，职业教育要以就业为导向，面向市场，贴近产业，就应打破条块分割的办学和管理壁垒，着力构建开放、多元的办学体制，灵活、高效的管理模式和运作机制，真正使职业教育和职业培训满足人的终身学习的需要和经济、社会发展的需要。其次，充分认识加快学校教育变革的紧迫性。知识社会对学校教育提出了严峻挑战。现行的学校教育制度与模式是工业社会的产物，它有三个基本特征：其一，满足社会发展需要是其基本的价值取向；其二，以学科中心主义思想为主导构建学科课程体系；其三，采用选拔性考试把人输送到社会的各个层面。毫无疑问，它为工业社会的发展做出了积极而重要的贡献。随着工业社会向知识社会发展，这种学校教育制度与模式越来越难以适应新的需求。以计算机为纽带的网络是知识社会的重要特征，这种网络正在从根本上改变人们的学习、工作、生活以及思维方式，当然也改变着整个社会结构。因而，知识社会对人的社会化提出了全新的要求，有两点尤为突出：一是人的自主性，二是人的创造性。知识社会是一个网络发达的时代。在网络环境下，人的自主能动，行为自律是至关重要的。同时，知识社会又是一个科技原创的时代，它特别关注人的想象力和创造力。由此可见，变革现行的学校教育制度与模式是时代的呼唤。一是把满足人的和谐发展需要作为学校教育的价值取向；二是以以人发展为本的思想为主导构建学校课程体系；三是重新选择考试与评价功能，以自我诊断、自我选择的功能取代选拔、淘汰的功能。总之，未来的学校教育既要满足社会发展的需要，又要满足人的发展需要，并使两者的发展需要相和谐。再者，要加快现代学校制度建设。一是课程制度建设。要构建现代学校课程体系，不但要实现国家课程、地方课程、学校课程的有机整合，而且要实现学科课程与非学科课程，显性课程与隐性课程的有机整合，更重要的是要为每一位学生量身定做一套课程。二是管理制度建设。要构建能使人的主体性得到充分体现的管理体系与运作机制，不但要充分利用网络平台，实现由纵向垂直的科层管理向横向扁平的网络管理的转变，而且要在组织结构设计、制度安排、激励机制运作等方面最大限度地开发人的潜能，弘扬人的个性，发挥人的特长，充分而持续发挥人的积极性。三是开放制度建设。要构建教育行政部门、学校、社区、家庭合作互动的教育体系。教育行政部门要切实转变管理职能，真正确立学校自主办学地位，促进学校自主发展；学校要主动回归社区，实现学校教育资源与社区教育资源的开放与共享，同时，社区、家长要积极参与学校教育与管理，学校要主动关心社区教育与家庭教育。

第三，全力营造教育和谐发展的环境。全社会一方面要自觉关心和支持教育，另一方面要树立正确的教育观，为教育发展创造宽松、良好的环境。不可否认，由于我国人口众多，就业岗位供不应求，被社会认为最具公平性的考试选拔制度事实上发挥着就业分流、调节社会平衡的作用，加上几千年"学而优则仕"的文化传统和社会转型期出现的教育功利化倾向，客观上加剧了升学竞争。尽管教育行政部门和学校采取了一系列减轻学生过重课业负担的举措，但收效甚微。名目繁多的教辅材料、习题训练、家教补课等仍压得学生喘不过气来。所以，全社会应以全球化和走向知识社会为背景，重新审视和反思我们的教育。

青少年学生是民族和国家的未来，我们应把他们作为真正意义上的人来培养，而不能把他们当作工具来训练，要知道只注重考试科目的学习与训练，忽视其他学科的学习，特别是在学习的过程中忽视情感、态度、价值观培养的教育行为是以牺牲人的终身发展为代价的。这将会使我们的民族和国家在未来的国际竞争中处于不利地位。因此，我们应尊重孩子，尊重孩子的差异性和独特的个性。

我们只有为每一个孩子道德养成、人格发展、潜能开发创造机会和条件的责任，没有对每一个孩子发展横加干涉的权利。

最后，要注重社会风气净化。在经济转轨、社会转型的过程中难免会发生不良风气，由于青少年学生辨别力、抵抗力普遍低下，因而社会要予以特别保护。这种保护应成为社会各界、各职能部门的自觉行为，切切实实为青少年学生创造一个良好的成长环境。

教育的平等与平等的教育 *

关于"教育平等"问题的讨论由来已久，但不少人在认识上仍很模糊。在深化教育改革，使教育主动与正在构建的社会主义市场经济体制相适应的过程中，正确认识"教育平等"问题显得尤为重要。

一、"教育平等"概念的外延与内涵

"教育平等"这一概念，从其外延来看，是经济、政治的平等向教育领域的扩展，即教育的平等；就其内涵而言，相对于"不平等"的教育，即为平等的教育。两层意思既有联系又有区别。前者是后者的前提，后者则是前者的引申。目前，社会上和教育界在"教育平等"问题上，不仅对"教育的平等"有曲解，而且把"教育的平等"与"平等的教育"相混淆。

二、"教育平等"口号的提出与演进

要正确认识"教育平等"，对"教育平等"口号的提出与演进做一简要回顾还是很有必要的。"教育平等"是资产阶级在封建主义制度向资本主义制度转型的时期，为反对封建等级制教育而提出来的。最初是为了争取教育权利平等。自17世纪夸美纽斯提出"人人都应学到关于人的一切事项"①，到18世纪法国启蒙思想家基于"天赋人权"的思想赋予"教育平等"以"人权"的意义，终于确认人人都有受教育的平等权利。

随着资本主义民主化与整个社会生活近代化，产生了普及教育的客观需求，于是，"教育机会均等"的口号应运而生，为了使法律上认可的教育权利平等得以兑现，19世纪开始陆续实施"义务教育"。如果提出"教育权利平等"是为了

---

* 此文发表于《教育参考》1994 年第 3 期。
① 夸美纽斯：《大教学论》，人民教育出版社，1984，第 59 页。

获得受教育的自由权的话，那么，实施"义务教育"则是对这种自由权的必要限制。因为在个人无力或无意享受教育的自由权时，普及教育就会落空。再说，在生产社会化乃至整个社会生活化的背景下，个人是否受教育，不仅同个人的利益有关，而且同社会的利益有关，"义务教育"的实施是在法律上对"教育权利平等"的补充。的确，资本主义社会经过几百年时间在"教育的平等"上取得了可观的成就，人们受教育的机会比以往"均等"了，但是，在"平等的教育"方面进展却相形见绌。究其原因，除了资本主义制度本身的局限性外，教育系统内部社会关系的性质、教育资源配置的差异、学生教育背景的差异、教师素质的差异、课程教材的差异等，是造成"平等的教育"进展缓慢的重要因素。

三、如何认识社会主义的"教育平等"

长期以来，人们认为在私有制的社会形态下，教育的不平等与不平等的教育，其根源在于社会的不平等。社会主义制度的确立，消灭了社会不平等的根源，同时也实现了教育的平等与平等的教育。在我国，这种观点一直占据主导地位，影响很深。但这种观点到底是否正确，很有弄清之必要。

就社会主义社会的性质来说，在基本上消灭阶级以后，人民的根本利益一致，原则上不存在不同阶级之间的不平等关系，在教育上也可以这么说。由于社会主义阶段"平等的权利"，仍"被限制在一个'资产阶级的框框里'"[1]。虽然"它不承认任何阶级差别，因为每个人都像其他人一样只是劳动者；但是它默认，劳动者的不同等的个人天赋，从而不同等的工作能力，是天然特权"，"所以就它的内容来讲，它像一切权利一样是一种不平等的权利"。[2]再说，劳动者之间还存在着富裕程度与文化程度的差别，学生之间还存在着入学机会与学业成就机会的差别，这种差别就是一种不平等。恩格斯早就指出："把社会主义社会看作平等的王国，这是以'自由、平等、博爱'这一旧口号为根据的片面的法国看法。这种看法作为一定的发展阶段在当时当地曾经是正确的。但是，像以前的各个社会主义学派的一切片面性一样，它现在也应当被克服，因为它只能引起思想混乱，而且因为已经有了阐述这一问题的更精确的方法。"[3]恩格斯认为"无产阶级平等要求的实际内容都是消灭阶级的要求"。在这个意义上，也只有在这个意

---

[1][2]　马克思：《哥达纲领批判》，载《马克思恩格斯论教育》，人民教育出版社，1986，第269页。

[3]　恩格斯：《给奥·倍倍尔的信》（1875年3月18—28日），《马克思恩格斯选集》第三卷，人民出版社，1972，第31页。

义上可以说，社会主义阶段的教育是平等的教育。"任何超出这个范围的平等要求，都必然要流于荒谬。"①可见，在社会主义阶段实现的教育平等，是指教育权利的平等。只有社会主义，才能真正为每个人享受教育的平等权利提供保证，才能真正为每个人提供平等竞争的机会，至于怎样利用这个机会，仍取决于个人，还得靠个人去奋斗。由于在社会主义阶段还不能做到公平和平等，无论在教育的外部还是在教育的内部还存在着许多一时无法克服的不平等因素，要使每个人都获得"平等的教育"，尚须经过艰苦努力的漫长历程。因为"平等的教育"不能超越社会经济文化结构以及由社会经济文化结构所制约的教育发展。若要急于求成，必然陷入平均主义的泥潭。中华人民共和国成立以后，中国人民不仅享有政治、经济的平等权利，而且享有教育的平等权利。国家在发展社会政治、经济、文化的同时，把消除"不平等的教育"作为发展教育的基本目标。《义务教育法》的颁布和实施，为"教育的平等"提供了法律的保证，为追求"平等的教育"奠定了良好的基础。

四、曲解"教育平等"的危害

由于长期受"左"的思潮的干扰，在"教育平等"问题上仍未走出形而上学的误区。目前社会上和教育界流行的"教育平等"观念有两种，一种把"教育的平等"与"平等的教育"混为一谈，认为社会主义教育应该是"平等的教育"；一种把"教育平等"视为"教育平均"，试图以提供"结果"而非"机会"的方式来达到"平等的教育"。前一种观念是带有空想社会主义色彩的法国看法，而后一种观念则属小生产者狭隘的平均主义。它们一方面是慈善家的哲学，另一方面又是懒汉的哲学，同马克思主义关于"教育平均"的科学论述格格不入。上述两种反马克思主义的"教育平等观"给教育事业造成了严重的危害。在这两种"教育平等观"的长期禁锢下，教育思想越来越僵化，教育观念越来越陈旧。从不敢承认存在"不平等的教育"之现实，以为承认这一现实，就意味着否定社会主义的"教育平等"。所以，平均主义成了体现"教育平等"的支撑点，它既适应了计划经济体制的需要，又掩盖了事实上的"不平等的教育"。为了维持这种"平等"，就以平均主义的尺度来界定"平等"与"不平等"，认为集权式的"大一统"管理、免费教育、普及教育、统一性教育等体现了"教育平等"；而分权式的自主管理、有偿教育、英才教育、选择性教育等则是反"教育平等"的。所采取的种种教育手段都是以实现这种"平等"为目的的。其结果是把教育平均到低水准上，

---

① 恩格斯：《反杜林论》，《马克思恩格斯选集》第三卷，人民出版社，1972，第146页。

导致教育的贫困。目前教育界面临的许多问题是平均主义造成的。如，学校至今仍未打破"大锅饭"，缺乏流动竞争机制，严重挫伤了校长、教师办学的积极性。又如，应有的教育投入渠道被堵塞了，而极为有限的教育经费又被平均使用，教育效益十分低下。再如，全面发展变成了平均发展，扼杀了学生的个性和特长。学生被"划块就近"入学后，学校教师为了"不让一个学生掉队，争取大面积丰收"而耗尽精力，尖子人才往往被埋没或是得不到良好的培养。学校在"大一统"的办学模式下，不敢不围绕升学指挥棒转。事实上分数成了衡量办学质量、校长政绩、教师水平的唯一标准，学校成了考试的"加工厂"，学生被训练成了应付考试的机器，办学特色形同摆设。

综上所述，教育界无论是在思想认识上，还是在手段措施上都渗透着平均主义。用表面上的"平等"来掩盖实质上的"不平等"的做法，不但没有消除"不平等的教育"，反而加剧了"不平等的教育"。教育深深地陷入了"教育平等"的误区之中。平均主义的"教育平等观"是造成教育数十年来无多大变化、无多大发展的主要障碍。

五、树立正确的"教育平等观"

教育要走出困境，主动与正在构建的社会主义市场经济体制相适应，关键是要解放思想，更新观念，树立正确的"教育平等观"。眼下，可以从以下两个方面进行思考与探索：

其一，用马克思主义的"教育平等观"重新审视"教育平等"问题。在保证"教育的平等"的同时，敢于面对"不平等的教育"。承认不同社会群体在各级教育尤其是高等教育在入学率上的不平等；同一社群的个体在发挥其潜能方面的机会不均等；造成学习能力相同者的学习抱负和愿望方面差异的不平等；不同社会阶层的孩子在经济、文化、社会和环境上的条件不平等。[①]根据社会、政治、经济、文化、生态的发展状况和教育自身的发展状况，确立消除"不平等的教育"的基本目标。大力推进教育改革，并使之与社会经济结构改革相一致。只有这样，才能在消除"不平等的教育"方面取得长足之进步，真正体现社会主义制度的优越性、社会主义教育的平等性。

其二，积极引进竞争机制，彻底根除平均主义的"教育平等观"。"平等"总是与竞争联系在一起。竞争是实现"教育不平等"向"教育平等"转化的中介。"平等"是相对的，"不平等"是绝对的。我们追求的是动态中的"平等"，而非静

---

① 张人杰：《西方教育社会学论稿》上册，华东师范大学教育系编印，第83页。

态下的"平均"。由竞争达到"平等"，再由竞争破坏原有的"平等"，进而达到新的"平等"。"教育平等"就是这样由低层次向高层次演进的一个历史过程。如果排斥竞争，那么，"教育平等"就会变成"教育平均"，从而降低教育的水准，使教育无法与社会主义市场经济体制相适应，难以充分满足人的发展需要，难以有效地为社会、政治、经济、文化发展服务。因此，我们要增强竞争意识，认真构建公正、公平、规范有序的竞争机制，为提高"教育平等"的层次和水平创造良好的环境和条件。只要我们认清形势，看准目标，坚持不懈地干下去，我们所追求的"教育平等"一定会变为现实。

狭隘的教育平等观念亟待改变 *

对管理体制的改革，许多人提出应当把竞争机制引入学校教育领域，鼓励学校之间的竞争，鼓励人才冒尖，在竞争中淘汰平庸的，但也有一些同志不同意，认为这样做会失去社会主义的教育平等。

其实教育平等有其历史条件和阶级背景，同时，还受到社会物质生产发展水平的制约。教育平等并非到社会主义社会才出现。早在资产阶级革命初期，在反对封建专制统治和等级特权的斗争中，资产阶级启蒙思想家就提出了"平等"的口号，其中自然也包含了教育平等。尽管资本主义制度决定了资产阶级不可能实现实际上的平等，其教育平等也带有虚伪性，但对摧毁封建专制统治和等级特权仍具有巨大的历史意义。而且，随着社会物质生产发展水平的提高，科技、文化的发展，资本主义的教育平等的程度也在相应提高。

社会主义制度与资本主义制度有着本质的不同。只有社会主义，才使实现真正的教育平等成为可能。社会主义的教育平等的主要特征是：教育第一次从剥削、统治人的工具变为消灭剥削和压迫的工具，教育具有人民性；第一次从社会制度上保证了教育促进社会发展功能与促进个体发展功能取得协调一致，教育内容的思想性与科学性获得统一，学校教育与社会教育、校外教育保持一致性。然而，社会主义教育平等的程度同样要受到社会物质生产发展水平的制约。社会主义还不完善，不成熟，尤其是在社会主义初级阶段，整个生产力发展水平较低，商品经济不发达，还存在着多种经济成分，还存在着三大差别，这不但影响着教育的发展，也影响着教育的平等。

长期以来，不少人把社会主义教育平等绝对化了，错误地把教育平等看成是免费入学，个个升学，忽视遗传的因素、环境的因素，不考虑社会物质生产发展的水平，不顾国家财政收入和家庭经济的承受能力，也不按经济发展的需要去培养各种人才，只是一味地强调升学。正是由于这种狭隘的教育平等观，造成了穷国办大教育，整个教育一直在低层次、低水平上徘徊；正是由于这种狭隘的教育

---

*　此文发表于《上海教育》（中学版）1988年第10期。

平等观，学校教育一直围绕着升学考试这根指挥棒转，千军万马过独木桥，片面追求升学率的倾向有增无减；正是由于这种狭隘的教育平等观，人们总是把全面发展当成平均发展，对所有的学生要求一律，为照顾大多数而忽视对少数优秀生的特殊培养。

我们应该全面地、辩证地而不是片面地、形而上学地对待社会主义的教育平等。就平等而言，它要经历一个由平等到不平等，再从不平等到平等的历史过程。同时，它又与社会物质生产发展水平紧密相关。有许多事情，从暂时看来是不平等的，但从长远来看则是平等的；对某一个人来说可能是不平等的，但对整个社会群体来说将是平等的。作为社会群体的共同的一般的要求与个体的特殊的要求存在着差别，因此，平等是相对的，不平等是绝对的。我们所追求的是高层次的平等，而不是低层次的平等。毋庸置疑，社会主义的教育平等就是要保障每一个社会成员享有教育的权利，国家尽一切力量为每一个社会成员接受教育创造条件，但是，决不能就此把社会主义的教育平等理解为绝对平均，无任何差别。事实上，人的个体素质有差异，所处环境也不同，国家财力、家庭经济的承受能力也不一样。只有从实际出发，因人、因地而宜，对全体人员施以教育，这才是体现了社会主义教育平等的原则。

社会主义教育平等也是通过促进个体发展来体现的。个体的发展推动着社会的发展。在社会的任何领域都离不开个体的创造性劳动，个体的创造发明，一旦被社会采纳、推广，就转化为社会的创造发明。个体的发展水平对整个社会的发展水平有很大的作用。现行的教育体制仍处于封闭、半封闭状态，国家统得过细过死，诸如统一学制、统一课程、统一教材、统一大纲、统一课时、统一考试、统一招生、统一分配、以及各方面的统一规定，可谓"一统天下"。这不仅严重束缚了学校的手脚，而且严重压抑了个体的发展。要摆脱这种僵化的教育模式，关键是要使学校有自主权，成为独立的教育实体。学校应积极为学生个体的发展创造条件，允许学生个体需要上差别的存在。要针对实际情况进行教育，对学生不能要求一律。首先要承认学生在基础、才能、智力发展上的差异，根据学生的个性特点，在要求上有所侧重，并在政策上做出规定，例如允许免考、跳级、提前毕业，甚至用特殊办法进行培养。要开辟学生个体自我发展的天地，积极为学生个体最充分地施展才能提供机会，创造条件，为每一个学生寻找最适宜于自己成才的位置。其次，要保护激发学生的兴趣爱好，更新主课与副课的观念，把第二课堂教学放到重要的位置上来抓。课程应分自然科学和社会科学两大类。主、副应根据学生的知识智能、兴趣爱好、职业趋向来确定。一所学校同一年级的学生可有共同的主课和副课，也可有不同的主课和副课，应因人而定。某门课程对这位学生来说是主课，而对另一位学生来说就不一定是主课，甚至可以不学。学生在课程选择上应有一个自由度，学校和教师应善于把握这个度。反之也一样，学校在教学内容上、课程设置上要有稳定性和灵活性，合理调整各学科的课时比例，根据学生、学科的特点来确定授课形式。教师应按照每一个学生的实际情况进行教育和教学，积极促进学生个体的发展。

社会主义教育平等的程度还与教育体制的开放度相关。从我国尚处社会主义初级阶段的国情出发，发展多种形式和多种层次的教育，实行多种方式办学，以便形成"金字塔型"而不是"蜂腰型"的合理的人才结构。在学制类型上应克服僵化思想，改目前"单轨制"为"双轨制"。在社会主义社会采用"双轨制"，不是为哪一个阶级、哪一阶层享有教育特权，也根本不存在不能相互沟通的问题，而是从社会生产力发展水平的实际出发，培养社会主义经济建设所需的各种合格人才。因此，无论是"双轨制"还是"单轨制"，只要对社会主义经济建设有利，就应大胆采用。这样做，不只有助于调动各级各类学校办学的积极性，而且有助于促进家庭教育。从学校来看，可努力使长期和近期的办学目标合理化，严格按照社会生产各部门对人才的质量和规格要求去培养和造就人才。每一所学校应扬长避短，充分发挥自己的优势，侧重于某一方面培养高质量的人才，搞出"拳头产品"，进而形成自己的办学风格和特色。就家庭而言，可视其子女的身体状况、智力水平和受教育层次，以及家庭经济承受能力，为其子女选择最佳的成长途径，做到人尽其才。

对义务教育价值取向与质量标准的再认识 *

一

我国实施九年制义务教育，并分为两个阶段，第一阶段为初等义务教育，第二阶段为初级中等义务教育①。近些年来，为了提高义务教育阶段的办学水平，使之与社会经济发展相适应，各级政府部门采取了一系列举措：一是国家对义务教育阶段全面推进素质教育提出了明确要求②。二是实行"在国务院领导下，由地方政府负责、分级管理、以县为主"③ 的管理体制，从而使各级政府承担义务教育的责任更为明确。三是各级政府根据素质教育要求，深化教育改革，提高义务教育阶段的办学水平。

平心而论，这些年来，为了在义务教育阶段全面推进素质教育，无论是理论工作者还是实践工作者都进行了积极探索。人们从各自对义务教育改革和发展认识与理解出发，从不同层面、不同角度进行改革实践，有的强调课程与教材改革，有的强调考试评价和招生制度改革，有的强调信息技术与课程、课堂教学的整合，有的强调师资队伍建设，等等。应该说，这些都是义务教育改革与发展的重点领域。人们试图通过某一重点领域的突破使义务教育阶段的素质教育得到全面落实。事实证明，这些改革探索取得了一定的成效，但我们也不得不承认，这些改革探索仍没有使义务教育走出"应试教育"的怪圈。社会仍然根据升学考试成绩来评价从事义务教育的学校的办学质量，由此出现了这样一种现象：即把素质教育和学科考试变成了两张皮，一方面是大张旗鼓地开展素质教育展示活动，只是为了树立学校的"良好形象"；一方面是不断强化语、数、外等六门升学考试科目，而非升学考试的科目则进一步被弱化了。有的学校为了生存，还采取了

---

*　此文发表于《教育发展研究》2003 年第 5 期。

①　《中华人民共和国义务教育法实施细则》第七条，1992 年 2 月 29 日国务院批准。

②　《中共中央国务院关于深化教育改革全面推进素质教育的决定》，1999 年 6 月 13 日。

③　《国务院关于基础教育改革与发展的决定》，2001 年 5 月 29 日。

一些急功近利的做法，如到初三第二学期出现了两张课表，一些所谓的副课被主课大量挪用；组织升学考试科目的大面积补课和频繁测验、考试，学生课业负担仍然没有减下来；教师评优、晋级和奖励与升学考试成绩密切挂钩。有人用两句话对学校出现的这种现象做出了概括，即"素质教育轰轰烈烈、应试教育扎扎实实"，实在是太形象不过了。然而，我们应透过这一现象做更深层次的思考，究竟是什么原因造成了这种现象。笔者认为，关键在于我们尚没有对义务教育价值取向和质量标准形成正确的认识。

二

义务教育价值观影响着义务教育的全过程和义务教育活动的各个方面，影响着义务教育目标的定位、课程的设置、内容的确定、方法的选择，影响着学校管理的风格、师生关系的类型，影响着从事义务教育的学校与整个社会的关系。义务教育价值观支配着义务教育的实施。

义务教育究竟是升学预备教育，还是未来公民素质养成教育，这是义务教育价值取向的核心问题。义务教育是国家依法规定适龄儿童、少年应当入学并受完规定年限的教育，从而"使儿童、少年在品德、智力、体质等方面全面发展，为提高全民族的素质、培养有理想、有道德、有文化、有纪律的社会主义建设人才奠定基础"①。它有三个基本特点：一是法定性，依法规定了适龄儿童、少年入学并受完规定年限教育的权利；二是普及性，它面向所有适龄儿童、少年，不分性别、民族、种族；三是全面性，它要使儿童、少年在品德、智力、体质等方面全面发展。从义务教育的三个基本特点中不难看出，义务教育着眼于为未来公民奠定良好的素质基础，从而提升全民族的素质，增强国家的综合竞争能力。因此，从民族、国家的未来考虑，为每一个儿童、少年的发展打下良好的素质基础，是义务教育根本的价值追求。这种价值追求的基本内涵应包括以下几方面：其一，注重每一个儿童、少年的发展，而不是只注重一部分儿童、少年，更不是只注重少数儿童、少年的发展。每一个儿童、少年都能得到发展，这不仅是社会主义民主所追求的教育平等的基本理念，而且是每个儿童、少年的基本权利，尊重和保护这种权利，创造条件实现这种权利，是义务教育的第一要义。其二，在实施义务教育的过程中使每个儿童、少年都得到充分的全面的发展。全面发展不仅是人自身发展的要求，而且是社会发展对人的发展的要求，它是一个不断接受的没有终点的目标，义务教育就是要尽可能地朝这一目标努力。其三，在实施义务教育

---

① 《中华人民共和国义务教育法》第三条，1986 年 4 月 12 日六届人大四次会议通过。

的过程中促进每个儿童、少年富有个性的发展。每个儿童、少年都有其个别性，不同的认知特征、不同的兴趣爱好、不同的欲望要求、不同的创造潜能，铸成了千差万别的每一个独特的儿童、少年。义务教育就是要在充分重视儿童、少年共性发展的基础上，充分满足儿童、少年个性发展。当然，经过义务教育会有相当一部分学生升入高一级学校，但这不是义务教育追求的目标，也不是衡量义务教育质量的标准。

根据义务教育的价值取向，为每一个儿童、少年在品德、智力、体质等方面打下良好的素质基础应成为义务教育的目标。为了使这一目标具有可操作性和可检测性，还应提出相应的标准体系，这一标准体系包括校舍设施设备标准、师资队伍标准、课程标准、评价与考试标准、质量标准等方面。从目标导向上看，质量标准对义务教育价值实现起着非常重要的作用。

那么，什么是义务教育的质量标准？所谓义务教育质量标准就是综合社会、政治、经济、文化、教育以及人的发展等因素而确立的衡量义务教育质量的准则。一般而言，义务教育质量标准有最高标准与最低标准之分。追求哪一种质量标准反映了什么样的义务教育价值取向。所谓"质量的最高标准"就是按社会对杰出人才的需求，把高升学率作为义务教育的目标，将淘汰机制引入义务教育，通过选拔性考试，实现义务教育的高质量。如果把为每一个儿童、少年打下良好的素质基础作为义务教育的目标，就会追求"质量的最低标准"。所谓"质量的最低标准"，就是国家根据社会经济发展速度与水平，儿童、少年身心发展的特点与水平，提出未来公民素质的最低标准，并从义务教育课程体系中筛选出最能反映最低标准的若干基础性课程进行检测。正常的儿童、少年都顺利达到了最低标准，义务教育的目标也就实现了。比如，美、英等发达国家在道德领域强调社会公德和公共纪律，在学科知识领域突出读、算、写，在实践领域注重动手操作，要求每个儿童、少年都要达到国家规定的最低标准，并作为对学校办学质量进行评估的主要依据。每个儿童、少年，每一所学校在满足最低标准的基础上可以自主发展，但是这种发展水平不作为选拔儿童、少年，评估学校质量的依据。用比较通俗的话说，就是"下要保底，上不封顶"，在确保质量底线的基础上，让儿童、少年充分发展，让学校充分发展。

反观我国的义务教育，在质量标准上犯了两个经典式错误：一是质量标准内涵上，长期受学科中心主义思想束缚，过分地突出"重点"学科知识的学习，始终认为，只要考试结果证明这些学科知识与技能已被学生牢固掌握，就获得了义务教育的高质量。其实，仅掌握了这些学科知识而缺乏运用的能力，其价值是十分有限的。二是质量标准定位上，只有质量的最高标准，没有质量的底线要求。所有的儿童、少年都要围绕最高标准而努力，并通过选拔性的考试实现最高标准。始终认为这才是高水平、高质量的义务教育。结果既造成了"质量过剩"，又造成了"质量不足"。"质量过剩"集中体现在需要升学考试的几门学科上。学校为了达到"质量的最高标准"，不但要让相当一部分已经掌握了这些知识的学生仍在规定的"学习范围"内反复接受机械性的训练，而且要让一部分难以掌握这些知识的学生陪着接受训练，由此而出现的厌学、逃学也就不足为怪了。这种为了质量的"最高标准"而组织的应试型训练是以放弃其他学科的学习，牺牲其他领域的发展为代价的，使儿童、少年的学习能力、思维品质、创新意识、人文精神等方面难以得到健康发展，势必造成"质量的不足"，比如，有的儿童、少年在受完义务教育后，不仅没有掌握最基本的知识和技能，而且连最基本的道德规范都不懂，这对于提高全民族的素质是极其不利的。

这两个典型性的错误还给义务教育带来了不良的政策环境和社会环境：一是造成了教育资源配置不公平。误以为升学考试成绩好，就是办学效率高，就应该多倾斜、多投入，热衷于做"锦上添花"之事，结果是扩大了义务教育的不均衡性。二是学校间出现了生源大战。谁拥有好的生源，谁就抢占了"高质量"的制高点。在这种生源质量意识的驱动下，恶性竞争不可避免。结果是有的学校生源爆满，有的学校生源大量流失。三是择校、家教现象日趋严重。家长为了使自己的孩子不输掉升学考试，想方设法选择学校，寻找补课教师，结果是就近入学岌岌可危，家教市场越发火爆。在这种环境下进行义务教育阶段的素质教育实践是十分艰难的。

三

审视义务教育价值取向与质量标准，并进行重新定位以后，就不难发现制约义务教育阶段有效实施素质教育的关键因素。要改变目前困扰义务教育阶段有效实施素质教育的现状，可从以下三个方面予以突破。

第一，尽快研制义务教育质量的最低标准。长期以来，由于受高升学率就是高质量的义务教育的观念支配，错误地把升学考试成绩作为质量标准，一直忽视义务教育质量标准的研究，这对我国高水平、高质量地普及九年制义务教育是一种损失。比如，小学自从取消升学考试后，小学教育发生了深刻变化。正在实现由只重视升学考试科目的教学向满足儿童多方面发展需求的教育转变，整个小学教育活起来了。由于没有确立大家认同的教育质量标准，按不同的义务教育价值取向做出的教育质量判断往往大相径庭。有人认为小学教育质量提高了，有人则认为小学教育质量下降了。持后一种观点的人为了证明小学教育质量的下滑，还特意在小学生进入初中的第一天组织学科知识考试，并以此考试成绩作为小学教育质量优劣的依据，这使小学教育工作者感到很不公正。可见，研制义务教育质量标准已成为能否有效实施素质教育的一个非常紧迫的重要问题。教育质量标准体现了一定的教育价值取向，而通过教育质量标准也可促进教育价值的认同。现在，国家和地方应根据社会经济发展的需求和对未来公民素质的基本要求，组织专家研究、制订义务教育质量的最低标准。这个标准不仅包括认知领域，而且包括道德领域、体质领域以及实践领域。地方和学校应根据这一标准，从义务教育课程体系中确定检测质量的基础性课程，如社会公德、阅读、写作、数学等。使每一所学校，每一个儿童、少年都能真正摆脱"质量的最高标准"的束缚，从而确立适合自身发展的目标。

为了能科学制订并有效执行"质量的最低标准"，我们应树立正确的义务教育质量观，努力避免认识上和行为上的误区。在对义务教育质量认识上，既要彻底改变升学考试成绩等同于义务教育质量的传统观念，也要防止出现确立"质量的最低标准"就是降低义务教育质量的错误倾向。"最低标准"并非最低质量。相反，它对义务教育质量要求更高了。因为它要努力实现为每一个儿童、少年的终身发展奠定良好的素质基础的价值取向，所以它必须从儿童、少年发展的主动性、潜在性和差异性出发，思考和探索课程、教学内容与方法、教育环境等的变革，真正使义务教育适合每一个儿童、少年的发展，使每一个儿童、少年都能走向成功。从这个角度上来认识与实践，才是真正意义上的高水平、高质量的义务教育。制订"质量的最低标准"，除了能对每一个儿童、少年的基础水平做出判断外，更重要的是拓展了每一个儿童、少年主动发展的空间，有利于学校满足每一个儿童、少年个性化的发展。

在"质量的最低标准"研制和执行上，要充分考虑到我国社会经济发展不平衡性而造成的地区差异性，不能搞"一刀切"，要从每一个地区的实际出发，研制和执行符合本地区特点的，有利于儿童、少年发展的"质量的最低标准"。

第二，积极变革义务教育课程模式与实施机制。课程是学校教育活动的载体。一旦义务教育质量标准确定以后，就会要求义务教育阶段的课程发挥相应的功能，实现义务教育的目标。这势必牵涉到义务教育课程模式与实施机制的变革。

众所周知，义务教育是顺应工业化时代要求大规模开发人力资源而产生的，故而义务教育课程模式是工业化时代的产物。由于工业化时代实验科学的发展加快了知识的分化，而在学科中心主义思想指导下构建的分科课程模式正是这一时代对义务教育阶段的学校教育要求的直接反映。这种课程模式的基本特点是通过书本知识的灌输、应试技能的训练以及选拔性的考试来开发人力资源，从而使掌握一定知识与技能的劳动力能满足或服从于社会化大生产的需要。应该说，这种课程模式为培养社会所需的各类人才发挥了重要作用。

随着工业化时代向信息化时代的迈进，这种课程模式已无法满足社会对人力资源及人才培养的要求。因为在信息化时代，仅掌握现存的知识与技能是难以适应社会发展的，所以特别注重人的学习能力、思维能力和创造能力，而这一切都有赖于发挥人的主体作用，使每一个人都能通过自主探索把自身的潜能开发出来，从而实现自身的价值。但是，人的主体作用的发挥、潜能的开发离不开一定的环境所提供的机会和条件。就义务教育阶段的学校而言，其课程模式是否能满足不同层次、不同类型学生的发展需求是问题的关键所在。何况，信息化时代的科学发展，正在使知识由分化走向综合，同样要求变革课程模式，使之适应这一变化趋势。

要构建与信息化时代相适应的义务教育课程模式，应根据社会发展和人的发展的要求，从课程的要素与层次、结构与功能的角度，对影响课程模式构建的一些基本问题进行深入探讨。首先，课程模式应体现普适性和基础性。义务教育的本质特征决定了它要从社会发展和未来需要出发为每一个儿童、少年形成不可或缺的良好的素质基础提供最基本的课程。其次，课程模式应体现个别性与选择性。由于遗传、环境、教育等因素造成了儿童、少年的差异，正因为差异才使儿童、少年有了不同的兴趣爱好、不同的智能倾向，正因为差异才使义务教育产生了无穷的魅力和丰富的色彩。课程模式应充分关注差异，尽可能地为具有不同兴趣爱好和智能倾向的儿童、少年提供相应的课程，努力使他们各自的特长和个性得到健康、充分的发展。而这一方面正是工业化时代的义务教育课程模式的最大缺陷，又恰恰是信息化时代对义务教育课程设置最为强调的。其三，课程模式应体现分科性与统整性。知识是有机的整体，分科是为了便于掌握知识，而掌握知识的目的在于运用，要有效地运用知识必然要实现知识的统整。在义务教育阶段，就应注重科学知识与艺术知识的统整、书本知识与现实生活知识的统整，只有这样，才能有助于儿童、少年学习能力、思维能力和创新能力的发展。因此，课程模式不仅要为儿童、少年提供单科课程，而且要为儿童、少年提供综合课程。

在构建新的义务教育课程模式的同时，还不应忽视课程的实施机制，因为课程的实施机制直接关系到课程功能的发挥。在目前的课程实施中存在着课程围绕升学考试指挥棒转的倾向，凡是列入升学考试的课程被大大地强化了，而没有被列入升学考试的课程不是被弱化了，就是被取代了，破坏了课程的整体功能。久而久之，还出现了"主课"与"副课"的概念，而"主课"与"副课"又是根据是否属于升学考试的课程来确定的。其实在义务教育阶段，只有基础性课程与选择性课程的区分，不存在"主课"与"副课"的区别。尤其是那些所谓的"副课"在义务教育的基础性课程中占有重要地位。因为这些课程，如音乐、美术、体育等在儿童、少年良好的素质基础形成的过程中具有十分巨大的作用。因此，要让人们明白，课程的上帝不是考试，而是儿童、少年，一定要形成让课程适应每一个儿童、少年的发展，让考试服务于课程功能发挥的课程实施机制。这种课程实施机制作用在于通过选择与组合，能够为每一个儿童、少年富有个性的发展提供一整套合适的课程，这种课程组合中，既有带有共性的，每一个儿童、少年都必须完成的若干基础性课程，以保证达到义务教育质量的最低标准，更有适合于每个儿童、少年自身发展需要的课程，使每一个儿童、少年的智能得到充分的开发。

第三，大力改革义务教育考试与评价制度。考试与评价是实现义务教育目标的一种手段。只有充分体现义务教育价值取向的考试与评价，才能对义务教育质量做出准确衡量。必须指出的是，义务教育不是不要考试，而是要解决考什么、怎么考的问题。由于义务教育考试不具有选拔功能，考试应紧紧围绕义务教育质量的最低标准来思考与设计。这种检测"质量的最低标准"是否达到的考试注重统一性，即要确保每一个儿童、少年都能达到"质量的最低标准"，这关系到民族、国家未来的整体素质。因此，要改变目前为了追求"质量的最高标准"而组织的选拔性考试，并以此来决定学生发展趋向、评估学校办学质量优劣的现状。对最能体现未来公民基本素质的基础性课程，按"质量的最低标准"，实行全程性的质量监测，以达到确保底线的目标。

为此，在改革考试制度时，要准确处理一些基本问题：一是要拓展考试的范围。不能把基础性学科知识的考试成绩作为衡量义务教育质量的唯一标准。应将考试的范围拓展到道德领域、体质领域和实践领域，因为这些领域对儿童、少年的人格发展、创新能力发展起着至关重要的作用。可是，我们的义务教育至今仍然没有在这些领域中确立需要考试的基础性课程。比如，社会公德是未来公民素质基础的重要组成部分，但一直没有列入考试范围，这对于提升未来公民的整体素质是极为不利的。二是要精简考试的内容。应根据"质量的最低标准"筛选出列入考试范围的基础性课程，一般挑选两到三门基础性课程进行考试即可，以切实减轻儿童、少年的课业负担。三是要丰富考试的形式。要改变笔试一统天下的局面，实行笔试、口试、实践操作等多种考试形式的有机结合。

如果说为了确保"质量的最低标准"而实行统一考试的话，那么，在保底的基础上，儿童、少年的发展，学校的发展，则可实行发展性评价。

围绕义务教育质量的最高标准而实施的评价目的在于选拔，评价的功能是分等鉴定；根据义务教育质量的最低标准而实施的评价目的则在于促进发展，评价的功能则是诊断、激励。由于评价目的与功能的转变，将引发评价内容到标准的变化。首先，评价内容要由重结果向重达到结果的过程转变，由重教材中基础知识与基本技能的掌握向重全面素质的提高转变，由忽视情感发展向重情感发展转变，义务教育不仅是促进儿童、少年认知发展的过程，而且是促进儿童、少年情意发展的过程。其次，评价的标准要由只注重统一性与规定性向注重多样性与选择性转变。要突破标准化答案的局限，从统一性的答案走向多样的答案，把创造的机会还给学生，使学生不受规定程式的束缚，自主想象、思考，并做出选择，为学生富有个性的发展提供最大的空间。

冲破片面追求升学率的"怪圈"*

读了胡学增的《关键在于建立科学的新颖的课程评价体制》一文，很有启发。

近几年来，人们一直在呼吁克服片面追求升学率，对片面追求升学率的害处做了大量的分析，然而，"片追"的倾向始终没有逆转。据笔者看来，问题的原因有两条：其一，单一的、不合理的教育教学结构还没有被多元的、合理的教育教学结构所取代；其二，陈旧的、不完整的教育教学评价体系还没有被科学的、完整的教育教学评价体系所取代。我们唯有第一课堂教育教学，第二课堂教育教学、家庭教育、社会教育及社会实践不过是一种陪衬或者叫点缀而已，根本没有其应有的地位。正是这种单一的教育教学结构，造成了教育教学评价体系的不完整，最终必然导致片面追求升学率。我们早就把德、智、体、美、劳全面发展作为社会主义学校培养人才的标准，却至今没有一个科学的、量化的评价标准。结果，智育评估中的一部分——书本知识的考试成绩不但取代了教育教学评价标准，而且成为唯一的教育教学评价标准。由于书本知识考试比较容易量化，评价起来简单省事，况且传统上也一直是按此方式来评价教育教学的，顺理成章，无可非议。所以，学期考试成绩、学年考试成绩乃至升学考试成绩成为衡量一所学校教育质量高低，一个教师贡献大小，一个学生学习优劣唯一的"硬指标"。这种不科学、不完整的教育教学评价体系必然会诱使学校去片面追求考分。由此可见，单一的不合理的教育教学结构和陈旧的不完整的教育教学评价体系是学校无法摆脱升学考试指挥棒的主要根源。

为了使基础教育真正摆脱升学考试这根指挥棒，转到为经济和社会发展培养素质优良的劳动者为主的轨道上来，笔者提出以下两点建议：

第一，尽快建立多元的、合理的教育教学结构。所谓多元，就是确定第一课堂教育教学、第二课堂教育教学、家庭教育、社会教育和社会实践在整个教育教学过程中各自拥有的位置，由此形成教育教学结构网络。所谓合理，就是把教育教学结构网络调整到最佳状态，真正有利于基础教育培养经济和社会发展所需要

---

* 此文发表于《上海教育》（中学版）1989年第2期。

的现代人。当然，这是一项比较复杂的工程，需要通过深化教育教学改革，不断探索教育教学规律，逐步调整教育教学结构，使之趋向多元，趋向合理。当前，可以优先考虑的是把已存在于学校中的第二课堂教育教学置于与第一课堂教育教学同等的地位。这是改变基础教育以升学为主的观念，淡化升学考试指挥棒作用的极其有效的办法。同时，还可以为建立多元的合理的教育教学结构打下良好的基础。现在，学校对第二课堂教育教学重要性的认识比以往有了很大的提高，但是，大多数学校第二课堂教育教学仍形同虚设，充其量不过是应付上级部门检查的摆饰而已。究其原因，除了上级教育部门和学校没有根本改变教育教学观念外，还在于没有建立第二课堂的教育教学体系和教育教学评价体系。一没有大块的教学时间；二没有专门的教材；三没有教育教学评价标准；四没有成为考核学生的重要部分。其实，把第二课堂教育教学与第一课堂教育教学并驾齐驱是十分有益的。其一，可以从根本上端正学校的办学思想，积极促进学生个体的健康发展，培养具有适应改革开放的思想、意识、知识、才能和魄力的创造性人才，使学校办学的特色和水平能够充分体现出来。其二，可以使教师大胆地进行教学改革和教学实验，探讨各种教学思想和方法，力创风格迥异的教学流派；可以使教师充分地施展教育教学的才能；可以使教师自觉地钻研业务，努力提高教育教学水平。其三，可以彻底改变"主课""副课"的概念，使所谓的"副课"教师有了用武之地。其四，可以使学生真正摆脱升学考试的沉重负担，使他们的个性能得到充分的发展。每一个学生都能根据自己的智能、特长、兴趣爱好选择相应的以学习知识为主的科目或以培养技能为主的科目。学生的非智力因素能够获得真正的开发。其五，有利于人才的选拔。一方面能够真正把具有创造性思维、基础扎实、动手能力强的优秀学生选拔出来；一方面能够明了每一个学生今后的去向，为今后毕业分流奠定基础。因此，把第二课堂教育教学置于与第一课堂教育教学同等的地位，不仅是必要的，而且是非常重要的。就目前学校的教学设备和师资状况来看，不是没有可能的，时机和条件也已趋成熟。我们必须使第二课堂教育教学正规化，规范化；压缩第一课堂教学时间，增加第二课堂教学时间；尽快编制第二课堂教学的各种教材，制订考核的标准。

第二，积极准备建立科学、完整的教育教学评价体系。多元、合理的教育教学结构网络形成以后，应建立起与之配套的教育教学评价体系。首先，该评价体系应具有科学性，不应是片面的、抽象的，而应是全面的、具体的；不仅要评价教育教学的结果，而且要评价教育教学的过程，对教育教学整个过程中的主要环节都要有正确的量化标准和准确的量化系数；不仅要评价学校、年级和班级群体，而且要评价学校领导、教师和学生个体的发展水平，并且能客观地反映出来。其次，该评价体系应具有完整性，不应是平面的、静止的，而应是立体的、动态的。该评价体系应包括根据教育教学结构而确定的若干教育教学评价系统，这些评价系统既相对独立，又相互连接，纵横交错，构成一个完整的教育教学评价体系。一个科学的、完整的教育教学评价体系应具有导向作用，引导学校积极为经济和社会发展培养各种合格的人才；应具有促进作用，促使学生个体通过教育获得广泛而充分的发展；应具有激励作用，调动学校办特色学校、创名牌学校的积极性。当然，建立科学的、完整的教育教学评价体系是一项非常艰巨的任务，不可能一蹴而就。在进行教育教学改革的同时，我们必须采取科学的态度和方法，加强对教育教学评价体系的研究工作，认真吸收国外教育教学评价体系研究成果，朝着科学的、完整的教育教学评价体系迈进。倘若第二课堂教育教学的重要地位确定后，应随之为第二课堂教育教学建立一套全新的、较为科学的教育教学评价系统，并把第一课堂教育教学评价系统和第二课堂教育教学评价系统结合起来。尽管这样的评价体系还谈不上科学、完整，但毕竟比现行的、单一的评价系统要好得多。该评价体系所获得的评价结果，无论对一所学校，还是对一个教师、一个学生，都要比只以升学考试作为评价结果合理得多，准确得多。按这样的评价体系进行评价，可以使升学考试指挥棒失灵，极大地调动学校办学的积极性，极大地调动教师教和学生学的积极性，引导学校注重为经济建设和社会发展培养各种合格的人才，使学校办出特色、办出水平。因此，确立第二课堂教育教学评价系统是向科学的、完整的教育教学评价体系迈出的重要一步，并必将给基础教育带来生机和活力。

目前，上海市受国家教委的委托，正在编制适合经济发达地区的新课程、新教材。这是一项具有战略意义的工程。我们希望，通过广大专家和实际教育工作者的努力，能够编制出一套适应现代社会发展，适合学生个性发展的崭新教材来。

"教育即生活"与"生活即教育"*

　　杜威是西方现代教育史上最有影响的美国教育家之一，而陶行知则是中国现代教育史上最伟大的人民教育家之一。杜威以"进步教育运动"的倡导者自居，提出了"教育即生活"的教育思想，给现代教育的发展产生了重大的影响。陶行知曾是杜威的学生，受过杜威教育思想的熏陶，但没有简单地接受杜威的教育思想，而是在其亲身的教育实践中提出了"生活即教育"的教育思想。分析陶行知教育思想与杜威教育思想的区别，对于深化教育改革，发展有中国特色的教育不无启迪。

　　杜威把整个近代学校教育体制称为传统教育。主要弊端是：其一，传统教育把"学校跟生活隔离开来"。学生在校外获得经验，在校内得不到自由的充分的运用，而学校所学的东西，又不能应用于日常生活。其二，传统教育把教师当成了"传授知识和技能……的代理人"，教师只能按照划一的教材、教学方法机械地教书，而学生则完全处于"静听"的和被动的吸收状态。其三，传统教育使学生的个性受到"残暴的专制压制"，学生只能"顺受""服从"，任何积极性、主动性都被束缚禁锢起来了。总之，杜威认为传统教育"是非常专门化的、片面的、狭隘的。这是一种几乎完全被中世纪的学术观念所支配的教育"。

　　针对传统教育的弊端，杜威设计了一种称之为进步教育的理想学校模式，这种学校不应是学生学习课业的地方，而应是学生生活、活动的场所。它应具有一定的生活条件，使每一个学生"在生活过程中学习""乐于从生活本身学习"。这就是杜威所说的"教育即生活"的学校。其用意就在于"使学校成为儿童真正生活的地方"。一方面可以免除"正规学校"由于单纯学习功课而带来的沉闷和劳累，一方面能把学校和生活联系起来，使学校"成为一种生动的社会生活的真正形式"。学生在这样的学校里学习、活动，就是在过着现在的社会生活，也就是在从事着社会活动和社会生活。这就是杜威所谓的"学校即社会"。

　　毫无疑问，杜威提出的"教育即生活"的教育思想在批判传统教育弊端方面

＊　此文收录于《陶行知教育思想研究与探索》，上海社会科学院出版社，1992年。

的作用应当加以肯定。传统教育的确使学生的个性受到一定的压制，书本知识与实际生活联系得不紧密，甚至理论严重脱离实际，只重视书本知识的传授而忽视学生思维能力的发展，等等。针对当时教育中存在的这些弊病，杜威强调指出，要尊重学生的个性和人格；要充分发挥学生在教育和教学过程中的积极性、主动性和创造性；学校要为学生提供更多的自由发展其才能的条件和机会；要联系现实的实际生活开展教育、教学。应该说，杜威的这些观点具有一定的进步意义。

毋庸讳言，杜威提出的"教育即生活"的教育思想也存在着一定的缺陷。杜威把教育主要归结为生活，把学校变成小型社会，这实际上混淆了学校与社会之间本来的界限，教育与生活之间应有的区别。其一，学校变成小规模的雏形社会后，必要的课程设置和教学被取消了，生活活动成了学生学习的主要形式和内容，各种主动作业便成了联结整个学校生活的中心。这样，在以社会为中心的学校里，学生在课业上是以主动作业为主，而不是以各门学科的学习为主。学生学到的知识是支离破碎的、不系统的，这对于学生掌握人类所积累起来的文化科学知识很不利，其结果必然会影响学生智力的发展和创造能力的发挥。其二，贬低了教师应有的地位和作用，过高地估计了学生的地位和作用，其结果是放纵学生的性格，该管理的不准管理，该教育的不让教育，该指导培养的不能指导培养，任学生自由发展，自然成长，这就从根本上违反了教育规律，歪曲了教育原有的含义和作用，否定了学校本来的含义和作用。

陶行知虽师从杜威，但是他并没有照抄照搬杜威的教育理论，他在从事新教育的实践中，一方面吸取了杜威教育理论中的合理部分，一方面进行了伟大的创造。他把杜威的"教育即生活""学校即社会"的主张"翻了半个筋斗"，提出了"生活即教育""社会即学校"的主张。这并不是简单的文字上的位置变化，实际上已产生了质的变化，它意味着一种符合中国国情，使教育的发展与社会经济的发展相适应的教育理论的诞生。这种教育理论对中国近现代教育的发展产生了极为深远的影响。

陶行知的"生活即教育"理论的实质是什么？究竟有何现实意义？值得我们认真探究。

陶行知在《谈生活教育》一文中是这样阐述"生活即教育""社会即学校"的：从定义上说，"生活教育是给生活以教育，用生活来教育，为生活向前向上的需要而教育"；从生活与教育的关系上说，是"生活决定教育，教育改造生活"；从效力上说，"教育要通过生活才能发出力量而成为真正的教育"，"'社会即学校'这一原则要把教育从鸟笼里解放出来"。可见，陶行知的"生活即教育"理论的内涵是相当丰富的。

第一，陶行知的"生活即教育"理论深刻批判了封建教育和洋化教育。

清末以来，我国出现了废科举，兴学校的新学运动，其间也曾颁布了新学制，翻译了一些外国的教科书，引进了赫尔巴特、杜威等教育家的西方教育理论和方法，这些对中国新教育的发展产生了一定的影响。但在半殖民地半封建的社会条件下，教育的性质和面貌并没有得到大的改变。陶行知在《生活工具主义之教育》一文中指出："新学办了三十年，依然换汤不换药，卖尽力气，不过把'老八股'变成'洋八股'罢了。'老八股'与'洋八股'虽有新旧的不同，但都是靠着片面的工具来表现的，这片面的工具就是文字与书本。"陶行知抓住旧教育"读死书"这个要害，深入地进行了揭露和批判。陶行知认为，在科举制下的封建教育，主要是死读硬背儒家经书和应付科举考试的八股文。兴办近代学校后，不过是让学生从读经学的书本、认经书的文字变为读科学的书本、识科学的文字，这种"书本的科学是洋版的八股，在讲堂上高谈阔论的科学客，与蒙童馆里的冬烘先生是同胞兄弟"。洋八股和老八股同样是无用的东西，是"伪知识"而非"真知"。陶行知指出，无论是老八股教育，还是洋八股教育，同样都是"先生教死书，死教书，教书死。学生是读死书，死读书，读书死"。这种教育只能培养出书呆子，因为这种教育不能给学生行动的、生活的、创造的能力。陶行知提出"生活即教育"理论的目的就是要使教育成为真正的教育，"……使学者和人民万物亲近。与人民亲近是'做人'的第一步。与万物亲近是'格物'的大门口"。所谓与人民亲近，就是反对教育为"有钱、有闲、有脸"的少数人服务，使教育"达民之情，遂民之欲"，真正为人民大众服务。陶行知在《生活教育之特质》一文中说："总说一句，生活教育是大众的教育，大众自己办的教育，大众为生活解放而办的教育。"所谓与万物亲近，就是要使教育面向生产。陶行知强调教育要教学生利用自然、改造社会的活本领，使培养出来的人能"创造合理的工业文明""工业化的农业"，创造"富的社会"。可见，陶行知所提倡的生活教育，并不是杜威所说的只是适应日常生活与社会需要的，只做教育改良的实用主义教育，而是要使教育成为中国人民大众争取解放，创造自由幸福社会，促进社会历史"向前向上"的革命教育。

　　第二，陶行知的"生活即教育"理论的核心是教育必须与生产劳动相结合、与生活实际相联系。

　　陶行知十分重视科学教育和生产教育。他认为传统教育脱离生产，"教人吃饭不种田，穿衣不种棉""分利不生利"。这种教育不可能使中国从"农业文明过渡到工业文明"，过渡到现代社会。陶行知主张教育要面向生产，和农业、工业生产实际相结合，学校应该培养"手脑并用"的人。他在《育才二周岁前夜》一文中指出：学校不但"是一个学问的组织，而且是一个战斗体""一个生产体"；"学习科学，帮助创造科学的新中国"是"时代需要"的"大学问"之一。陶行知以改造社会，改变中国贫穷落后的面貌为理想，提出生活教育要以培养学生"征服自然改造社会的本领"为总目标，教学生"创造合理的工业文明""工业化的农业"，创造"富的社会"。

陶行知还认为"教育要通过生活才能发出力量而成为真正的生活教育"。这就是说教育要与生活实际密切联系。"社会即学校"，就是教育与生活，学校与社会要"血脉相通"，学校的教育要和社会生活实践、生产实践密切结合。这样，学校教育才能成为培养人的教育。因此，"社会即学校"既是反对脱离社会生活实践、生产实践的传统教育，也是批评杜威"教育即生活""学校即社会"的"假生活""假社会"。陶行知认为杜威的"教育即生活""学校即社会"，只是把社会上的、生活中的东西搬一点到学校里作点缀，好比给鸟笼里放上一两根树枝一样，但"鸟笼毕竟是鸟笼，决不是鸟世界"，不是大森林。学校决不能让学生像小鸟一样囚在笼里，学校的"教育要伸张到大自然，大社会去活动"，去接触大自然和大社会。陶行知认为"生活与生活摩擦才能起教育作用，如果过的是少爷生活，虽天天读劳动的书，不算是受着劳动教育；过迷信的生活，虽天天听科学的讲演，不算是受着科学教育；……过的是开倒车的生活，虽天天谈革命的行动，不算是受着革命的教育。我们要想受什么教育，便须过什么生活"。这里，陶行知的基本思想是强调生活实践（包括校内外的生活实践）的教育意义。总之，教育必须与生产劳动实践、生活实践、革命实践相结合，才能发挥教育的效能。

第三，陶行知"生活即教育"的理论提出了"教学做合一"的教育方法论。

陶行知反对教师"教死书，死教书，教书死"，学生"读死书，死读书，读书死"的陈腐的传统的教学。他认为实行"教学做合一"，才能求得真知。如果学生只是死读现成的书本，只"用心"死记现成的知识，就只能得到"伪知识"。只有动手、动脑，两者并用，才能养成行动创造的精神和能力。陶行知是这样解释"教学做"三者的关系的："做是学的中心，也是教的中心"，教与学都以"做"为中心。陶行知所说的"做"，并非狭隘的"做"。他曾给"做"字下过特别的定义，那就是"在劳力上劳心。单纯的劳力，只是蛮干，不能算做；单纯的劳心，只是空想，也不能算做，真正的做只是劳力上劳心"。可见，"教学做合一"，不只是一种具体的方法，而是一种教学理论，或者说是教育方法论。从教学方面看，主要包含以下两层思想：

其一，"先生的责任不在教，而在教学，教学生学"。陶行知说有三种教师，第一种是"拿学生去配书本"，他只是教书本，让学生死读死记书本的文字；第二种是"拿书本来配学生"，教师"注意的中心点，从书本移到学生身上来了"，但学生还是处在被动的地位，去接受教师传授现成的东西，然而"先生不能一生一世跟着学生，也不可能把所有的东西都传授给学生"。"好的先生不是教书，不是教学生，乃是教学生学。"陶行知把第三种教师称为好教师，这就是说，教师的任务不是只教学生现成的知识，而要通过教学过程，培养学生独立观察、思考和分析判断的能力，学会自己去获得经验和知识。

其二，"教的法子要根据于学的法子"。传统教学中教师只是要学生来适应自己主观决定的一套教材教法，"凡是学生的才能兴味，一概不顾"。其结果是"先生收效很少""学生苦恼太多"。实行教的法子要根据于学的法子，其实质就是实行因材施教，使教师"费力少而成功多"，使学生从被动地接受灌输转变为主动地"乐学"。这并非降低教师的作用，而是要求教师把"自己的学问和学生的实际"联系起来，一面教，一面学，一面指导学生，一面提高自己，从而在更高的水平上发挥教师主导作用。从教育方面看，"教学做合一"强调学校教育与生产劳动、生活实践结合。陶行知认为，要使科学的教育和运用现代科学技术的生产劳动结合起来，就必须改革教育的内容和方法，使之适应实现工业化的客观需要。

陶行知强调，中国应当从农业文明向工业文明过渡，但又必须考虑到中国工业不发达，农业落后的现实条件。办教育一定要从这一现实的国情出发，为改造现实，创造未来的理想而奋斗。因此，"教学做合一"高度概括了陶行知的"生活即教育"思想。

德育渗透的方法论思考[*]

"渗透"一词出自自然学科。在水文地质学和地下水力学中指液体在广义多孔介质中的运动。有层流和紊流两种流动状态，前者水的质点有秩序地、互不混杂地流动，后者水的质点无秩序地、互相混杂地流动。在德育领域里，也存在着类似自然学科中的渗透现象，也存在着"层流"和"紊流"两种情况。怎样使德育渗透行之有效呢？这就要讲德育渗透的方法问题。一则要把德育领域中处于"紊流"状态的渗透转变成"层流"状态的渗透，使德育的渗透作用得到充分的发挥；二则要把不自觉的潜在的德育渗透转化为自觉的潜在的德育渗透，使德育的渗透功能得到真正加强。目前，人们正在积极探索德育渗透之道，但不能只停留在具体内容上，也不能搞形式，必须以辩证的、科学的思想方法去进行德育渗透。

一

教育是社会大系统中的一个子系统，且自成系统，德育是教育系统中的一个子系统，也自成系统。系统论的思想方法认为，任何系统都不是孤零零的单一体，而是由两个以上的不同质的要素组成，不是机械地叠加，而是在要素的有机联系中构成整体。各个要素之间的相互作用构成系统的整体发展。主系统与子系统、子系统与子系统纵横交错，相互联系，交互作用，构成一个不断运动着的主体"网络"。德育系统不仅与教育系统中的其他子系统相互联系，相互作用，而且与社会系统中的其他子系统相互联系，相互作用。因此，德育渗透不能仅局限于教学领域，而应扩展到与德育系统有联系的一切领域，构成整体的德育渗透。在德育渗透中，如果单单强调一种渗透要素，就会大大减弱渗透力，就会使渗透失去连续性、渐进性、层次性和整体性。如果不从整体上去开展德育渗透，在部分上进行的德育渗透就会处于孤立的自我封闭的状态，就无法争取到一个良好的外部环境。从整体出发，组织德育渗透，自始至终注意德育各部分的关系，这比

---

[*]　此文发表于《上海教育》（中学版）1990 年第 7、8 期。

从部分出发，孤立地进行德育渗透，效果更为理想。这是因为整体的德育渗透功能异于并大于各个部分的德育渗透功能的总和。

德育过程是一定环境中教育者对受教育者有目的地施加教育影响的过程，而施加教育影响又必须借助于传递教育影响的内容。因此，环境、教育者、受教育者、教育内容便构成德育系统基本要素的有机整体。在这四个基本要素中还包含着若干要素。从环境方面看，还包括经济状况、文化传统、风俗习惯、人际交往、道德水平等要素；从教育者方面看，还包括生理、心理、品德、知识、身体、能力等要素；从受教育者方面看，还包括生理遗传、心理准备、智能、品行等要素；从教育内容看，还包括目的、结构、可行性、深广度等要素。由于德育系统具有多要素的特点，所以德育渗透不仅要把握各种要素在德育系统中的地位，而且要认识各种要素在德育系统中的相互联系、相互作用及发展变化。要使渗透的德育内容被受教育者吸收，教育者必须理解和掌握德育内容，并能以身作则，同时要全面了解受教育者（学生），了解受教育者现有的思想道德状况，了解直接影响受教育者思想品德形成发展的外在因素和内在因素，注意区分影响受教育者思想品德形成发展的各种信息，注意沟通学校同家庭、社会的联系。只有这样，才能从整体上去考虑德育渗透，而不是仅从部分上去设想德育渗透。

受教育者也不是被动地吸收教育者所渗透的德育内容。受教育者既是教育的客体，又是教育的主体。德育渗透具有双向性，它是一种教育者与受教育者的思想、情感的交流。因此，渗透要因人因事、因时因地而制宜，既要注意渗透的德育内容相互联系，前后衔接，形成渗透序列；又要善于分析影响德育渗透的各种因素，积极创设有利于德育渗透的机制，以减少渗透障碍，增强渗透作用。

二

要搞好德育渗透，就必须组合、优化德育渗透的结构区。应从两个方面去考虑结构问题。一方面要考虑德育自身的结构，掌握德育的原理、概念、方法等组织形式，掌握它们是怎样相互联系的；一方面要考虑德育所要渗透的领域或学科的结构，而且要深刻认识德育所要渗透的学科领域的结构与德育结构的相互联系。目前，在各学科渗透德育的问题上存在着一种模糊的认识，误以为德育渗透就是在教学中添加德育内容。赫尔巴特曾经说过："我想不到有任何'无教学的教育'，正如在相反方面，我不承认有任何'无教育的教学'。"可以认为，德育渗透并不是添加德育内容，更不是用德育去取代教学。我们所讲的德育渗透，是要把德育本身的因素与各学科所具有的德育因素有机地结合起来，组成有利于渗透的合理结构。这里所谓"合理结构"，就是既能符合德育渗透的规律，又能费力较少，利于渗透。使处于自发状态的隐性的德育渗透转化为自觉状态的隐性的德育渗透，使德育的渗透作用充分发挥出来，使德育的内容在潜移默化的过程中逐步内化为学生个体的思想品德。如果把各学科渗透德育视为在各学科中添加德育内容，那就会形成一个不合理的德育渗透结构，德育因素与各学科所具有的德育因素之间不是相互促进，而是相互排斥，德育的渗透作用就会被抵消。因此，德育渗透是否富有成效，取决于能否组合、优化德育渗透的结构区。那种为渗透而渗透，牵强附会，乱贴标签的做法，不但不能使德育渗透获得积极的成效，而且可能产生一些不良的后果。

三

德育系统状态的变化，即德育过程，有一定的稳定性，但这种稳定性是相对的，德育系统总是处在变化之中，这种变化是绝对的。德育渗透应充分注意到德育过程与德育状态的联系与区别，因为在不同的情况下进行德育渗透，德育系统的过程与状态的变换是不同的。

首先，必须搞清思想品德教育过程与思想品德形成过程的联系与区别。思想品德教育和思想品德形成的关系属于教育和发展的关系，思想品德教育过程是有目的地促进思想品德形成的过程，但它仅是促进思想品德形成的一个因素。而思想品德的形成是由德育和德育过程以外的多方面因素决定的。在影响受教育者的众多因素中，有校内和校外的，有正式和非正式的，有可控和不可控的，各种因素相互交叉，相互制约。德育渗透应根据诸多因素的影响去确定渗透的途径，去采取渗透的方式和方法。

其次，必须考虑教育者与受教育者两个方面及其活动。凡是有目的地对受教育者施加影响的个人和团体都是教育者。在组织、控制德育的过程中，不仅学校的领导和教师要重视德育渗透，而且校外的，如家长、家庭、社区教育机构及文化团体也要重视德育渗透。凡接受有目的德育影响的个人或团体都是受教育者。受教育者也有个体的和团体的。团体有正式的和非正式的。所以，德育渗透并非只是教育者向受教育者渗透德育内容。还有受教育者之间相互渗透德育内容的问题。因此，教育者除了自己自觉地进行德育渗透外，还有责任把存在于受教育者之间的那种处于不自觉状态的德育渗透转化为自觉的德育渗透，进而构成教育者与受教育者，受教育者之间相互渗透德育的网络。

最后，必须研究受教育者的认知心理状态与认知心理过程。要搞好德育渗透，就必须掌握受教育者的认知发展的过程，就必须了解不同年龄受教育者的认知心理状态。德育实践表明，无论是世界观、人生观的形成，还是道德观、价值观的确立，都应当着眼于过程。它不是一朝一夕的事，而是长期教育的结果。因此，德育渗透也应当着眼于过程，从受教育者的实际情况出发，循序渐进，切不可操之过急。倘若渗透的德育内容脱离受教育者的心理状态和智力水平，这种渗透不仅不会被学生所领悟，而且可能使其产生逆反心理。德育渗透要有针对性，不但要考虑外在的影响，而且要考虑受教育者内在的自我发展水平。要注意德育渗透的多样性、渐进性、层次性和整体性，决不能把隐性的渗透变成显性的道德说教。德育渗透的目的在于调动受教育者个体参与德育活动的积极性，激发他们自己改变和完善自己，唤起他们自我教育的愿望，使他们在潜移默化的过程中成为思想道德的理解者、接受者和传播者。

先进文化与素质教育[*]

　　江泽民同志"三个代表"重要论述中关于我党始终代表中国先进文化前进方向的思想是我们党对两个文明建设指导思想的新发展，它不仅有助于我们深刻认识实施素质教育的重要意义，而且有助于我们准确把握实施素质教育的方向，真正为新世纪培养始终坚持"三个代表"的一代新人。本文试图从理解中国先进文化的内涵入手，对中国先进文化与素质教育的关系，以及如何在素质教育实践中始终坚持中国先进文化的前进方向做一点探索与思考。

一、中国先进文化的内涵

　　文化是一个内涵丰富的概念。先进文化是人类文明进步的结晶，是推动社会前进的精神动力。它包括先进的思想道德和先进的科学文化两个部分。在当代中国，先进文化就是具有中国特色的社会主义文化。它是"以马克思主义为指导，以培育有理想、有道德、有文化、有纪律的公民为目标，发展面向现代化、面向世界、面向未来的、民族的科学的大众的社会主义文化"①。其基本内涵有以下四个方面，且构成了内在逻辑联系：

　　一是以马列主义、毛泽东思想、邓小平理论为指导。马列主义、毛泽东思想、邓小平理论是科学的世界观和方法论。以这一理论为指导，就能保证社会主义文化的先进性，就能凝聚全国各族人民的力量去建设有中国特色的社会主义文化。

　　二是以培育"四有"公民为目标。把提升公民整体素质作为中国特色社会主义文化建设的主要任务，能更好地坚持中国先进文化的前进方向。根据马列主义、毛泽东思想、邓小平理论的科学的世界观和方法论，提出社会主义初级阶段公民素质目标，可以使人们在进行文化传递、扬弃和创新的过程中，更好地实现

＊　　此文是 2001 年社发局机关党委学习"三个代表"重要思想交流会上的发言稿。

①　　《中国共产党第十五次全国代表大会文件汇编》，人民出版社，1997，第 19、20 页。

自身的改造，从而不断把中国先进文化推向更高的发展层次与水平。

三是以"三个面向"为方向。要实现公民的"四有"目标，除了积极鼓励公民投身中国特色社会主义文化建设外，还应让公民明确中国先进文化的发展方向。从文化角度进行思考，"三个面向"实际上体现了中国先进文化的前进方向，主要包含三层意思：就面向现代化而言，主要是要解决中国传统文化实现现代化的问题。立足当代中国的现实，对中国历史文化传统"取其精华，去其糟粕"，从而使中国特色社会主义文化，既深深植根于华夏沃土，又充分体现时代精神和社会进步。就面向世界而言，主要是要解决吸收和借鉴国外优秀文化成果的问题，中国文化的发展不能离开人类文明的共同成果。只有博采各国文化之长，吸收各国一切优秀文化成果，才能不断繁荣和发展中国特色社会主义文化。就面向未来而言，主要是要把中国和世界的一切优秀文化成果融入时代发展中去，在不断进行文化改造和创新的过程中，持续推进中国先进文化的发展，使其能更快、更好地体现未来社会的要求。"三个面向"既相互区别，又相互联系，前两者是后者的基础，后者则是前两者所追求的目标。

四是以民族的科学的大众的社会主义文化为宗旨。中国先进文化的发展是一个历史过程。明确了中国先进文化建设的指导理论和发展方向后，必然要确立每一阶段先进文化发展的目标。我们认为，上述宗旨的提出，既符合当代中国实际又能体现先进文化要求。首先，当代中国先进文化要凝聚人民的意志和力量，弘扬生机勃勃、昂扬向上的民族精神。其次，当代中国先进文化要培育民族的科学思想，树立科学精神，掌握科学方法，为两个文明建设提供源源不断的智力支持。再者，当代中国先进文化要面向大众，服务人民。它是一种为广大人民群众喜闻乐见，积极、健康、向上的文化，而不是脱离人民，甚至与广大人民群众根本利益相背离的文化。总之，民族性、科学性和大众化是中国特色社会主义文化建设的出发点和归宿，同时也体现了当代中国先进文化的本质特征。

正确认识和理解中国先进文化的内涵，有助于我们弄清中国先进文化与素质教育的关系。学校是文化的载体。学校如何实现中国先进文化的传递、运用和发展，特别是如何培养始终坚持"三个代表的一代新人"，是值得思考的重要问题。

二、中国先进文化与素质教育的关系

要探索中国先进文化与素质教育的关系，有必要先对学校教育现状做一点反思。众所周知，近代学校教育制度是伴随着工业化而产生的，它曾为培养社会经济发展所需的各级各类人才起过很好的作用。但是，随着科技的发展、社会的进步，这种学校教育制度的弊端也日益显露出来，在我国表现得较为突出的是应试教育。其最大的危害在于以书本知识考试为本，不以人的发展为本。教师为考而教，学生为考而学，教师和学生都成了应付考试的"机器"。显然，这种教育是与时代的发展相背离的。当今世界正在进入全球化的时代，中国社会正在进入社会主义现代化建设的转型期，由此出现了"教育在历史上第一次为一个尚未存在的社会培养着新人"[①]的现象，学校教育如何面对全球化和"转型期"的挑战，培养出符合时代要求的理想新人，这是摆在我们面前的一个重要课题。素质教育正是在这样的背景下形成和发展起来的。

那么，什么是素质教育呢？一般人们会把素质教育与应试教育简单地对应起来，然后针对应试教育，提出人应具备的若干素质，以求克服应试教育弊端。如果仅仅停留在这样的层面思考素质教育是不够的。其实，素质教育与应试教育并不是一种对应关系，它是着眼于未来社会的发展而提出来的。从全球化的发展态势看，未来社会将具有劳动智能化、信息网络化、知识经济化、市场国际化、文化多元化等特点。是否善于处理人与自然、人与技术、人与社会、人与人的关系将成为新人适应未来社会的关键。所以，道德与纪律、竞争与合作、捕捉与处理信息、迎接挑战的勇气与冲动、承受挫折与失败的心理、辩证思维与自我反省等将成为未来社会新人素质的基本特征。素质教育正是从未来社会对理想新人的要求出发，进行思考和实践的。素质教育不再把学生当作认知体，而是看作一个完整的生命体；不再把教育简单当作现存知识直接传递的过程，而是看作生命与生命交往与沟通的过程。它要促进每一个人的主动发展，让每一个人在学会认知、学会做事、学会共同生活、学会生存的过程中个性得到和谐发展，潜能得到充分开发。同时，素质教育强调适应未来社会的新人需具有积极主动的人生态度，具有对发展变化着的内外世界的认识能力和改造内外世界的实践能力，具有个人行为的自主调节及承担社会责任的伦理意识，具有崇高的人格力量和能与他人成功协作的个性魅力。只有这样的人，才能与社会、他人、自然形成理性和发展性的相互关系，才能在与复杂、开放、变化的周围世界相互作用中做出积极的社会贡献和实现个人人生价值。

对素质教育有了基本认识以后，我们就不难理解中国先进文化与素质教育的关系了。

从素质教育的目标来看，它与中国特色社会主义文化建设的目标是完全一致的。《中共中央国务院关于深化教育改革全面推进素质教育的决定》指出："实施素质教育，就是全面贯彻党的教育方针，以提高国民素质为根本宗旨，以培养学

---

① 联合国教科文组织国际教育发展委员会编著，华东师大比较教育研究所译：《学生生存》，上海译文出版社，1979，第38页。

生的创新精神和实践能力为重点，造就'有理想、有道德、有文化、有纪律'的德智体美等全面发展的社会主义事业建设者和接班人。"为什么两者的目标如此一致，这是因为无论是实施素质教育，还是建设中国先进文化，其根本目的都是致力于人的发展，也就是要实现人的现代化，这是始终坚持"三个代表"的关键所在。

从"三个代表"对学校教育的要求看，当代中国学校不仅承担着培养始终坚持"三个代表"的一代新人的使命，而且承担着始终坚持中国先进文化前进方向的使命。而要完成这样的使命，就必须实现对传统教育观念和行为的变革，学校全面实施素质教育就是伟大的变革实践。可以这么说，素质教育是对传统教育文化的一种改造，它既是中国先进文化对学校教育的要求，也是中国先进文化在学校教育中推进的生动体现。

从教育与文化的关系看，两者在社会系统中的关系最为密切。教育既受制于文化，又影响着文化。因此，素质教育要以中国先进的文化思想为指导，并不断从中国先进文化中吸收养料，以丰富素质教育思想，深化素质教育实践。同时，又要在保持与改造传统文化，吸收和借鉴国外优秀文化成果的过程中，促进中国先进文化的发展。特别是要在传递、运用和发展中国先进文化的过程中，使学生树立始终坚持中国先进文化前进方向的坚定信念，并为中国先进文化建设而努力奋斗。

三、对素质教育实践中如何始终坚持中国先进文化的思考

如果说探索中国先进文化与素质教育的关系是为了让人们明白为什么要实施素质教育的话，那么接下来要思考的问题就是在素质教育实践中如何始终坚持中国先进文化的前进方向。本文从以下三方面作一点思考：

第一，教师要确立以先进文化促进人的发展的教育理念。在素质教育实践中，不仅要让教师意识到传播先进文化是教师职业特点所决定的，而且要让教师明白传播先进文化究竟是为了什么。教师一旦确立了以先进文化促进人的发展的教育理念，就会主动承担起时代赋予教师作为先进文化传播者和创造者的历史责任；就会充分认识以先进文化培育始终坚持"三个代表"的一代新人的重要性；就会自觉加强文化修养，努力吸收先进文化，坚决摈弃落后文化，并积极进行文化创新。同时，教师还会注意研究以先进文化促进人的发展策略和方法。既注意让学生更多更有效地接受先进文化的熏陶，又注重培养学生始终坚持中国先进文化的意识和创造先进文化的能力。

第二，学校要采取文化整合的有效策略。为了在素质教育实践中始终坚持中国先进文化，学校必须注意研究文化整合的策略。面对当今世界已出现的复杂的文化多元现象，首先要对不同文化的存在价值做出正确判断，并做出取舍。其次

要研究社会文化向学校文化转化。关键是要围绕素质教育目标，根据学生的年龄特点、需要、潜力的差异，从内容到形式都进行改造。既要有相对稳定、对所有学生都适应的部分，还要提供可供学生选择的多样化的内容与方法，形成有利于学生及时吸收先进文化的机制。其三要实现科学、技术与人文三大教育内容的统一。当今世界的发展趋势特别强调它们之间的渗透与统一。在以人为本的社会中，不仅要强调科学、技术发展和应用中的伦理问题，而且要培养人对自然、生命热爱、珍惜的情感，使价值、情感等一向被划归在科学教育之外的内容不再被冷落，而在人文教育中更应体现理性的力量。其四要研究如何对待本土与外来、传统与现代文化的问题。要培养学生热爱民族文化的情感和了解不同民族文化的兴趣，使学生具有积极的、理性的研究态度和维护、光大本民族文化的责任，具有扎根于本土又向世界开放的文化心态和创造先进文化的能力。其五要研究主流文化与非主流文化的关系。学校不可能只允许主流文化存在，若能对非主流文化处理恰当，不仅可以使学生在丰富多彩的文化空间中得到满足和具有选择的可能，而且可以提高学生对各种非主流文化的鉴别、选择、批判和抵制的能力。外部社会环境远不是学校能控制和左右的，学校只有通过提供丰富多样的文化活动，培养学生的文化品位和鉴别能力，才能使学生不受社会不良文化的侵蚀和毒害，在复杂的环境中始终追求先进文化。

第三，加强学校文化建设。学校文化是学校师生共同创造的一种学校组织精神，是学校各种文化形态的总和。一般认为学校文化有物质、制度、行为、精神四个层次构成，并通过学校领导者的管理行为、教师的教育行为和学生的学习行为实现相互影响、相互渗透、相互补充，形成整体的学校文化。可见，建设学校文化，不仅是中国先进文化发展的要求，而且是素质教育的重要内容。它不仅要求学校的每一门课程而且要求整个学校生活的每一项活动，都应渗透、弥漫着文化气息和具有共同的文化追求。不仅要求学校具有保持和改造文化的功能，而且要求学校文化体现先进和指向未来的本质。为此，可从以下两方面去思考学校文化建设：一是制订学校文化发展计划。应按照中国特色社会主义文化建设的要求，从学校实际出发，构建学校文化发展的方向、目标、内容及方法。学校文化发展计划要体现先进文化思想和时代精神，能够在实施的过程中产生巨大的感召力、奋进力和创造力。二是建设学校文化主体。学校文化主体包括领导、教职工与学生。要让学校文化主体在素质教育中，牢固地树立起始终坚持中国先进文化前进方向的意识，积极参与学校文化建设，在丰富和发展学校文化的过程中实现自身的改造，从而达到以先进文化激励人、鼓舞人、凝聚人、塑造人的目的。学校要特别关注在素质教育实施过程中，不断提升学校文化主体的文化品位和增强学生的文化创新能力，真正使中国先进文化在学校教育中得到持续发展。

素质教育与班主任工作 *

　　学校教育由应试教育转向素质教育，是我国社会主义现代化建设事业发展的必然要求，也是现代教育发展的必然趋势。1994 年《中共中央关于进一步加强和改进学校德育工作的若干意见》明确指出："增强适应时代发展、社会进步，以及建立社会主义市场经济体制的新要求和迫切需要的素质教育。"教师肩负着培养跨世纪、高素质一代新人的历史重任，学校能否有效地开展素质教育，与教师的关系极为密切。本文试图从班主任的角度，就怎样认识和实施素质教育谈一点看法。

一、班主任应怎样正确认识素质教育

　　素质教育所指的"素质"，既包含人的先天的生理特点——生理素质，也包括人的后天形成的素质——心理素质与社会素质，主要是指人在先天遗传条件下，通过后天的教育训练和环境影响下形成的比较稳定的且在比较长的时间内起作用的基本品质。所谓素质教育，就是通过科学的教育途径和方法，充分发挥人的天赋条件，提高人的各种素质水平，使其得到全面、和谐发展的教育。一般认为，素质教育内容包括身心素质教育、思想品德素质教育、文化科学素质教育、审美素质教育、技能素质教育和社会交往素质教育六个方面。它们既是互相独立的，又是紧密联系的。我们应当完整地把握素质教育的内容，全面地、协调地发展各种素质，从整体入手，提高学生的综合素质水平。

　　明确了素质教育的内涵，有助于弄清应试教育与素质教育的区别。应试教育是一种围绕升学考试、层层筛选的教育。"考、考、考，教师的法宝，分、分、分，学生的命根。"这句话深刻反映了应试教育的特征。其弊端是重智育，轻其他各育；重考试科目，轻不考学科；重知识灌输，轻能力培养；重少数尖子学生，轻多数中差生；重毕业班，轻非毕业班。在片面追求升学率的怪圈中，教师大搞题海战术，一味猜题押题；学生死记硬背，被迫接受"大运动量"训练。结果学

---

* 　此文在 2002 年浦东新区班主任工作研讨会上做交流。

生成了只会应付考试的"机器"。这样的教育怎么能适应社会经济发展的需要？怎么能造就跨世纪的高素质人才？因此，我们的学校教育必须尽快从应试教育转到素质教育的轨道上来。因为素质教育是要使每一个受教育者都善于发现自身的价值、发掘自身的潜能、发展自身的特长，并使每一个受教育者的身心素质、思想道德素质、科学文化素质、社会素质等方面得到和谐发展，成为有理想、有道德、有文化、有纪律的社会主义事业建设者和接班人。

在应试教育向素质教育转变的过程中，班主任起着重要的作用。班主任与学生的关系最为密切，无论是学生品德行为的塑造，还是学生文化知识的学习，班主任所产生的影响力也最大。因此，班主任对素质教育的认识、态度及工作方式，不仅影响着应试教育向素质教育转变的进程，而且影响着素质教育的质量。那么，班主任如何跳出应试教育的怪圈，自觉而有效地开展素质教育呢？

二、班主任应尽快更新教育观念

在应试教育的环境里，班主任自觉或不自觉地形成了应试教育观。在升学率成了衡量学校办学质量的唯一标准的情况下，考分也就成了班级之间竞争的唯一目标。无论是班级的活动，还是班级的管理都受到分数的牵制，分数犹如一只看不见的手控制着班主任，班主任从早到晚围着分数转，加班加点，补缺补差，忙得不可开交。班级考分上升了，班主任就会喜形于色，班级考分下降了，班主任则愁眉不展。对学习成绩好的学生表扬多，批评少；对学习成绩较差的学生指责多，关心少；为学习成绩好的学生提供的发展机会多，如提拔小干部，评选先进几乎都是学习成绩好的学生。为学习成绩较差的学生提供的发展机会则很少。总之，分数成了评判学生优劣的唯一的固定的尺度。学习成绩好，一好百好，学生成绩差，一差百差。分数至上，一方面造成学生负担过重，身体健康受到严重影响，一方面造成学生心理扭曲，学习成绩好的学生很自负，学习成绩差的学生则很自卑。分数至上的枷锁不仅套住了学生，而且套住了教师，在如此沉重的压力之下，学生和教师无法得到和谐、健康的发展。

时代要求学校培养的人，不是片面发展的人，而是在德、智、体、美、劳各方面全面发展的人，他们不仅具有扎实的科学文化知识、良好的认知结构和能力，而且具有高尚的道德情操、强健的体魄和健康的心理品质。班主任要按时代的要求去培养学生，就应彻底更新教育观念，真正从应试教育的思维定式中解脱出来。对班主任来说，树立正确的学生观、质量观，对于搞好素质教育显得特别重要。

1. 树立正确的学生观。社会发展对未来人才的需要是全方位、多规格、多类型的。它要求学校培养的所有人才"都应该有理想、有道德、有文化、有纪律；

热爱社会主义祖国和社会主义事业，具有为国家富强和人民富裕而艰苦奋斗的献身精神，都应该不断追求新知，具有实事求是、独立思考、勇于创造的科学精神"。(《中共中央关于教育体制改革的决定》) 根据时代的要求，班主任应怎样面对学生呢？第一，心中要有每一位学生，要从思想上、学习上、生活上主动关心、爱护每一位学生，为每一位学生的个性健康发展创造良好氛围。第二，在班集体建设中要始终面向全体学生，既要承认学生发展过程中的差异性，又要善于发现学生的特长，做到因材施教，积极开发学生的潜能，让学生各显其能，各展其长。第三，要从整体着眼，全面提高学生的素质。既要抓科学文化知识的学习，更要抓体育锻炼、行为规范的训练。特别要重视和加强培养学生的社会责任感、社会交往能力和开拓创新的精神。不仅让学生知道如何掌握和运用科学文化知识，而且让学生懂得如何做一个高尚的人。

2. 树立正确的质量观。对好学生、差学生的评价，不能只以分数作为评价的唯一标准。要从思想品德、身体状况、心理品质、学业成绩、审美能力、社会责任感、参加劳动的态度和能力等方面对学生进行综合评价。以综合评价为导向，不仅有助于唤起学生的学习动机、激发学生的学习兴趣、端正学生的学习态度，使学生认真学习和掌握科学文化知识，而且有助于学生智力、能力的开发，学生健全人格的塑造，学生身心健康水平的提高，从而使学生真正成为和谐发展的人。

班主任是否真正形成了正确的教育观念，关键是要看班主任在教育、教学活动中，在班级管理活动中是否自觉地按照素质教育的要求开展工作。

三、班主任应怎样开展素质教育

素质教育的内涵很丰富。班主任要有效地开展素质教育，就必须从班主任工作的角度出发，认真研究素质教育的内容和方法。下面是笔者的几点思考：

1. 增强学生自我教育的意识和能力。自我教育是学生自己主动地提出目标和任务，并积极付诸实践，从而形成良好的思想品德和心理品质的活动。自我意识是人的个性心理结构的核心，是自我教育的基础。学生能否对自我进行认识与剖析，进而客观地对待自己的长处与不足，是学生心理成熟的重要标志。班主任应注意激发学生自我教育的愿望，帮助学生正确对待自己，形成切合学生自己实际的适度的抱负水平，并借助榜样的力量来提醒和鞭策学生。特别要在学习、实践中让学生进行自我教育，培养学生自我监督、自我反省、自我批评、自我强化、自我调节和自我控制的能力。让学生充分发挥自身的潜能，在实践中认识自己、教育自己，创造理想的自我。

2. 积极创造陶冶学生高尚情操的氛围。班主任要充分利用各种客观情景中的教育因素，使学生耳濡目染，潜移默化，心灵受到感化。这对于提高学生的思想品德素质、心理素质、审美素质等有着特别重要的意义。一是要在创设优美的校园环境活动中，注意净化、美化教室环境，不仅要保持教室的清洁、整齐，而且要使教室环境的布置富有艺术性，让学生受到无形的熏陶。二是要充分发挥班主任情感的感化作用，建立良好的师生关系。班主任对学生真挚的爱，会激起学生对班主任的信任感、亲切感，乐于接受班主任所讲的道理，有利于使班主任的要求转化为学生的行动。如果班主任厌恶、责难学生，往往会使他们产生自暴自弃、不思上进的心理，甚至可能产生抵触情绪而拒绝班主任的教育。班主任热爱学生要真诚，对待不同个性的学生都要满腔热忱。这样，班集体就会形成和谐、融洽、团结友爱、积极进取的气氛。三是加强班风建设。良好的班风是一种强大的精神力量，能使每个学生受到陶冶感染。班主任要注意发现和树立学生身边的先进典型，大力表扬好人好事，及时制止各种不良倾向。

3. 认真培养学生良好的行为习惯和学习习惯。日常行为规范是整个道德大厦的奠基工程，也是社会主义精神文明建设的基础工程。班主任应从行为训练入手，综合运用多种培训方法，全面提高学生的"知、情、意、行"的水平，最终形成良好的行为习惯。当学生在执行行为规范有明显进步时，就及时表扬和奖励，以强化其良好行为；当学生违反行为规范时，则给予批评，以消除其不良行为，使之不再重犯。良好的学习习惯可以提高学生的学习效率。班主任要对学生看书、朗读、做作业、书写姿势和字迹、学习时间安排等方面提出具体而明确的要求，并进行认真指导，使每一位学生都能养成良好的学习习惯。

4. 重视发展学生的个性和特殊才能。促进学生个性的和谐发展，是素质教育的目标之一。作为班主任应尊重、发展学生的个性，引导学生的个性沿着有利于自身也有利于社会的方向发展。要让学生能正确地认识自己的思想、能力与个性特点，并客观地对待自己，在不断地调整自己与集体的关系中，陶冶和发展自己的个性。人的才能是多种多样、各不相同的，而且在一个人身上，他的各种才能的优劣也是不等的。所以，特殊才能并不神秘，每个学生总有自己比较擅长的方面。班主任应注意发现和培养学生某一方面的才能，如有的学生学习成绩一般，但在制作工艺品的活动中却表现出手巧心灵，班主任就应帮助他在这一方面的特殊才能得到较好的发展，成为这方面有较大成就的人。

5. 重视对学生进行心理健康教育。在学生成长的过程中，往往出现心理发展跟不上生理发展的情况。常常出现自卑、沮丧、焦虑、反感等心理障碍。心理健康教育的目的，就是按照人的心理发展规律，对学生进行心理辅导与心理训练，使之在克服心理障碍，防止或减少心理疾病，增强心理承受力，提高心理健康水平的基础上，促进学生素质的全面提高。班主任要注意培养学生愉快平稳的心境，使学生热爱学习与生活，引导学生在学习和各种有益的活动中获得乐趣，避免盲目的狂热、冲动或烦恼、忧伤。班主任要帮助学生学会合理宣泄情感，采取有效的方式来消除学生心中的积郁。

6. 充分依托家庭和社区，开展素质教育。只有学校、家庭、社会各种力量的有机结合，形成目标一致的教育合力，才能提高素质教育的效益。因此，班主任的作用很大，需要做的工作也多。一是要建立家校联系网络。可组建学生家长委员会，请家长参与班级管理，研究实施素质教育的计划、方案。建立班主任与家长联系制度，通过家长会、家访、电话联系、"家校联系手册"、"家校通信"、"家长接待日"等一系列形式与家长经常沟通情况、交流信息，努力协调学校与家庭教育的关系，共同寻找教育的良策，收到学校教育与家庭教育同步的效果。二是要认真组织学生参加社会服务活动。诸如，到社会福利院为孤老送温暖，到马路上宣传交通安全，为社区街道做清洁卫生工作，等等。通过参加为社会服务活动，可使学生感到奉献的快乐，认识到人的价值只有在为他人做奉献中才能实现。通过社会服务活动，也可使学生学到和掌握一些劳动技能。同时，班主任还应带领学生考察社会，通过实际调查、访问、考察，让学生接触社会、接触人民、了解国情、了解民情。让学生在沸腾的社会实际生活锻炼中，提高社会意识和社会实践能力，为他们今后走向社会打下良好的基础。

二、体制机制建构

教育管理包含教育行政管理和学校管理。要提高教育管理的效率，不仅要研究两者的结构、功能、层次与幅度，而且要研究两者的相互关系和运行机制。

教育管理体制与机制制约并影响着学校教育的方向与目标、动力与活力、质量与效率。我国的教育改革就是从教育管理体制与机制开始突破的，进而逐步确立学校自主办学的地位。

学校管理应顺应社会变革趋势，以满足师生和谐发展为目标，主动而有效地进行改革，着力优化组织结构和运行机制，充分激发人的活力，争取最佳的管理效能。

现行教育管理体制和运行机制中的突出矛盾 *

变应试教育为素质教育是一项复杂而艰巨的系统工程。要完成这一系统工程，必须深化教育改革，把对教育的局部改革变为整体改革，而教育管理体制改革在教育的整体改革中占有十分突出的地位。

教育管理体制能适应素质教育的需要，就能促进素质教育的发展，反之，则会阻碍素质教育的实施。要全面实施素质教育，进一步深化教育管理体制改革，建立合理而有效的教育管理运行机制是至关重要的。

一、教育管理体制改革状况概述

纵观 20 世纪 80 年代以来我国的教育管理体制改革，大致可以分为两个阶段：1980 年至 1985 年为教育管理体制改革的准备阶段，1985 年至今为教育管理体制的实践阶段。

在第一阶段主要有两个方面的贡献：一是揭示和分析了现有教育管理体制的弊端，并形成共识，即高度集中统一的教育管理体制无法适应改革开放的需要和社会经济的发展。因为体制涉及权力分配、管理幅度和组织运作动力等问题，所以教育管理体制问题不解决，其他方面的改革难以进行，于是教育管理体制改革成了教育改革的突破口。二是对如何进行教育管理体制改革提出了许多有益的观点。例如，在基础教育管理体制改革方面，提出了解决"三个关系"的观点，即学校与社会的关系，主要是解决由封闭式变为开放式的问题；学校与教育行政部门的关系，主要是解决"松绑"的问题，扩大办学自主权的问题；学校内部的关系，主要是解决学校内部管理体制的问题。

1985 年 5 月 27 日，《中共中央关于教育体制改革的决定》的颁布（以下简称《决定》），标志着教育管理体制改革准备阶段的结束，实践阶段的开始。《决定》针对统得过死，缺乏活力的旧体制，提出要建立具有生机与活力的新体制。为

---

* 此文获 1996 年浦东新区首届教育科学研究成果一等奖。

此，人们从理论和实践上对教育管理体制改革进行了大胆探索，并取得了较为显著的效果。

在理论方面，主要从教育主体、搞活学校、办学体制多元化、教育立法、教育管理民主化等角度思考并论述教育管理体制改革。

在实践方面，主要从以下几个方面进行了探索：（1）基础教育实行地方负责，分级管理；（2）实行中等职业技术教育主要由地方负责的办学体制，劳动人事制度改革与教育管理体制改革相配套，实行"先培训、后就业"；（3）扩大高等学校的自主权；（4）中小学实行校长负责制；（5）实行多种形式办学的政策。

总的来说，教育管理体制改革的力度不够，新的教育管理体制的轮廓尚不清晰。在理论方面仅着眼于从某个角度或某个方面来思考教育管理体制改革；在实践方面只局限在单项改革或浅层改革上。因此，以正在构建中的市场经济体制为背景，以实施素质教育为目的，去思考教育管理体制改革已迫在眉睫。

二、现行教育管理体制和运行机制中的几个突出问题

教育管理体制和运行机制要有效地促进素质教育的发展，必须解决好三个问题：一是组织结构问题。要形成为素质教育服务的教育管理职能，必然要涉及教育管理的结构问题。结构决定功能，只有按照素质教育的要求，变革教育管理的组织结构，才能真正形成为素质教育服务的教育管理职能。二是用人机制问题。新的教育管理体制的运作效率是否高，关键是看其在实施素质教育的过程中能否与从事素质教育的人产生互动效应，并使从事素质教育的人自身素质不断提高。三是法律手段问题。教育法规是支撑新的教育管理体制的基石。一方面实施素质教育需要有教育法规作保障，另一方面在素质教育的实践中形成的有效的教育管理体制以及素质教育的成功经验需要通过法的形成固定下来。

现行的教育管理体制和运行机制较为突出的问题正是实施素质教育需要解决的问题。

（一）教育行政组织结构没有按照教育行政职能转变的要求进行上下一致的整体变革

教育行政组织结构的变革制约着教育行政职能的转变。从组织学角度分析，教育管理体制包含机构设置、隶属关系和权限划分等成分，通过一定的组织结构方式使这些成分固定下来，并使之体系化。因此，从静态的角度考察教育管理体制改革，其核心问题是要构建合理的教育行政组织结构。

1995 年 2 月 28 日，上海成立了市教委，这是教育行政组织结构变革的重大

举措，目的是为了进一步明确权限划分，充分调动区县办好教育的积极性；进一步加强宏观管理、宏观调控，提高教育管理的效率和效益。经过一年多的运作，情况良好。当然还有许多方面有待进一步整合，还有许多问题需要研究和解决。如，机构设置的合法与合理问题，管理的幅度与层次问题，精简机构与事权对应问题等。

教育管理体制改革成功与否，关键在于是否有利于调动社会方方面面实施素质教育的积极性，是否有利于形成学校的办学活力，是否有利于提高教育管理的效率。所以，必须从整体上去思考教育管理体制改革。何况教育行政组织结构是一个纵横交错的结构体系，当上位的教育行政组织结构层变革的时候，下位的教育行政组织结构层也应随之变革。否则，就难以确保教育管理体制改革的成功。

当前，较为突出的问题是如何变革区县教育行政组织结构，转变区县教育行政职能。区县教育行政组织直接主管着学校，而教育管理体制改革的成效最终要通过学校实施素质教育的质量体现出来，因此，区县教育行政组织结构的变革对教育管理体制改革的影响重大。

自从基础教育实行"地方负责、分级管理"以后，极大地调动了区县办学的积极性。各区县积极推进基础教育改革，取得了很大的成绩。如教育结构改革，办学形式改革，教育经费渠道改革，学校领导体制改革，劳动、人事制度改革，招生、分配制度改革等，不仅在广度上触及了教育宏观和微观的众多领域，而且在某些方面已经具有一定的深度，为实施素质教育奠定了良好的基础。然而，由于区县教育行政部门忙于外部改革，忽视了对自身组织的改革，这就大大影响了基础教育改革的进一步深化。

从行政组织结构上看，基本上没有改变原先建立在计划经济基础上的集中统一的行政领导体制。其主要弊端是：（1）机构重叠、层次过多；（2）事权不对应，人浮于事；（3）缺少专门的信息、咨询、监督机构；（4）机械而缺乏弹性。

从行政职能上看，仍然以行政监督型方式来处理与学校的关系，主要表现为：（1）对学校仍以单一的行政控制、直接的过程管理为主。从职能部门的设置到它们的活动内容，主要是针对办学过程，把学校从招生、培养、分配的整个办学过程都控制起来了，学校与社会的直接联系渠道不畅通，限制了学校主动适应社会需要的机制的建立。（2）没有给学校足够的办学自主权。学校没有聘任、解聘、任免等人事管理权；在资金来源、使用等方面缺少自行决定权；对教材选择、课程设置、课时安排、教学要求、招生考试等方面限制过多，使学校难以成为独立的办学实体。（3）各种职能机构陷在繁杂的具体事务之中，并把校长拖入"文山会海"。此外，各种布置、种种单项检查评比接连不断，学校只能被动接受和应付。由于对学校管得太细、卡得太死，也滋长了学校的依赖性，使学校无法主动发展。

上述情况表明，区县教育行政组织若要使学校在实施素质教育的过程中办出活力，就应通过自身的组织结构变革、转变职能来为学校主动发展提供一个良好的直接的外部环境。

（二）教育行政组织结构的变革没有与用人机制的变革同步进行

组织理论观点认为，在一个组织中，结构和行为两个领域不能截然分开，一个组织的改进有赖于两个领域的全面改善。因此，在变革教育行政组织结构的同时，必须同时形成改善人的行为和人际关系的有效机制。当教育者和教育管理者与教育行政组织在实践中产生互动效应时，教育管理体制的有效性也就充分体现出来了。

当前较为突出的问题是从静态的角度思考教育行政组织结构的变革较多，而从动态的角度思考教育系统人员素质改善的机制较少。从普教界来看，在人员的聘任、使用、考核上基本上仍沿袭计划经济体制下的一套用人机制。

对校长依然按照行政职级制进行任命和调配，没有实行校长职级制和校长任期目标制，事实上存在已久的校长职务终身制也就无法消除。

对教师依然采用行政的手段进行统一调配和招聘，没有采用市场的手段进行系统内外、学校内外的交流和配置，外系统、非师范类的有志于从事教育事业的优秀人才无法进入到学校中来，而学校内无法胜任教育工作的教师也不能流动到合适的岗位上去。教育系统中存在至今的"大锅饭""铁饭碗"从根本上制约了师资队伍整体素质的提高，这对于实施素质教育是极为不利的。

上述情况说明，由于教育管理体制改革没有以用人机制为中心而展开，形成优胜劣汰、能者为上的竞争机制，一方面使教育行政组织结构变革与人员行为改善无法产生互动效应，造成教育管理体制改革的举措难以到位；一方面使从事教育工作的人缺乏危机感和竞争意识，造成人员的整体素质难以适应教育改革与发展的需要，难以适应素质教育的需要。

（三）教育管理体制的改革没有与教育法规建设相配套

合理的教育管理体制必然要以法的形式加以固定，成功的教育管理一定会充分运用法律手段。新的教育管理体制的构建不能没有法律作支撑。

回顾这些年来教育管理体制改革的历程，可以看到我们对教育法规建设的力度是不够的。尽管我们已开始意识到依法治教的重要性，并已出台或正在着手制定一些教育法规，但是教育法规建设的进程仍然难以与教育管理体制改革的进程相协调、相配套，教育管理体制改革的一些重要成果无法用法的形式固定下来。

当前，教育法规建设滞后的状况已成为制约教育管理体制改革深化的一个较为突出的问题。比如，权限划分是教育管理体制的一个核心成分，如何以法的形式来进一步明确各级教育行政组织的权限划分，尤其是教育行政组织与学校行政组织的权限划分是必须思考的一个重要问题。为什么权限划分问题老是出现反复，收收放放，就是因为没有法律法规的形式来加以明确。长此下去，新的教育管理体制就无法形成。又如，随着办学模式多元化格局的形成，也带来了许多法律问题，如各种性质的办学体制，其法律地位是什么？应承担什么法律责任？等等。如果不去研究这些法律问题，并制定相应的法规，就无法运用法律手段来维护多元化的办学体制，并使其沿着健康有序的轨道发展。

上述情况说明，教育法规建设已成为教育管理体制改革进程中的一项十分重要而紧迫的任务。

三、建议与对策

（一）加快区县教育行政组织结构变革的进程，实现从传统监督型教育行政职能向"指导—监督"型教育行政职能转变。所谓"指导—监督"型教育行政职能，就是以指导、服务、协调、法律监督为主。对学校的管理，由行政性过程控制转化为宏观目标管理，促进学校自主办学，在实施素质教育的过程中，大胆探索，办出特色。

（二）教育管理体制改革要以用人机制变革为中心，尽快形成优胜劣汰、能者为上的竞争机制。

1. 实行校长职级制和任期目标制，废除校长职务终身制。

2. 建立教师人才交流市场，优化配置教师资源。尽管目前正值入学高峰，师资数量尚有一定缺口，但是也应清醒地看到入学高峰过去即为低谷，现在社会大环境对优化师资队伍也十分有利，我们应紧紧抓住这一有利时机，构建师资队伍优化的有效机制，提高师资队伍的素质。

（三）教育管理体制改革要把教育法规建设放在十分重要的位置加以思考和落实。形成与教育管理体制改革相适应的教育法规体系。真正做到以法律法规来规范教育管理行为和办学行为。

教育管理体制改革思考 *

　　校长是学校行政权力的代表。为了使学校主动而有效地适应社会的变革与发展，校长需要了解国内外教育管理体制改革的现状和趋势，以便优化学校组织结构，处理好学校组织建设中的权力与制衡关系，充分激发人的活力，发挥学校组织的功能，争取学校组织管理的最佳效益和效率。

一、什么是教育管理体制

　　体制这一概念在组织领域里使用得较为广泛。如：国家体制、领导体制、行政体制、经济体制、科技体制、文化体制、教育体制等。不同的体制反映不同的具体内容，但从组织学角度分析，它们具有共同的基本内容，包含机构设置、隶属关系和权限划分等。这是任何组织实现组织目标和正常运转的基本条件。所谓体制就是以组织制度的方式把这些基本条件固定下来，并使之体系化。它是实现组织目标，发挥组织功能，使组织正常运转的保障机制。

　　任何掌握政权的阶级都要通过行政体制维持统治、巩固政权，从而实现政治目标。因此要研究教育管理体制，就应先弄清国家行政体制。

　　国家行政体制是指为国家行政机关所建立的组织制度，它依据权限划分、组织形态、领导方式的不同可以划分为不同的体制类型。当代国家行政体制主要有首长制与委员会制、层级制与职能制、集权制与分权制。

（一）首长制与委员会制

　　凡是将组织的法定决策权及其责任赋予一位行政首长承担的行政体制称为首长负责制，简称首长制。凡是将组织的法定决策权及其责任赋予委员会集体承担的行政体制称为委员会集体负责制，简称委员会制。

＊　　此文发表于《中国校长工作新论》（吴秀娟等著，辽宁人民出版社，1996年），标题稍作修改。

实行首长制，可以做到事权集中，职责明确，决策迅速，指挥灵敏，效率较高。但是，如果缺少完备的监督机制很可能导致个人独断专行，且行政首长个人的学识、智能、精力和时间都是有限度的，很容易造成忙不胜忙的现象，影响行政效能。实行委员会制，可以做到集思广益，周密思考，有利于发挥集体的智慧和力量，且能相互监督，防止个人专断。但是，由于权力分散，决策过程缓慢，容易出现议而不决，决而不行，遇事互相推诿扯皮、不肯负责的现象，导致行政效率不高。

鉴于首长制与委员会制各有利弊，因此，在具体运用时，应根据工作的性质和特点研究确定采用其中的一种体制。一般来说，凡是执行性、速决性和技术性一类工作宜取首长制，这样可以收到行动快、效率高之功效；凡属立法性、规划性、协调咨询性一类工作宜取委员会制，这样可以反映多方面的利益和要求，全面考虑问题，避免个人独断专行。

(二) 层级制与职能制

行政体制就其构成单位的职权性质与范围可区分为层级制与职能制。

层级制也称为分级制或等级制。它指行政组织系统按纵向划分为若干个层级使其成为垂直分叉，上下隶属的行政体制。层级制的特点是上下对口，业务性质相同，但上下层级管辖范围随层级的降低而逐渐缩小。

职能制又称分职制。它指行政组织系统按横向划分为若干个平行部门的行政体制。职能制的特点是各个职能部门所管辖的业务性质不同，但地位相等，管辖的范围大致相同。

随着社会的进步和发展，行政的功能日益复杂，单纯的层级制或职能制已不复存在，代之而起的是普遍采用层级职能制，即以层级制为基础，在每一层级，平行地设立若干职能部门，形成一个完整的行政组织体系。问题的关键在于如何科学地划分层次与职能。因为它直接关系到行政组织的效率与效能，也就成为人们研究和探索行政体制问题的重点。

(三) 集权制与分权制

行政体制按上下级组织层次之间决策权限的大小来划分，则有集权制与分权制。

集权制是指行政决策权集中于上级部门或领导机构，下级部门没有或少有自主权的一种行政体制。分权制是指下级部门在其管辖的权限范围内享有充分自主决定权，不受上级部门干预的一种行政体制。

集权制利于政令统一，事权集中，指挥灵便，易于统筹兼顾，层级控制，但是，容易束缚下级的积极性、主动性与创造性，导致行政体制机械而缺乏弹性，僵化而缺乏活力。分权制利于分权治事，分层负责，易于激发下级的积极性、主动性与创造性，使行政体制富有弹性和活力，但是，如果整个行政组织系统的运行机制不健全的话，极易助长本位主义，使政令无法统一，导致行政失控。因此，行政组织应根据社会发展的背景和自身的特点，正确处理集权与分权的关系，以便获得最大的行政效率。

对以上行政体制类型的分析，将有助于加深对教育管理体制的认识。

教育管理体制是国家管理教育事务的根本性组织制度，是国家行政体制的组成部分，从属于国家行政体制。它具有国家行政体制的诸种特性，体现国家行政体制的性质和方向。

国家对教育事务进行有效管理，就必须通过设置一定机构，划分权限，明确隶属关系以形成教育的行政组织管理网络。从纵向上看，有中央和地方各级教育行政组织，按规定的权限管理各自范围内的教育行政事宜；从横向上看，在一级教育行政组织中，按一定标准进行水平方向的分化，设有职责分明、相互关联和相互协作的若干工作部门。由于受内外各种因素的影响和制约，教育行政组织系统内部层级的划分和部门的分化往往处于不断演进和变动的状态。

教育行政组织对各级各类教育的管理，既要依循教育管理体制的规定，又要在管理活动中视主客观因素的变化去改革其中不适应的部分，使教育管理体制更好地服务于教育事业。

二、世界各国教育管理体制的基本类型

教育管理体制隶属于国家行政体制。由于各国的政治、经济、社会状况、历史文化传统以及教育事业发展水平不一，所建立的教育管理体制自然存在差异。按教育管理权限划分，可以分为中央集权型、地方分权型和中央与地方均权型三种形态。

（一）中央集权型体制

实行中央集权型教育管理体制的国家，认为管理教育是国家的事，应由国家直接干预教育，地方应按中央的教育方针政策行事，地方和学校的办学自主权很小，较为典型的国家是法国和苏联。以法国为例：

在法国，自19世纪初拿破仑执政时颁布《帝国大学令》起，确立由中央教育行政组织统辖各级学校的中央集权型体制。各级教育行政职责权限均有明确规定，按严格的命令与服从原则行事。中央设教育部，负责对各级各类教育机构进行管理、指导和监督。部内设有负责各级学校的专门司，管理人事、设备、预算

和财政等事宜的责任司、国民教育督导总局等，还设有国民教育最高委员会、普通教育和技术教育委员会等，作为教育部的咨询机构。地方分大学区、省、市县（村镇）三级。全国分设 27 个大学区，大学区设总长，代行教育部长职权。同时还设大学区审议会等咨询和调节机构。大学区以下分设 95 个省的督学处，其主管称为大学区督学，是省级教育行政首长。省以下的市县（村镇）未设独立的教育行政组织，由该级行政长官及议会为实体，执行中央及上级的教育决策，处理教育事务，下划分若干小学区。

(二) 地方分权型体制

实行地方分权型教育管理体制的国家，认为管理教育是地方的事，应由地方、公共团体独立自主地经营管理教育，中央只在必要时才对教育进行干预。较为典型的国家是美国、加拿大。以美国为例：

美国的国家结构是联邦制。按 1791 年修改的联邦宪法条文规定，联邦政府没有直接管理教育的权限，教育权属于各州。

在中央教育行政方面，由于联邦政府对全国的教育没有直接领导的权力，长期未设独立的部级行政机构，只在卫生、教育和福利部里设教育总署，由部长助理对总署工作进行领导和监督。联邦政府主要通过法规、财政和信息等控制手段，从宏观上把握全国教育事业的方向。为了解决由地方控制而引起的教育发展不平衡问题，联邦政府于 1979 年 10 月成立了教育部，除接管教育总署工作外，还汇总管理原分散在内务、农业等部门的教育事务，负责统一处理联邦政府教育政策和经费问题。部长及副职由总统任命并经参议院同意。联邦教育部的成立，表明教育行政权力在一定程度上趋于集中，但议会在成立该部时又认为"有关教育的权限及任务，继续由州和地方学区所设的机构承担"。实际上，联邦、州和地方学区之间并未形成领导、指挥与服从、执行的等级关系。

在地方教育行政方面，各州设教育委员会和教育厅。教育委员会为州教育的决策机构，教育厅为教育委员会下的执行机构。厅长由州民选举，或州长任命，或委员会任命，任期 1—5 年不等。州以下的教育行政单位有基层学区和中间学区两种，与行政区划不相一致。基层学区是最基层的教育行政单位，直接管理学校。中间学区介于州与基层学区之间，它是在州的监督下，对所管学区内的基层学区进行监督、指导，原则上不直接管理学校。学区设教育委员会和教育局，前者为决策机构，后者为执行机构。教育局长由教育委员会任命。

(三) 中央地方均权型体制

这种教育管理体制是中央和地方协同管理教育的体制。较为典型的国家是英国和日本。

在英国，1944年议会通过《巴特勒教育法案》，奠定了中央地方均权型教育管理体制的基础。在中央，设立了教育和科学部，由议会授权，管理和指导地方教育，推行国家教育政策。还设立了督学处、学校课程和考试委员会、大学拨款委员会等机构，以及两个中央教育咨询委员会。教育和科学部的主要职权是制定国家教育法规、政策及准则，对地方教育当局和私立学校进行一般和个别的指导与监督。但是，教育和科学部并不设置直接管理学校的机构，也不负责教师的聘用和晋升，不决定学校的课程和教学方法，不出版也不选用教科书等。在地方，按英国行政体制，以都市郡的区、非都市郡、内伦敦市、外伦敦市为地方教育行政单位。最高权力机构是兼有议决和执行双重职能的协议制机关——地方议会，行使地方教育行政权，负责本地区的初等、中等和继续教育。但是具体教育行政事务委托给教育委员会和教育局去执行。教育局为教育委员会的执行机构，局长由议会任命，并要征得国务大臣的同意。此外，还设有督学。地方既部分地依中央立法规定受教育和科学部的指导和控制，又有部分的自治权。上下教育行政组织之间并不是刚性的命令与服从式的层级授权体系，而是协同制约关系。

日本在二战后废除了中央集权型体制，扩大了地方教育行政权限。中央教育行政组织为文部省，1949年国会颁布的《文部省设置法》，使文部省完成了由监督型行政向指导型行政的转变。文部省隶属内阁，设文部大臣。文部省内设有初等、中等教育局，大学局，学术国际局，社会教育局，体育局，管理局，文化厅等，还设有中央教育审议会、教育课程审议会、学术审议会、大学设置审议会等咨询机构。1956年6月颁布的《地方教育行政组织及运营法》，对文部省与地方教育行政的关系做了调整，使文部省重新具有了对地方教育行政机关一定的控制权力。如：具有对都、道、县教育委员会任命教育长的认可权和有权指令地方变更教育行政管理体制中违法或不当的措施等。日本的地方教育行政组织分都、道、府、县和市、町、村二级，均设教育委员会，实行地方自治体制。文部省与各级教育委员会无纵向指挥监督关系，教育委员会也不受地方议会和政府的行政干涉，保持独立自主。都、道、府、县教育委员会管理本地区的高中、盲聋学校和养护学校，对市、町、村教育委员会的工作提供指导和建议；市、町、村教育委员会只管理本地区的小学和初中。各级教育委员会设教育长一人，教育长下设事务局，处理教委的日常工作。

（四）教育管理体制形态变化趋势分析

当前，教育管理体制形态变化呈现出这样的趋势：

1. 政府普遍加强了对教育的管理。国家行政是为推行政治决策，实现政治目标服务的。出于政治理想的需要，各国政府都在加强对教育的控制和管理。例如，美国州教育委员会大多由州长任命或州政府官员兼任，教育经费预算案得报州长转送州议会审核，还须向州长和州议会报告工作。又如，日本地方教育委员会成员的产生也已改由地方政府首长提名，并须经地方议会同意后任命，而且教育经费案拟定权亦属地方政府知事等行政长官。

2. 地方分权制和中央集权制逐步向靠拢的方向发展。不少实行地方分权型教育管理体制的国家，不再认为教育管理只是地方的事，而开始将其列入国家职能范围以内。如美国过去不设部一级的教育行政机构，中央不干预地方教育事务，其结果是造成全国教育发展不平衡，难以适应当今世界发展的需要。1979 年，美国成立了中央一级的教育部，就是加强国家控制教育的标志。

实行中央集权型教育管理体制的国家，也纷纷改变传统的国家管理教育的体制。如法国已认识到集权型的教育管理体制对地方教育和学校内部事务干预太多，不同程度地阻碍了教育事业的发展。故而采取措施，松动集权模式，限制中央教育行政管理权限，将部分权力交给地方和学校。

总之，传统的分权制国家正在注重加强国家管理教育的职能呈现出集权化的趋势；传统的集权制国家正在注重改善国家管理教育的职能，呈现出非集权化的趋势。

3. 设置参谋咨询专业机构。在多数国家的教育管理机构中设有咨询、审议机构和教育研究机构。咨询、审议机构，既有综合性的，又有专门性的，既有全国性的，又有地方各级的。它对于提高教育决策和执行机构的效能，对于发展教育事业具有积极的作用，教育研究机构则有助于教育行政组织直接而有效地解决实际教育问题。在各国教育管理机构中，一般都设有专管各类教育的机构。根据各类教育的特点，进行教育管理，有利于提高教育管理的实效。

三、我国教育管理体制改革

中华人民共和国成立以来，我们的教育管理体制是在计划经济体制以及中央集权的政治体制的条件下形成的。当前，我国社会正在发生巨变，为了形成社会主义市场经济体系，政治、经济、科技、文化等体制的改革正在深化。同样，教育管理体制也只有通过深化改革，才能促进教育发展，使教育更好地为社会主义经济建设服务。

（一）教育管理体制改革的两个阶段

20 世纪 80 年代以来我国积极推进教育管理体制改革，阶段特征较为明显：

1980 年至 1985 年为教育管理体制改革的准备阶段；1985 年至今为教育管理体制改革的实践阶段。

第一阶段主要是揭示和分析现有教育管理体制的弊端，并形成共识，即高度集中统一的教育管理体制无法适应改革开放的环境和社会经济的发展。同时对如何进行教育管理体制改革提出了许多有益的观点。例如，在基础教育管理体制改革方面，提出了解决"三个关系"的观点，即学校与社会的关系，主要是解决学校由封闭式变为开放式的问题；学校与教育行政部门的关系，主要是解决"松绑"，扩大办学自主权的问题；学校内部的关系，主要是解决学校内部管理体制的问题。这一阶段的思想认识和理论研究为第二阶段的实践打下了较为坚实的基础。

1985 年 5 月 27 日，《中共中央关于教育体制改革的决定》的颁布（以下简称《决定》），标志着教育管理体制改革准备阶段的结束，实践阶段的开始。《决定》既总结了我国教育发展的历史经验，又总结了十一届三中全会以来教育改革的新鲜经验。《决定》认为，现有教育管理体制的主要弊端是在教育事业管理权限的划分上，政府有关部门对学校统得过死，使学校缺乏应有的活力，而政府应该加以管理的事情，又没有很好地管起来。《决定》针对统得过死，缺乏活力的旧体制，提出要建立具有生机与活力的新体制。教育界根据《决定》的精神，从理论和实践上对教育管理体制改革进行了大胆探索，并取得了较为显著的效果。主要明确了权限划分是教育管理体制改革的核心问题。《决定》指出："改革管理体制，在加强宏观管理的同时，坚决实行简政放权，扩大学校的办学自主权。"基本做法是：（1）"基础教育由地方负责，分级管理"；（2）"基础教育管理权属于地方"；（3）"扩大高等学校的办学自主权"；（4）"学校逐步实行校长负责制"。其目的是要正确处理集权与分权的关系，切实转变教育行政职能，建立能适应和促进教育发展的教育管理体制。

基础教育实行"地方负责、分级管理"，国家把基础教育中应该由地方政府管理的事交给地方，从而使国家能从宏观上把基础教育中的一些根本性的问题更好地管起来。

地方各级政府具有基础教育管理权后，要正确划分地方各级政府办教育的职责和权限，正确划分地方教育行政部门与学校的职责和权限，既使地方各级政府能承担应有的管理职责，又使学校能真正成为具有法人地位的办学实体。

学校成为办学实体后，就有一个正确划分学校内部管理的权限，明确职责的问题。实行校长负责制实际上就是要处理好学校管理中权责分配的边界关系，有效地实现学校的办学目标。

（二）教育管理体制改革理论和实践探索

自《决定》颁布以来，教育界从理论和实践上对教育管理体制改革进行了大胆探索。

1. 在理论上主要从以下几个角度进行了探索：（1）从教育主体角度思考教育管理体制改革。此观点认为学生、教师、学校领导三者构成了相互联系、相互作用的教育主体，教育管理体制改革应与教育主体的解放直接联系起来。现有的教育管理体制以教育行政部门的意志和权力取代学校办学的自主性，以计划的规定性代替教育自身的适应性，这实际上否定了教育的主体性。因此，构建新的教育管理体制，应当把基点放在解放教育主体上，赋予学校以自主办学所必需的所有权利。（2）从搞活学校的角度思考教育管理体制改革。此观点认为学校是否有活力是区分新旧教育管理体制的根本标志之一。学校应是面向社会自主办学的法人实体，教育行政部门应从对学校的直接行政管理转变为间接调控管理。搞活学校不仅是建立新体制的必然要求，而且是建立新体制的必由之路。不搞活学校，新体制就没有实现的生长点。（3）从办学体制多元化的角度思考教育管理体制改革。此观点认为，在计划经济体制基础上的各级各类教育基本上由国家统管、包办，忽视调动社会投资办学的积极性。在市场经济体制下，要适应所有制多元化的经济格局，必然要突破单一"国办"模式，允许并鼓励地方、社会、企业事业、民间、私立或国际合作等办学，并根据各地实情，区别不同地区教育资源的配置方式的特殊性，形成不同投资来源、教育产权结构多元、教育管理形式多样的办学新体制、新格局。形成这种办学新体制、新格局有助于建立充满活力和弹性的教育管理体制。（4）从教育立法的角度思考教育管理体制改革。此观点认为，建立新体制的关键在于制定具体明确的法律。中华人民共和国成立以来，我国还没有系统完善的教育法律，以致发生决策错误，造成教育事业的损失。实践证明，法在教育管理中的作用是直接的、决定性的，集权与分权仅是管理的形式，它们所能达到的效果依赖于法律的保障。因此，建立稳定的、合理的教育管理体制的关键是制定关于教育管理体制的具体、明确的法律。（5）从教育管理民主化的角度思考教育管理体制改革。此观点认为，教育管理体制应当建立在教育管理民主化的基础上。在强调依法治教的同时，还必须根据社会主义民主原则，对那些重大的教育决策或法规在什么范围、什么层次上才能做出民主的决定，做出明确、具体的规定，并且用制度明确下来。教育管理体制的民主化可以促进教育管理的民主化。

2. 在实践上主要从以下几方面进行了探索：（1）把基础教育管理权交给地方。基础教育实行地方负责、分级管理。除大政方针、宏观规划由国家教委决定外，具体政策、制度、计划的制订和实施以及对学校的领导、管理和检查，责任和权力都交给地方。(2)实行中等职业技术教育主要由地方负责的办学体制,调整中等教育结构,大力发展职业技术教育。劳动人事制度改革与教育管理体制改革相配套,实行"先培训、后就业"。(3)扩大高等学校的自主权。积极探索高校发展的新思路,改革高等学校按国家计划统一招生和分配的制度,实行以下三种办法:其一,国家计划招生;其二,用人单位委托招生;其三,在国家计划外招收自费生。(4)中小学实行校长负责制,积极探索中小学内部管理体制改革,明确校长是学校行政系统的最高领导者和学校对外的代表,具有从决策到指挥的全部行政权力,并负有与上述权力相应的责任。形成在上级领导下,以校长全面负责为核心,与支部保证监督、教职工民主管理相结合的学校领导管理体制。(5)实行多种形式办学政策。逐步建立以政府办学为主体,同时鼓励社会集资办学、民间办学和国际合作办学。

总的来说,教育管理体制改革的力度尚不够,新的教育管理体制的轮廓尚不清晰。在理论方面仅着眼于从某个角度或某个方面来思考教育管理体制改革;在实践方面只局限在单项改革或浅层改革上。随着教育管理体制改革的深化,以正在构建中的市场经济体制为背景,从整体上去思考教育管理体制改革已迫在眉睫。这种整体改革的思考,也应把学校组织管理体制的改革包括进去。

区县教育行政组织与学校行政组织关系探析 *

在上海教育改革与发展的重要时期，上海市教育委员会成立了。对市教育行政管理体制进行结构性变革，其目的显然是为了真正转变行政管理职能，形成宏观管理的运行机制。这必将在上海教育发展史上产生深远的影响。

市教育行政管理体制改革以后，直接主管学校的区县教育行政组织怎么办？值得思索。为了保证市教育行政组织宏观管理机制的运作和学校办学主体地位的确立，区县行政管理体制改革势在必行。为此，笔者想就区县教育行政组织与学校行政组织的关系问题做一点探讨。

一、区县教育行政组织职能与结构

教育行政职能是指教育行政本身的职责和功能。"它既指教育行政活动本身所具有的能力和作用，又指教育行政机关为执行任务，实现国家教育使命所进行的职务活动。"[①]笔者认为，区县教育行政的基本职能一般包含六个方面：计划、立法、"经营"、指导、服务、监督。

1. 计划职能。区县教育行政组织根据社会政治经济战略发展的需要，对本地区教育事业的发展方向、速度、规划做出统一计划，以保证教育事业稳步协调发展。计划分为指令性计划和指导性计划。如以指令性计划职能为主，则对学校具有强制性效力，而以指导性计划职能为主，则不具强制性，主要作为学校决策时参考。

2. 立法职能。国家立法机关、上级教育行政部门和区县教育行政部门制定各项教育法规。

3. "经营"职能。经营是一个借用于经济学的概念，这里指区县教育行政组织对学校在教育目标、教育内容、课程设置、课时安排、人员聘任、经费使用等

* 此文发表于《上海教育科研》1995 年第 5 期。
① 盛绍宽：《教育行政学》，广东教育出版社，1990，第 43 页。

方面直接负责。这项职能类似企业的经营权，所以称之为"经营"职能。

4. 指导职能。就人才培养的数量、规格、教学内容和方法的选择，课程设置和课时的安排等基本属于学校的事务。区县教育行政组织对学校提供指导和建议，以控制和影响学校的发展方向，使之与区县教育发展的目标相一致。

5. 服务职能。区县教育行政组织为学校提供诸如信息、咨询、协调、资助等服务。

6. 监督职能。区县教育行政组织对学校的教育实施，依据国家有关法令和上级教育行政部门的指令，实行监督。监督又分为行政监督和法律监督。

上述区县教育行政的六种职能如何充分发挥作用，则与区县教育行政组织结构关系密切。在教育行政组织结构的规定下，其中一些会得到强化，而另一些则会受到弱化。教育行政组织结构要服从于教育行政职能。教育行政组织结构形成后又影响、制约着教育行政职能的发挥。如果区县教育行政组织结构是以集权方式构建的，就会以指令性计划职能、"经营"职能、行政监督职能为主，与学校形成一种监督型关系，学校很难自主发展；如果区县教育行政组织结构是以分权方式构建的，就会以指导性计划职能、服务职能、法律监督职能为主，与学校形成一种指导型关系，学校就能主动发展。

二、区县教育行政组织与学校行政组织关系的现状

中华人民共和国成立以来，中小学领导和管理体制的演变过程表明，1985 年以前，教育行政部门基本是以集权方式来处理中央与地方、条条与块块的关系的。1985 年出现了新的变化，中共中央颁布了《关于教育体制改革的决定》，明确提出，"基础教育管理权属于地方"，实行"地方负责、分级管理"的原则。除大政方针和宏观规划由中央决定以外，具体政策、制度、计划的制订和实施，以及对学校领导、管理、检查的责任和权力交给地方。这样改变了以往中央到地方高度集中统一，行政指令式的教育管理体制，调动了地方办学的积极性。尤其是区县教育行政组织进一步增强了对教育工作领导责任，积极推进基础教育改革，取得了很大的成绩，积累了许多宝贵的经验。如教育结构改革，教育体制改革，办学形式改革，教育经费渠道改革，学校领导体制改革，劳动、人事制度改革，招生、分配制度改革等，不仅在广度上触及了教育宏观和微观的众多领域，而且在某些方面已经具有一定的深度。然而，由于区县教育行政部门忙于外部改革，忽视了对自身组织的改革，这就大大影响了基础教育改革的进一步深化。

从行政组织结构上看，基本上没有改变原先建立在计划经济基础上的集中统一的行政领导体制，其弊端十分明显：

1. 机构重叠，层次过多。按科类分设和按层次分设的专管机构有增无减（见下图），造成部门林立，冗员剧增。

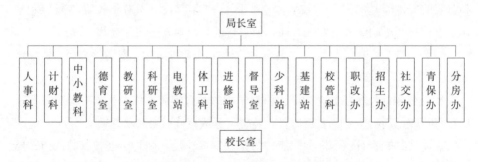

图1　学校接受上级行政部门领导情况图示

2. 事权不对应，人浮于事。往往在"适应工作需要"的理由下，不问原有机构是否能够和应该承担，就设立相应的新机构，结果导致机构膨胀。新机构设立后，也没有赋予机构和人员为完成任务所应有的权力，结果造成职、权、责相应关系不明确，一个人可以做的事情要分几个人做，互相掣肘、推诿扯皮现象时有发生。

3. 缺少专门的信息、咨询、监督机构。教育行政应形成信息→咨询→决策→执行→监督运转序列。可目前在区县教育行政活动中，"基本上只有决策和执行两个环节的活动，缺乏信息、咨询和监督这三个环节的配套活动"。①设置机构，只注意决策和执行机构，使领导层在制订决策时，习惯依靠上级指示和自己的经验，不注意全面掌握信息，不依靠决策咨询机构提建议、报方案、搞论证；在执行决策时，只重视发布行政命令，不注意运用法制进行监督。

4. 机械而缺乏弹性。面对急剧变化的外部、内部环境，不能准确、快速地把握环境，主动地适应环境的变化，灵活地调整组织结构。总之，还没有完全从封闭的状态中解脱出来。

从行政职能上看，仍然以指令性计划职能、"经营"职能、行政监督职能为主，仍然以监督型方式处理与学校的关系。

三、区县教育行政组织结构模式之构想

区县教育行政组织正是通过一定的结构而把人财物事信息组织起来的，应从有利于学校组织发展的角度，进行教育行政组织结构的调整，从而使区县教育行

---

① 向国灵：《对改革教育行政机构的思考》，《教育研究》，1989年第1期。

政组织成为一个精干高效的整体。建立新的结构模式必须考虑到下列三个原则：

一是建立高效率的行政指挥系统。有效的行政活动通常由指挥中心、执行机构、接受单位、监督机构、反馈机构五个部分组成。

二是确立适当的管理幅度和层次。区县教育行政组织必须根据行政职能，以适当的管理幅度和层次，组成相对稳定的组织机构，使每一项行政职能都落实到一个负责执行的组织机构上，既不互相重叠，造成对学校的多头指挥，又不使行政职能落空。

三是正确处理机构与人的关系。区县教育行政组织要处理好行政机构和行政人员的关系。一要根据因事设人的原则，精简机构；二要根据任务性质、人员情况、规模条件等，明确分工；三要根据层级实际授权，使在各个层级和岗位上的行政人员有职、有权、有责，并保证在不同层级上的分工合作。

为此，我们构想了一个区县教育行政组织结构（见下图）：

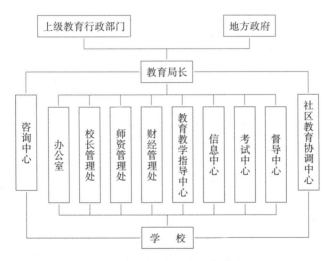

图 2　区县教育行政组织结构

这一区县教育行政组织结构与现行的结构相比，旨在与学校行政组织改革相配套，它有以下几个特点：

第一，减少按科类分设的专管机构，加强综合管理，减少按层次分设的专管机构，加强系统管理，使教育行政组织系统成为上下贯通、左右协调、有机结合的整体，进而达到消肿、精简、高效的目的。如校长是办好学校的关键，如何选拔、考核、培训校长是教育行政组织必须考虑的重要问题。目前的情况是，由党委组织科负责考察，传递信息；教育行政领导和党委领导共同研究，决定升降、调动；干部培训部门负责培训。由于党委组织科工作对象不仅仅是校长，其人力和精力相当有限，势必造成考察不深入，传递信息不全面，更没有时间和精力去研究一套合理的校长队伍管理制度和规范。再说干训部门与组织科是脱节的，它对校长的实际情况不了解、不熟悉，必然会造成培训工作的针对性不强，效果不理想。因此，有必要设立一个管理校长队伍的综合机构。又如，能否实现学校的办学目标，与是否有一支稳定的，有足够数量的，高水平的，年龄、专业和层次结构合理的教师队伍有直接的关系。教育行政组织必须切实抓好教师的培养、聘任、考核和培训工作。目前的状况是：教师归人事科管，教师职称评定归职改办管，教师培训归师资培训中心管。同一个管理对象设置那么多机构来管，一是难以统筹、协调，影响管理的整体效率；二是会造成某些政策、措施不一致，影响行政管理机构的权威性。因此，设立师管处，可以对教师队伍进行综合管理。再如，为了保证学校有效地贯彻教育方针、政策，提高教育、教学质量，教育行政组织必须对学校的教育、教学工作进行指导。目前的情况是，教育行政部门指导教育、教学工作的部门太多，具体有：小教科、中教科、德育室、青保办、体卫科、教研室、科研室等。各部门缺乏联系，更谈不上协调，各自向学校拴上一根绳子，把学校的手脚全给捆死了。设立教育、教学指导中心的目的就是要把这些部门统起来。这样，既可克服机构重叠、政出多门、布置频繁、学校疲于应付的倾向，又可精简机构、统筹协调、综合指导，有助于提高教育、教学工作质量。

第二，加强信息、咨询机构。一个良好的教育行政组织系统，不能只有决策和指挥系统，还需要有相应的信息、咨询和监督系统。如果几者混为一体"是一种职责不分、关系不顺的'混沌'性的组织，其工作效率和效能必然是低下的"①。教育行政是通过决策、指挥、控制、协调、监督等一系列环节进行并实现其职能的，而这些环节的正常运转，都必须依靠准确的信息。专门设立信息和咨询中心就是为了改变目前信息、咨询机构弱化甚至没有的状况。

第三，建立社区教育协调机构，充分发挥社区教育的作用，使区县教育行政组织和学校能主动适应外部环境的变化，适应改革开放和现代化建设的需要，实现由封闭型向开放型的转化。普通教育社会化，社会参与教育，教育依靠社会是教育体制改革的必然趋势。社区教育的出现，改变了长期以来学校与社会、教育与经济发展相脱离的状态。为了加强对社区教育的管理，充分发挥社区教育的功能，专门建立社区教育协调机构是十分必要的。

必须指出的是，我们所构想的区县教育行政组织结构模式，主要是从精简教育行政组织机构，转变教育行政职能，提高教育行政效率，为学校发展创造良好的外部环境的角度来考虑的。它的有效性还有待于实践的检验。教育行政组织结

---

① 张济正：《教育督导原理与制度》，华东师大教育系教育管理教研室，1986 年 6 月编印，第 62 页。

构要随环境的变化、行政活动要求的变化而不断进行或大或小的调整。因此，我们并不认为所构想的"模式"就是一种理想模式，它只是作为探讨区县教育行政组织结构变革的一个参照方案。

对这一构想的"模式"尚需从理论和实践上加以修正和完善。

教育行政组织结构的变革制约着教育行政职能的转变。我们所构想的教育行政组织结构模式就是要使教育行政职能实现这样的转变：

1. 变行政性过程管理为宏观目标管理，实现传统的监督型职能向"指导—监督"型职能转变。所谓"指导—监督"型职能，就是以指导、服务、协调、法律监督为主。宏观目标管理主要体现在两个方面：第一，规定每所学校应承担的总任务、达到的总目标；第二，以法律手段保证学校在实现目标的过程中有效地进行自我约束。

2. 变单一的行政控制为综合的宏观调控，促进学校自主办学。教育行政职能转变后，应从对学校的直接控制转变为间接的、协商式的控制，从单一的行政控制转变为综合的宏观调控，综合运用政策、考试、学术、经济、法律、评价、咨询等手段对学校进行引导式管理，为学校自主办学创造良好的外部条件。

如果学校有了办学自主权，又有区县教育行政组织为其创造的良好的外部条件，加之学校自身组织结构能随内外部环境的变化而主动做出调整，那么，学校就能显示巨大的办学活力，并能持久地保持下去。

现代学校制度建设若干思考 *

一、当前为什么要研究现代学校制度

现行的学校教育是工业社会的产物。18 世纪中叶以后农业社会开始向工业社会转变，形成了社会化的大生产和金字塔式的社会结构。建设与工业社会相适应的学校教育成为时代的呼唤。捷克教育家夸美纽斯提出的班级授课制和学科课程制为新学校的建立奠定了坚实的理论基础。到 19 世纪初，已形成了一套完善的与工业社会相匹配的学校制度。

这种学校制度有以下几方面的基本特征：其一，在学校教育价值取向上，强调满足社会发展需要，很少考虑个体发展需要。用统一的规格制订培养目标和内容，通过一次性教育向社会输送人才。其二，在课程设置上，以学科中心主义思想为主导构建学科课程体系，以严格的学年制和班级授课制为形式，组织教学活动。其三，在考试评价上，突出考试评价的选拔与淘汰功能，通过层层筛选，把培养的人输送到社会的不同岗位上，在金字塔式的社会结构调节中发挥了重要作用。其四，在学校管理上，主要借鉴或移植企业管理经验或方法，并根据（科层制）理论，设计纵向垂直的学校组织管理结构和运作机制。这种学校制度为工业社会人力资源开发，培养工业社会所需的各级各类人才，推动科技发展和社会进步发挥了巨大的作用。

随着工业社会的发展，这种学校制度的弊端也逐渐显露出来。20 世纪初，美国教育家杜威最先发现问题。他把在这种学校制度框架下进行的教育称为传统教育，并一针见血地指出，这种学校教育以教师为中心、以课堂为中心、以书本为中心，有意无意地摧残、扼杀了儿童的兴趣、个性及特长。他认为教育即生活、学校即社会，提出了以儿童为中心、以社会为中心、以活动为中心的教育理念。他把这种与传统教育相对立的教育称为进步主义教育。

自杜威以后的近一百年中，虽然一直在变革这种学校制度，使之与工业社会

---

* 此文发表于《教育发展研究》2005 年第 7 期。

相适应，但这种努力收效甚微。究其原因，一方面是学校教育改革相对缓慢；另一方面是社会发展开始步入了转型期。

自20世纪90年代中期开始出现了工业社会向知识社会迈进的趋势。知识社会以知识经济与知识文明为基本特征。它使人类的生活、学习、工作方式以及思维方式发生了根本性变化。同时，纵向垂直的金字塔式的社会结构正在被横向扁平的网络化的社会结构所取代。

由此看来，学校教育要主动适应知识社会发展要求，至少应从以下三方面做出变革的回应。其一，在学校教育价值取向上，应强调满足每一个人自主而和谐发展的需要。所谓自主，主要包含两个方面，一是创造性。知识创新是知识社会的基本特点，要积极营造创造的环境与氛围，增强人的创造意识与激情，培育人的想象力、创造力以及创造精神；二是自律性。它要求每一个人以高度的道德自律性，本着对自己对人类负责的态度正确而合理地使用科技成果。所谓和谐，主要指应按照每一个人的遗传、所处环境以及教育状况三大因素进行设计，积极创造条件与机会，努力把每一个人的潜在能力转变为现实能力，使每一个人身心都获得持续健康的发展。其二，在课程设置上，根据以人的发展为本的理念构建适合每一个人自主而和谐发展的课程体系。具体地说，就是要为每一个人量身定做一套课程，真正做到个别化教育。个别化教育不仅是知识社会的要求，而且能够在知识社会成为现实。其三，在考试评价上，着眼于每一个人的自我诊断、自我分析、自我选择，而选拔、淘汰功能将逐步消亡。这既是知识社会对人的自主性的要求，又是衡量人的自主发展的重要标尺。

综上所述，更新学校制度理念，变革学校制度，使之适应知识社会发展要求，是时代赋予的紧迫任务，是当前为什么要研究现代学校制度的目的与意义之所在。

二、什么是现代学校制度

现代学校制度建设的关键是"现代"，它直接关系到学校制度建设的定位与发展方向。何谓"现代"，只有弄清它的正确含义，才能着手现代学校制度建设。

"现代"一词最先使用在文艺复兴时期人文主义者的著作中。当时用这个词表达一个新的观念体系，即把文艺复兴看成是一个与中世纪对立的新时代。在英文里"现代"一词至少有两层含义，一是作为时间尺度，它泛指从中世纪以来一直延续到今天的一个"长时程"（借用"年鉴学派"术语）；二是作为价值尺度，它指区别于中世纪的新时代精神与特征。

"现代"一词的确切含义究竟是什么？学术界迄今没有一致的看法，更没有公认的定义。一般而言，它是用来概括人类近期发展进程中社会急剧转变的总的动态的新名词。

从学校教育角度看，西方学者把伴随着资本主义社会而建立起来的学校教育称为现代学校教育（也称为近代学校教育），大致产生于 17 世纪初叶，它与中世纪的教会学校、贵族学校有本质的不同，它面向所有适龄儿童，将科学知识转化为一门门学科课程，将儿童按年龄分班，组织教学活动，使未来的劳动者能掌握适应资本主义生产力发展所需的基本知识与技能。在办学实践中，人们开始探索现代学校制度。到 19 世纪初，德国教育家赫尔巴特在其《普通教育学》中提出"教学形式阶段"时，已形成了一套相当完善的学校制度。不过这种学校制度的缺陷与弊端也开始逐渐暴露。于是，就有了 20 世纪初杜威的批判。

其实，自杜威以后的学校制度变革从未停止过。现代学校教育，或者说学校教育现代化是一个动态的发展过程。那么，当下研究现代学校制度建设问题，应放在哪一个时空节点上来讨论、思考，并做出界定呢？

笔者认为，人们应在工业社会向知识社会迈进的背景下，来认识学校教育现代化的内涵，把握其发展方向，并着力研究与建设一套能保证学校教育主动适应知识社会发展的学校制度。由于它涉及学校教育理念的重塑、学校教育结构的重组、学校教育文化的重建，因此极具挑战性。在这种背景下展开现代学校制度建设是世界各国的学校教育必须共同应对的挑战。就中国而言，区域经济、社会发展极不平衡，有的地区尚处于农业社会向工业社会转变时期，有的地区处于工业社会初期或中期，有的地区则已到工业社会的后期，并开始向知识社会迈进。这种不平衡性，决定了我们既要从知识社会的学校教育的基本内涵上思考现代学校制度，又要从区域实际出发，研究和制订现代学校制度建设的策略、途径与方法，从而使学校教育既能满足区域经济社会发展的需求，又能尽快融入世界学校教育变革的潮流，真正使中国的学校教育在现代化的进程中实现跨越式发展。

三、怎样建设现代学校制度

学校制度是一个体系，由基本要素与层次构成。一般而言，学校制度由课程、教师、管理、开放四大基本要素构成。其中课程是学校教育的核心，教师是实施课程的关键，管理是教师实施课程的保证，开放则是上述三要素能否有效发挥作用的前提。下面，笔者力图以现代视野，从四个基本要素切入，提出怎样建设现代学校制度的设想。

（一）课程制度

课程是学校教育活动的载体。学校教育究竟能否适应知识社会的要求，核心问题是课程。显然，课程制度也就成为现代学校制度建设的首要问题。目前，应着重从两个方面去探索现代学校课程制度。

第一，构建学校课程体系。在对此概念做出解释之前，须先明白两层意思，一是学校教育活动必须具有课程性，这是学校教育活动区别于其他教育活动的重要特征。考察学校教育活动课程性，不是看是否有教材，而是看是否体现了课程的四个基本要素，即课程目标、内容、实施途径与方法，以及评价。教材不是课程，课程并不一定要有教材，为了使课程有效地实施，可以编制或选择相应的教材。二是当学校教育活动的内容和要求发生变化时，必然要改革课程，即重新选择课程功能，并按新的课程功能要求，重新设计课程结构，从而使课程能充分满足学校教育活动的需要。

可见，课程改革不单单是制度化的学科课程改革，而是要根据人和社会发展需要，以人的发展为本的思想构建学校课程体系。所谓构建学校课程体系，就是将学校的所有教育活动按课程的要素进行设计，一方面要根据学校的定位与发展目标，实现国家课程、地方课程与学校课程的有机整合，实现学科课程与非学科课程的有机整合，实现显性课程与隐性课程的有机整合。另一方面要根据学生的智能倾向和个性特长，努力为每一个学生量身定做一套适合其和谐发展的课程。

第二，组织基于课程的教学。学校课程体系须在实施中加以完善。课堂是课程实施的主渠道，通常称之为课堂教学。课堂不只是指以教室为空间的小课堂，也可以是以学校为空间的中课堂，或以社会为空间的大课堂，一般根据课程的目标与内容做出安排。当然，对课堂做出重新认识是必要的，更要树立新的课堂教学观。是基于教材的教学，还是基于课程的教学。如果不理清此问题，就谈不上真正意义上的课程实施。时下的课堂教学现状是：以书本知识传授到接受为逻辑线索，形成了备课—讲课—作业批改这一基本的课堂教学模式。如果不改变这种课堂教学模式，就无法实现知识与能力、过程与方法、情感、态度与价值观三位一体的新课程功能。要使新课程能真正进入课堂，就应以问题的提出到问题探究为逻辑线索，构建课堂教学方案设计—实施—评价的课堂教学新模式，使课堂教学由以教材为中心，研究书本，组织书本知识教学转向以人为本，研究学生，促进学生和谐发展。

（二）教师制度

教师职业是一个已得到普遍认同的专业，加快教师队伍专业化进程，全面提升教师专业化水平是现代学校制度建设的重要组成部分。

教师专业主要由四个部分构成：一是职业道德。教师热爱自己的职业，关爱每一个学生。二是教育理念。教师自觉认识教育工作的本质特点，不断更新教育观念，改善教育行为。三是专业结构。教师既有广泛的科学与人文知识基础，又有系统扎实的课程、学科、教育心理、教育研究与方法、信息技术等知识。四是专业能力。教师不但要有教育、教学以及研究能力，而且要有与学生、家长、社区成员以及其他教师交往的能力。

能否促进教师专业发展与教师制度密切相关。就政府而言，要从教师资格认定、职称评审、晋级考核、专业培训等方面进一步完善教师制度。就学校而言，要着力构建一套促进教师专业发展的制度。其中，有两个制度极为重要：一是激励制度。要坚持以教师发展为本，尊重、理解、支持教师，努力为把每一位教师的潜在能力转化为现实能力创造机会和条件，主动为每一位教师走向成功搭建舞台。二是校本培训、教研制度。所谓校本培训与教研，是基于教师在教育实践中问题的培训、教研。某种意义上说，校本培训和教研是更加开放的培训与教研，从问题出发到问题解决为归宿是校本培训与教研的重要特点。其基本路径是：教师具有问题意识，注重观察实践中的问题，对所观察到的问题进行筛选，把最有价值、迫切需要解决的问题设计成研究方案，在组织方案实施过程中边学习、边实践、边思考、边研究，最终形成成果，然后再到实践中去检验和推广成果。这种以问题为导向的培训与教研是促进教师专业发展的有效途径。

（三）管理制度

合理而有效的管理对于课程实施、教师专业发展是至关重要的。目前学校的管理制度与模式是从企业移植过来的。不可否认，这种以科层制为特征的管理制度对于规范学校管理，促进学校发展发挥了重要作用。但却没有一套基于课程实施、教师专业发展，并服务于课程实施和教师专业发展的属于学校自己的管理制度。

政府管理职能的转变，学校自主办学地位的确定，为学校管理制度的变革带来了难得的契机。

首先，要在先进的管理理念支配下思考学校管理制度变革。学校应成为最大限度发挥人的主体能动性的场所，其管理的目的在于自主，而非控制。实现自我超越应成为学校每一个成员的价值追求，学校应据此确立学校发展与个体发展相一致的共同目标，要确保目标的实现，就必须不断地自觉更新教育观念，改善教育行为。而更新教育观念，改善教育行为最有效的途径与方法是组织团队学习，从目标推进过程中的问题出发，每一个成员主动参与学习、讨论、研究，一方面找到解决问题的对策；另一方面提高每一个成员系统思考的能力。更重要的是要让学校每一个成员都真正感到，学校办学目标实现之时，也是自身价值体现之时。

其次，要根据上述管理理念构建基于网络的横向扁平的管理制度，使之能适应并促进学校和学校中每一个成员的自主发展。一是要按照学校课程体系要求重新设计学校组织结构，以网络管理取代三级管理，实现管理重心下移；二是要按照学校成员自主发展的要求，设计有效的激励机制，既要推出一整套的精神与物质激励相结合的举措，又要营造学校办学价值和每一个成员自我价值实现过程中的宽松的人际氛围和良好的文化环境。

（四）开放制度

开放是现代学校的重要特质。无论是课程制度、管理制度，还是教师制度，是否具有活力皆有赖于开放，取决于信息能否实现有机交互与转换的开放结构与功能。在学校结构层面上，主要表现为两个向度的开放，一个是向外的，对网络、媒体的开放，对社区、社会的开放，以及学校间、相关教育机构的相互开放；另一个是向内的，在教育与管理活动中向师生开放，向家长开放，向学生发展的可能世界开放。从封闭走向开放是学校发展的必然趋势，也是对学校发展的基本要求。在学校封闭的规范被打破以后，必然要构建相应的开放制度，以保证开放的有序性。从学校开放的两个向度来看，当前应着力构建以下开放制度。

一是政府支持。随着管理体制改革的深化，政府的职能将重新明确与划定，将把属于学校的职能还给学校，使学校真正确定自主办学的地位。当然，政府对学校的管理制度也将进行变革，政府与学校将建立新型的互动关系，即由命令式的行政领导与管理制度转向建立法律的、行政的、学术的、咨询的、听证的、问责的等一整套支持与保障制度，为学校的主动发展构建开放的体制环境。

二是资源共享。学校除了整合、利用各种资源外，还应特别注重学校资源与社区资源相互开放与共享。学校应主动回归社区，社区应积极接纳学校。要形成这样的局面，就必须彻底打破学校与社区之间由于长期条块分割的管理体制所产生的有形与无形的封闭围墙。而打破"围墙"的有效的途径与方法是相互间全面开放资源。要使资源在开放中得到充分而有效的利用，建立规范、有序的长效机制是十分必要的。

三是校际交流。要彻底改变学校之间不相往来的现象，区域内的学校应主动进行交流。每一所学校在办学中都有优势与弱势，都有经验与问题，只有通过相互间的学习、交流以及切磋，才会有比较与借鉴，才会不断丰富办学思想，进一步明确办学目标。有条件的学校，还应积极展开国内外学校间的交流，进一步拓宽办学视野，优化办学思路，形成办学特色。

四是多方合作。在建设终身教育体系的背景下，教育日益成为社会的共同事业。因此，学校要进一步增强合作共赢意识与能力。一方面要积极寻求其他部门与行业的支持；另一方面要主动为其他部门与行业提供服务。在不断丰富合作的内容与方式的同时，还应努力构建合作制度，以保证合作的可持续性。

五是校长对话。校长作为管理团队的代表，要善于经常倾听教师、学生对学校工作的意见与建议，切实改进学校工作。建立对话制度，既是学校民主管理的要求，又是学校民主管理的体现。不但能保证师生参与学校管理，而且能保持信息渠道的畅通，进而提高学校管理的效率与效能。

六是家长参与。目前，尽管家长关心学校教育的热情持续高涨，但仍缺少主动参与学校教育的有效机制。学校应着力构建家长参与学校教育的制度，充分体现并保障家长对学校教育的知情权、参与权、监督权、问责权等。只有这样，学校才会真正获得家长的关心与支持，才能实现家校联动，共同创造更适合每一个学生和谐发展的良好环境。

上述四个制度，只是对怎样建设现代学校制度的初步架构，学校还需从实际出发，研制具体的实施方案，并在实践探索中不断丰富、完善、提升。

学校组织结构研究 *

一、什么是学校组织结构

组织结构是指组织中各种要素组合的建构形式和各构成部分间所确立的联结关系，从而形成一个组织体系。与机械或生物系统不同，社会组织的结构是不可见的，是从组织的行为和实际作业中推断出来的。

组织是一个开放的系统。周围环境、技术、社会心理因素等方面对组织结构的构建具有重要影响。绝大多数组织都要经常经历结构上的变化。为了协调地开展组织活动，有效地实现组织目标，就应有效地设计组织结构，合理地变革组织结构。因此，组织结构是发展、变化的，具有动态性、差异性和复杂性。

以上对组织结构基本含义的揭示，有助于正确认识学校组织结构。那么，什么是学校组织结构呢？有人认为是"为了达到学校教育目标去构成教职员工齐心全力的一种体制"[1]。这种体制着重于学校领导体制，"基本含意有两个方面，一是反映学校内部的领导结构方式以及校长的地位和权限范围，二是反映学校的上属领导关系"[2]。我们认为学校组织结构是在一定环境条件下，维系学校组织成员内部关系的、按一定形式和层次组成的机构体系，同时，又与外部的特定机构体系相连接，形成有机结合的活动功能系统。我们认为有效的学校组织结构具有以下一些基本特点：

（一）明确的职权划分和清晰的职权关系

各机构和各职务的成员个人都有明确的岗位责任、管理层次和适度平衡的管理幅度，并能实行有效配合。

---

* 此文发表于《中国校长工作新论》（吴秀娟等著，辽宁人民出版社，1996），标题稍做修改。

[1] 松泽光雄：《学校管理的理论与实践》，吉林教育出版社，1986，第 89 页。

[2] 张济正等：《学校管理学导论》，华东师范大学出版社，1990，第 273 页。

（二）高效率的信息沟通网络

学校组织管理决策所需要的信息能精确地、有效地和及时地被提供。

（三）有效和协调的合作系统

主要是通过任务结构和权力结构去协调全校成员的行动，以保证学校组织管理的整体统一性，形成合作的学校组织结构。

（四）不断创新

学校组织结构应当根据内外环境的要求不断创新以产生有效率和有效能的运行方式。

（五）具有灵活性与适应性

这与创新特点密切相关。学校组织管理要通过组织结构本身的调整、组织程序和过程上的改变主动适应环境的变化。

（六）有利于人力资源的发挥和发展

在学校组织中，有利于学生的发展是理所当然的，但是，学校组织还要有利于发展和发挥广大教职工的积极性和潜能。"良好的组织，可以满足人们的心理归属需要、安全需要、认同和交往的需要，使人员产生自信心和力量。"[1]为此，学校组织结构要给每个人提供更多的发展，发挥其积极性和时空的自由度。

二、学校组织结构的基本模式

通常人们把在长期组织实践活动中对组织各要素经过排列组合后形成的具有范型意义的、相对稳定的组织结构称为模式。不同的排列组合方式，体现了不同的组织结构和组织运作方式，也就形成了不同的模式。目前，学校组织结构的基本模式大致有五种：

（一）直线型组织结构模式

直线型组织结构，就是按照学校管理的纵向层次进行结构排列，由低到高，事权逐级集中，构成一条垂直分叉的金字塔形态线。直线型组织结构的优点是指挥统一、权责明确、便于控制、利于监督；缺点是缺乏横向协调、应变能力

---

① 吴秀娟：《学校管理心理学教程》，济南出版社，1991，第146页。

较差（见图 1）。

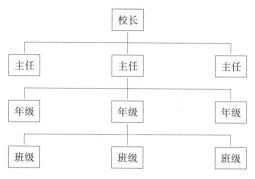

图 1　直线型组织结构模式

（二）职能型组织结构模式

职能型组织结构就是按照学校管理的专门职能进行横向结构排列。其特点是在校级领导层下设立专门的职能机构，具体负责某些专门性工作，并有权在本职业务范围内向下级下达指令，下级必须执行。职能型组织结构的优点是各职能部门为校长分担了行政事务，使校长能集中精力抓好全局性的工作。同时，对各项业务管理工作也更加直接和具体，从而提高了学校管理的效率。缺点是容易产生多头领导，政出多门，不利于集中统一指挥（见图 2）。

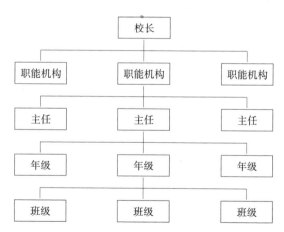

图 2　职能型组织结构模式

（三）直线职能型组织结构模式

直线职能型组织结构是直线型与职能型两者的结合。其特点是学校组织管理的权力集中于校长，职能部门均系同级领导的参谋和助手，对下属机构只有业务指导关系，而没有行政领导关系。直线职能型组织结构的优点是既保证学校领导指挥统一，又发挥职能部门的横向协调作用，有利于分工合作，提高管理效率。缺点是不易划分职能界限，业务分工中往往有重复交叉，影响工作效率（见图3）。

注："——"表示领导隶属关系，"……"表示业务指导关系。

图3 直线职能型组织结构模式

（四）项目型组织结构模式

项目型组织结构模式是在校长下面设立项目校长，实行分管。项目校长有相对独立的权力和责任，所以是一种分权制的组织结构。项目型组织结构的优点是缩小了管理幅度，有利于协调和管理；项目校长有较大的自主权，有利于发挥积极性、主动性和创造性，且专业性较强，便于领导和管理。缺点是增加了管理层次、降低了信息流通的速度和准确度，易使校长架空，或使处级主任（副主任）成为虚职，或多头领导，产生内耗（见图4）。

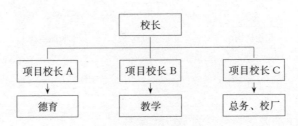

图4 项目型组织结构模式

（五）矩阵型组织结构模式

矩阵型组织结构是职能型与项目型相结合而成的。其特点是将纵向系列的职能机构，通过横向项目组织的联系，将有关专业活动直接组合起来。矩阵型组织结构的优点是决策点集中，协调方便，人员组合富有弹性。为完成某一项目任务，将不同纵向系列的人员组合起来归项目负责人领导和管理，可以大大提高完成项目任务的效率。缺点是由于存在双重领导关系，容易产生意见分歧，造成某些问题决策上的困难（见图5）。

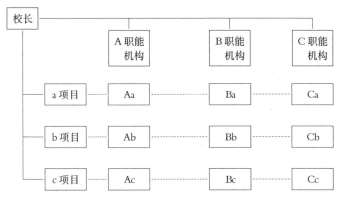

图 5　矩阵型组织结构模式

对上述五种组织结构模式进行比较，可以发现各有特点，各有所长。直线型组织结构纵向分层，等级明确，便于集中统一指挥；职能型组织结构横向分化，按业务职能分工管理，利于提高管理效率；直线职能型组织结构兼具以上两型特点，使层级与部门关系协调，目标一致；项目型组织结构在管理上分权治事，协调、调控方便，利于发挥下属的积极性、主动性和创造性；矩阵型组织结构弹性大，适应性强，协调便利，便于跨处（室）、跨学科合作，高效率地完成任务。因此，在设计、选择或调整学校组织结构时，必须十分注意层级与部门的组合关系，使其协调运转，发挥学校组织管理的整体效应。

从组织学角度分析，上述五种学校组织结构模式均没有跳出传统组织理论关于组织结构设计的范畴，大都属于静态式、封闭式的组织结构。当然，这些组织结构模式对维持学校正常工作秩序有一定价值，如专业分工、分层定级、划清职能、权责一致、明确目标、依法管理等方法为有效的组织管理发挥了重要作用，特别是"管理七职能论"①和"组织管理十四项原则"②被普遍接受、广泛应用以后，学校组织管理的效能和效率大大提高了。但是，随着社会现代化进程的加快，密集信息的高速传递，按传统组织理论设计的学校组织结构模式的缺陷、弊

---

① 由美国行政管理学家古利克提出。他认为管理的职能主要有计划组织、人事、指挥、协调、报告和预算等七项职能（POSDCORB）。这一观点是古利克根据法约尔所提出的管理五项职能（计划、组织、指挥、协调、控制）加以发展而来的，并得到了普遍接受。

② 由法国工程师法约尔提出。他认为有效组织管理的原则有分工协作原则、权责一致原则、命令一致原则、指挥统一原则、集权与分工恰当原则、生产经营有序原则、强化纪律原则、纵向与横向联系原则、成员稳定原则、整体利益原则、报酬公平原则、鼓励创新原则、平等合作原则和集体精神原则等十四项原则。这些原则的提出，不仅丰富了组织管理理论，而且在组织管理实践中被广泛运用。

端也日益显露出来了。一是缺乏组织管理整体优化的能力。由于层级与部门界限森严，往往从局部出发为部门争利益，而不能从整体出发为组织争效益。二是缺乏组织管理整体协调的能力。由于是金字塔式垂直分叉的组织结构，遇到主体利益冲突，容易受到纵向沟通的层层关卡和横向联系的阻断隔绝。三是忽视组织与人的互动关系。不重视组织中人的需求和人际关系的沟通。四是忽视组织与环境的交互作用。不重视复杂、多变的环境对组织管理活动的影响。学校组织结构模式中的这些缺陷、弊端严重影响了学校组织管理整体功能的发挥和整体效率的提高。

现代组织理论认为，组织是一个有机的、开放的系统，机构、人和管理是影响组织结构模式的主要因素。学校组织结构的活力很大程度上取决于能否充分发挥人的能动性，能否动态地适应内外环境的变化，能否有效地运用各种管理方法。因此，应根据环境的变化、条件的许可，主动变革学校组织结构模式，把学校组织结构优化为一个协调、高效的整体，以适应教育事业发展的需要。

三、学校组织结构的优化

学校组织结构的设计是人的主观能动性产物，它的有效性有待于实践的检验。当学校组织结构与学校管理的要求不相符合，或不能有效地反映环境的要求时，就需要变革学校组织结构，使学校组织的功能、人际关系、角色关系协调，使学校组织成员的行为和为完成工作所采用的技术得到改善，从而达到学校组织管理的高效率。从这个意义上说，也就实现了学校组织结构的优化。那么，如何优化学校组织结构呢？

(一) 要使学校组织结构具有开放性功能

现代组织理论认为，在组织运行的过程中自然会受到来自周围环境的影响。因此，所构建的组织结构应能与环境进行经常的、广泛的信息、能量和物质的交换，具有开放的、动态的、隐性的特征。为了使学校组织结构具有开放性功能，人们在设计或变革学校组织结构的过程中进行了积极的探索[1]（见图6）。

这种设计把握了学校组织管理过程中各项职能活动之间的相互关系以及整个学校组织管理活动同社会系统之间的相互关系。学校组织结构若具有了开放性功能，是学校组织管理出现活力的基础。理由是：

---

[1]　陈孝彬：《学校教育管理科学》，光明日报出版社，1987，第35页。

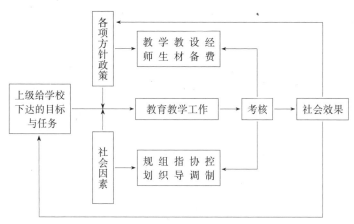

图6　开放式学校组织管理结构模式

1. 形成了动态的网络结构关系。开放式学校组织结构能使学校组织与外界环境建立起经常的、广泛的信息、能量和物质的交换，便于学校组织了解社会政治、经济和文化的发展变化及其对教育发展的要求，及时调整学校组织管理目标，进行有效的管理活动，使学校组织富有活力。

2. 产生了主动调节组织管理行为的能力。学校组织管理活动必然会受到内外环境诸因素（如政治、经济、文化、心理和生态等各种因素）的影响和制约，学校组织结构必须具有主动调节组织管理行为的能力。通过自我调节、自我适应，从而使学校组织管理处于不断的动态平衡的有序状态之中。

（二）要使学校组织结构形成人与组织的互动关系

组织行为学家认为，一个组织的发展和变革要解决的问题可分两大类：一类是组织结构问题；一类是人的行为问题。两类问题不能截然分开，一个组织的改进有赖于这两大问题的全面解决。有效的学校组织结构必然会形成组织与人的良好的互动关系，即通过促进组织的发展使组织成员的素质获得新的提高，而组织成员素质的提高又使组织获得新的绩效，得到进一步的发展。因此，在进行学校组织结构调整或变革的同时，要注意改善组织中的人际关系、改善人与组织的关系，并把形成组织与人的互动关系纳入学校组织结构的调整或变革中去。

1. 学校组织结构中要形成沟通渠道。组织的生命力就在于沟通。建立组织的主要目的之一是为了实现组织成员与机构之间良好的沟通。就组织的沟通来说，其沟通形式除了遵循权责程序和隶属关系外，还会按照人际关系的途径进行。随着学校组织管理的发展，对沟通的要求越来越高，通过建立良好的人际关系这一渠道进行沟通的效果也更加明显。这对于做好学校的民主管理极有价值。

2. 学校组织结构中要形成人和组织需求平衡关系。组织是个体与群体的联合体，这些个体与群体具有各种各样的目标、需求、欲望和才干。学校组织要注意满足组织成员对不同层次的需要，充分发挥激励的作用，并根据学校工作目标及所完成任务的情况来衡量每个成员的贡献，然后确定成绩与报酬。学校组织与其成员的关系应该是处于不断实现需求的一种动态平衡之中。

（三）要使学校组织结构成为有序运作的系统

系统科学组织理论认为，任何一个组织都是由人、机构、目标和制度等基本要素相互联系、相互作用和相互依存的协作系统。组织是自成系统的，组织中的每个组成部分就是每个分系统。系统科学组织理论把组织的结构、权责分配体制、组织内外信息沟通等方面都看作是组织运转的要素，任何一方面的功能障碍都会影响组织的整体功能。只有构成组织的每个要素都处于正常的情况下，组织的整体效能才会大幅度地提高。

学校组织结构的优化，表现在一个管理系统发挥其整体功能，使学校组织管理的每个要素都处于有序运作的状态。考察学校组织管理系统，大致由四个分系统构成。

1. 决策指挥分系统。基本职责是通过权力结构进行综合决策，实施宏观控制，领导与指挥下属各部门的工作。

2. 执行运转分系统。基本职责是通过动力机制将决策系统的目标、规划付诸实施。

3. 参谋咨询分系统。基本职责是通过调查研究、统计、收集、整理、筛选各种情报信息资料为决策分系统提供决策咨询意见和多种可行的备选决策方案。一般称为智囊机构，具有相对独立性，在每个分系统中都发挥其特有的功能和作用。

4. 监督反馈分系统。基本职责有三：一是监督执行系统是否正确地执行决策指令；二是监督决策系统本身是否出现失误、失策；三是通过调查研究、统计、收集、整理、筛选各种情报信息资料及时反馈给决策分系统，以便正确指挥、及时纠偏、有力调控，运用权力制衡保证学校组织管理的有效运转。该分系统同样具有相对独立性。

上述四个分系统的有效组合，权力制衡，就能使学校组织管理组成为结构合理、反应灵敏、调控适时、运作有序的高效率的组织管理系统。

学校组织管理的权力划分与制衡 *

  学校组织管理的权力划分是学校组织管理体制的核心。有权力划分，就有权力制衡。权力制衡是保证合理使用权力，使组织有效运作的重要手段。健康、合理且富有活力的学校组织管理体制离不开良好的权力划分与制衡方式。它是体现学校组织结构的一种方式。

一、我国中小学组织管理权力划分的演变

  中华人民共和国成立以来，中小学组织管理权力划分随着我国政治、经济的发展而发生变化，大致情况如下：

（一）校务委员会制
  中华人民共和国成立初，教育战线上的首要任务是从帝国主义者手里夺回教育主权，取消国民党政府对学校的反动统治，使学校掌握在人民手里。当时各地学校（特别是中学）曾建立校务委员会之类的管理和领导学校工作的临时机构。校务委员会由进步的教职员和学生代表组成，校长由政府委派。这种权力划分在当时曾起了维护学校秩序，对学校进行初步改革的积极作用。

（二）校长责任制
  1952 年 3 月，经政务院批准，中央教育部颁布了《中学暂行规程（草案）》和《小学暂行规程（草案）》，对中小学领导体制做了比较完整的规定。中学和小学均采用校长责任制。设校长一人，负责领导全校工作，校长直接对政府负责。学校一切重大问题校长有最后决定权。这种权力划分在克服校务委员会的弱点，加强专人负责，保证教学工作正常进行方面发挥了应有的作用。1954 年，政务院在《关于改进和发展中学教育的指示》等文件中要求进一步改进学校领导工作。

＊ 此文收录于《中国校长工作新论》（吴秀娟等著，辽宁人民出版社，1996）。

文件指出："改进学校领导的关键，首先在于建立学校领导核心，发挥集体领导作用，校长对学校工作应全面负责，但必须以领导教学为中心，使教学工作成为学校的中心任务。"这一时期，对旧教育进行卓有成效的改造。同时，中小学领导体制也在逐步改善，基本上明确了校长责任制和学校行政组织机构的框架，对学校党组织的领导、监督也做出了规定①，并且强调集体领导的作用。这反映了当时搞好学校管理工作的客观要求。

(三) 党支部领导下的校长负责制

1957年"整风反右"以后，中共中央、国务院在1958年《关于教育工作的指示》中提出："一切中等学校和初等学校，也应该放在党委领导之下"，认为"一长制容易脱离党委领导，所以是不妥当的"。当时，中小学普遍建立了党支部，实行党支部领导下的校长负责制。在这个时期，开始出现党政不分，党组织包揽一切的现象。有些地区和学校实际上成为党支部书记负责制，致使校长的行政职能削弱。

(四) 在当地党委和教育行政部门领导下的校长负责制

20世纪60年代初，教育领域同其他领域一样，比较系统地总结了1949年以来的经验教训，教育部于1963年颁布了全日制中小学《暂行工作条例（草案）》，其中规定："校长是学校行政负责人，在当地党委和主管的教育行政部门的领导下，负责领导全校的工作""学校党支部对学校行政工作负有保证和监督的责任。"这种权力划分利于学校行政组织作用的发挥，建立了以教学为主的正常秩序，教育质量也有所提高。党政不分的现象有所改变，但并未从思想上实践上根本解决。

(五) 革命委员会制

在十年动乱时期，原有的中小学领导体制被全盘否定了。那时，先是群众组织夺权掌权，接着是工宣队、军宣队、贫下中农管理学校，后来又实行"革命委员会"的领导体制，取消了以校长为首的行政组织机构，也从根本上破坏了党对学校的领导。

---

① 中国共产党第八次全国达标大会通过的党章中规定，学校"党的基层组织，应当领导和监督本单位的行政机构和群众组织积极实现上级党组织和上级国家机关的决定，不断改进单位工作"。

（六）党支部领导下的校长分工负责制

1978 年教育部修订颁布全日制中小学《暂行工作条例（草案）》，其中规定："实行党支部领导下的校长分工负责制。学校的一切重大问题必须经过党支部讨论决定。"同 1963 年条例草案相比，在学校党的基层组织作用和校长的地位和作用等方面，提法上有了变化。这对克服当时的混乱局面，使教育工作走向正轨是有积极意义的。但是，在新的历史时期，这种权力划分的弊端在实践中日益显露，主要表现在以下几个方面：一是党政职能不分。长期形成的以党代政问题没有从根本上得到解决，致使校长不能独立负责学校行政工作，学校的党组织也难以把自己的主要精力集中到抓党的建设和加强思想政治工作上来。二是领导与负责不相统一。党支部领导而可以不负责，校长负责而不可以领导，结果党支部的领导与责任，校长的领导与责任，都无法明确分工，容易产生内耗。三是分工不明确，政出多门。由于"校长分工负责制"的含义不明确，致使校长只能负所分工的责任，而不能对学校负全部责任，结果造成政出多门，谁也不负责的局面。四是缺乏监督制衡。由于被决定的事都标明是党支部讨论决定的，这就造成了学校行政组织系统"不封闭"，无法对学校行政组织活动进行监督和权力制衡。

二、校长负责制的理论与实践

我国学校组织管理体制改革是在 1985 年，《中共中央关于教育体制改革的决定》（以下简称《决定》）颁布后真正启动的。《决定》在总结经验的基础上提出："学校逐步实行校长负责制，有条件的学校要设立由校长主持的、人数不多的、有威信的校务委员会，作为审议机构。要建立健全以教师为主体的教职工代表大会制度，加强民主管理和民主监督。"《决定》还指出，实行校长负责制以后，学校党组织要"把自己的精力集中到加强党的建设和加强思想政治工作上来，要团结广大师生，大力支持校长履行职权，保证和监督党的各项方针政策的落实和国家教育计划的实现"。教育系统根据《决定》的精神，从理论与实践上对学校组织管理体制改革进行了积极的探索。

（一）理论方面

当时，在理论上主要是围绕校长负责制来探讨学校组织管理的权力划分。在实践中，人们对现行的学校组织管理体制的弊端有了较为清醒的认识，揭示了几个主要问题：

1. 党政职能不分的问题。直接影响行政和党组织各自职能的发挥，从而影响学校组织管理的效能。

2. 领导与负责不统一的问题。造成党政组织"相互推诿""相互争权"的局面。

3. 没有解决好权力集中与分散的问题。

4. 没有解决好领导与监督的问题。凡被决定的事情都被标明是由党支部讨论决定的，这就造成了领导权力监督失灵。

5. 没有解决好学校组织管理的效率问题。

从上面所揭示的五个问题中可以看出，现行的中小学组织管理体制必须进行改革。为此，人们把实行校长负责制作为学校组织管理体制改革的核心，并从理论上进行了较为全面、深入的探讨。大家认识到，实行校长负责制的目的在于从学校组织管理体制上保障和强化校长在学校组织管理中的行政权威作用。它是一个结构概念[①]，是校内领导关系结构方式综合体的反映，而不单纯是校长个体地位和活动方式的体现。校长负责制的内涵应是："校长负责制是学校在上级宏观领导下，以校长全面负责为核心，同支部保证监督，教工民主管理有机结合，为实现学校工作目标，充分发挥行政管理功能的学校领导关系的结构体系。"[②]因此，校长负责制不能与行政学上的首长制相提并论，实际上它是决策上的委员会制与执行上的首长制相结合的一种领导体制。作为校长应当强化自己的行政权威，但不能把校长负责制理解成自己想怎么干就怎么干。应当把学校工作中的重大问题提交到行政会上集体讨论决策，同时要主动征求党支部的意见，进而明确学校工作目标，权力与制衡互动，整体协调地开展学校的组织管理工作。

(二) 实践方面

当时，在实践上人们主要从以下几方面对校长负责制的实行进行了探索：

1. 明确校长是学校行政系统的最高领导者和对外全权代表学校，掌握从决策到指挥的全部行政权力，并负有与上述权力相应的责任；明确学校党组织和行政组织不是领导与被领导的关系，书记和校长也不是第一把手和第二把手的关系。例如，北京市于1988年下半年起，允许校长根据本校的情况制订校内分配方案，允许校长对教职工实行择优聘用。这些政策明显地增强了学校内部活力，使学校出现了从未有过的好形势。

2. 明确分工与授权的关系，保证班子成员之间关系协调，行政指挥渠道畅通，形成领导班子中各成员之间职、权、责的分配，以及彼此间的合作、隶属、监督与报告的良好的组织结构与组织行为关系。科学授权与合理分工是校长负责

---

① 张济正等：《学校管理学导论》，华东师范大学出版社，1990，第281页。

② 张济正等：《学校管理学导论》，华东师范大学出版社，1990，第283页。

制成功的重要保证。

3. 建立教职工代表大会制度。教职工代表大会是民主管理的体现，起到了审议、咨询、监督和沟通等作用。学校成员通过某种形式提出质疑、批评和建议，保证了校长全面负责的正确性。

4. 实行领导职务任期制，以保证干部维持最佳年龄与最佳工作状态。制订任期目标，加强任期考核，使领导干部在岗位上有危机感，在工作上有责任感，在事业上有成就感，在自身价值上有提高感，对待学校有主人翁感。

5. 实行教职员聘任制。实行双向选择，择优组合，调动了广大教职工的积极性。尽管目前的聘任制尚不完善，但是它已基本具备了自我选择性、竞争性、合理流动性、需要满足性，有利于提高教职工队伍素质。

自《决定》颁布以来，在实行校长负责制方面的确取得了很大的成绩。1993年《中国教育改革和发展纲要》中明确中小学全面实行校长负责制，但在理论和实践上仍存在不少问题。从学校外部来看，主管学校的教育行政部门与学校的关系尚未理顺，尚未解决好教育行政部门与学校之间的权力划分问题，因而出现了该管的未管好，不该管的却包办代替，严重影响了教育行政管理效率的提高。从学校内部来看，校长究竟拥有哪些权力，怎样行使所拥有的权力，学校党组织如何发挥作用等问题，仍然很不清楚，因而使学校内部的改革难以从单项的浅层的改革向整体的、深层的改革推进。

学校组织管理体制改革是一项系统工程。为了真正实施校长负责制，应从整体上去进行思考和探索。首先要为实施校长负责制创造良好的外部环境；其次是要尽快确定教育行政部门与学校的权力边界；最后是要尽快明确校长的职权，并制订规范校长权力行为的法规。如果以上三个问题解决得好，校长负责制就能到位，并使之体系化、制度化。

三、学校组织管理的权力制衡

完善学校组织管理体系，离不开合理而有效的权力制衡。要构建合理的学校领导体制，除了研究其权力划分外，还要研究其权力制衡，这对于提高学校组织管理效率是很有益的。

(一) 什么是学校组织管理的权力制衡

权力制衡就是从制度上规范机构和个人的职、权、责。权力制衡是领导关系的重要属性。历史经验证明，凡是没有制约的权力，都不可能正确用权，且会产生专权和腐败。

在学校组织管理的过程中，如果只是单项用权，即只有校长对教职工可以实施影响、控制和监督，而无教职工对校长实施影响、控制和监督，那么，就会出现校长专断。合理而有效的权力制衡可以保证教职工的民主权利和保证党支部的监督权力得到充分的发挥，保证学校行政领导者合理用权，实现领导者权力、责任和服务的统一，以避免决策失误，从根本上提高学校组织管理的效率。因此，学校组织管理需要有一套完整的对各种权力主体在行使权力的过程中相互制衡的规范，使各种权力主体在规定的范围内正确地行使其权力。首先是要分清和明确各权力主体的角色和职责，使各权力主体对自己用权的全部行为进行自觉的自我约束。其次是健全用权活动的制度，并以法规的形式固定下来，当各种权力主体超越了用权的范围或者发生了权力冲突时，可以按照所确立的制度来加以处理。最后是要建立用权活动过程中的监控机制，一方面使各权力主体能按照各自的职能来调整自己的用权行为；另一方面及时纠正各权力主体在用权活动中出现的偏差，从而保证学校组织管理的有效运转。

（二）我国学校组织管理中的权力制衡关系

我国学校组织管理发展至今，在实行校长负责制的领导体制中，基本形成了三个权力主体，即校长、党支部、教代会。三者的权力制衡关系为校长决策，全面负责；党支部保证监督；教职工民主管理。但是，对三者权力划分和制衡的认识与实践还有待深化。

在现代学校组织管理活动中，决策和指挥必须统一，应属校长之事、校长之权。但是，单凭校长个人的能力去对各种行政事务作出判断、发出指令难免会有失误。因此，在学校组织管理活动中，应对以校长为首的决策、指挥系统进行咨询和监督。咨询的形式可以是多样的，诸如建立固定的或临时性的咨询小组，联络和团结一批各有专长的"谋士"人物，以及听取来自校内各种群体组织和成员的咨询意见。各方面提出的咨询性的建议、意见和方案，只有经校长及以校长为首的决策层成员集体的议决或抉择，才能转化为决策内容或执行中的实际措施。议决或抉择是否得当，责任又在于校长。监督也来自各个方面。除了上级部门和外界有关组织的监督之外，校内监督主要是党的组织、各种非行政组织以及师生员工所组成的教职工代表大会、学生代表大会等。

学校党组织通过保证监督党的方针、政策在学校中的贯彻，实现党的政治领导；通过加强对全校的思想政治教育，实现党的思想领导；通过教育好每一个党员，体现党的先锋模范作用。如果学校中的党政组织在职责上不分清，造成以党代政，变非行政组织为行政组织，既不符合党组织自身的性质和特点，又无法发挥党组织的保证监督作用。

教职工代表大会是实施民主管理民主监督的一种组织形式，可以起到审议、咨询、监督、沟通等作用。"参与管理"是西方管理中经常提及的要求，其形式也是多样的，在实践中，继承传统并创造一套完整的民主管理方式是办好社会主义学校的客观需要。通过民主管理和参与管理正是保证校长全面负责正确性的体现。同时必须指出，实行民主管理并不意味着校长无权决定问题和指挥执行，也不是以委员会制代替校长负责制。

校长全面负责、党支部保证监督、教职工民主管理构成了学校组织管理的权力制衡关系。这种权力制衡关系是围绕校长负责制而展开的。目前，学校组织管理权力制衡关系的框架已经形成，接下来是要从理论上揭示其丰富的内涵，在实践中使其完善起来，最终形成法规固定下来。显然，学校组织管理的权力制衡是学校组织管理体制的一个重要方面，无论是理论上，还是实践上还属于起步阶段，需要进行积极探索。

学校组织管理体制改革是当前深化改革中的一个重要课题，但是，我们要全面认识学校组织管理的规律，还必须研究学校组织管理运行的问题。

论学校组织管理的运行 *

　　学校组织管理一直是研究学校问题的重点。就目前的研究现状而言，偏重于对学校组织管理结构的研究，而对学校组织管理运行研究甚少。组织管理学家认为，研究组织管理结构是从静态的角度来研究组织管理，研究组织管理的运行是从动态的角度来研究组织管理，只有把两者结合起来，才能实现组织管理的变革和发展，并获得最大的组织绩效。据此，本文试图从学校组织管理的运行上做一点探讨。

一

　　组织管理运行是以管理组织为其物质载体的一种社会运动形式。组织管理状态、组织管理目标、组织管理活动构成了组织管理运行的要素。这三个基本要素在组织管理运行的内在机制作用下，形成由状态通过活动而达到目标的组织管理运行的现实过程。

　　任何组织管理都有主体和客体两个方面。这是组织管理运行中的一对基本矛盾。由于它们之间的相互联系和相互作用构成了组织管理及其运行，学校组织管理运行具有组织管理运行的一般特点，但又具有某些独特性，这是由学校管理活动以人—人关系为主导的双边性所决定的。

　　在学校组织管理运行的过程中，管理者是人，管理对象虽然包括物，但主要是人，甚至管理运行的最终结果——"产品"，也主要是人（学生）。企业管理是对物质生产过程实施管理，学校管理是对育人过程实施管理。因此，在学校组织管理运行过程中，主客体都具有能动性，这就从本质上不同于物质生产的管理运行过程。

　　由于学校组织管理的双边性具有以人—人关系为主导的根本特性，学校组织管理运行必然会出现以下一些特点：

---

* 　此文发表于《上海教育学院学报》（中学内部管理体制改革专辑），1994年9月。

1. 组织管理运行的目标以育人为主旨。它是学校组织管理运行的出发点和归宿，管理者与被管理者双边关系的结合点，也是学校组织管理运行中各种矛盾的集中点和各种管理关系的综合表现。学校组织管理运行离开育人这一主旨将会成为盲目的无意义的运行。

2. 组织管理运行的程度以分段推进为主线。学校组织管理的运行是一个过程，这个过程在管理机制的作用下，按一定的程度在起点和终点之间连续运行。有序的学校组织管理运行过程是分段推进的，段段相连，成为管理活动的主线。近几年学校管理学研究成果表明，对学校组织管理运行程序的认识日趋一致。其中，多数划分为计划、实施、检查、总结四个基本环节。按照组织管理运行的状态、目标和活动三个基本要素，把学校组织管理运行的环节划分为计划、实施和控制三个基本环节，似乎更符合学校组织管理运行的特点，更能揭示学校组织管理运行的规律。

3. 组织管理运行的控制以一定条件为前提。为了保证学校组织管理按自身的目的和程序在预期的轨道上运行，就一定要有控制。但是，学校的组织管理运行是以一定的条件为前提的。没有一定的条件，控制不可能实施。有效的控制必须具备四方面的条件：一是在运行过程有明确的、可测量的目标和标准；二是有畅通的信息渠道；三是有一套测定实际状态与目标之间偏差度的手段；四是有健全的组织保证，以充分调动组织成员的积极性。

认识学校组织管理运行中的特点，有助于我们正确把握学校组织管理运行的基本环节，了解学校组织管理运行的机制。

二

学校组织管理运行的环节组成了组织管理运行的有序结构。学校组织管理运行由计划、实施和控制三个基本环节构成一个具体完整的过程。它是学校组织管理运行各个要素相互作用的中介，又是学校组织管理的主要职能。

所谓计划，就是为了实现学校的教育目标和管理目标而把学校管理系统的各种活动统一起来，确定未来学校管理活动的内容、程序和方法的职能。计划是学校管理活动的起点和依据。计划环节的活动可分四个步骤：（1）获取信息，确定目标；（2）明确前提，设计方案；（3）评价方案，优化选择；（4）展开方案，全面安排。各个步骤相互依存、相互贯通，后面的步骤来源于前面的步骤，前面的步骤必然要向后面的步骤转化。

所谓实施，就是学校管理主体通过学校组织管理机构实现对学校管理客体的现实变革和改进，使计划由观念形态转化为外部现实形态的实践过程。实施环节的活动主要包括三个相互联系的步骤：（1）结构调整。从学校实际出发，处理好几对关系：目标分解与分权授权的关系；组织体制与组织形式的关系；组织层次与管理幅度的关系。（2）行为激励。行为激励是实施环节的活动中心。如果说调整学校组织结构是实施过程的物质建设，那么行为激励则是实施过程的精神建设。要运用各种激励方式使学校成员的积极性和创造性充分地发挥出来，形成符合学校组织管理目标要求的行为，并使这种行为得到不断强化。（3）作业指挥。作业指挥是一种实施过程的动态调整，目的是使学校组织管理中的各种结构保持或恢复适当的平衡。主要包括学校组织管理岗位与人员的、学校各种资源结构的配置以及工作调度。

所谓控制，就是保证和监督实施过程与计划方案相一致，使学校组织管理在合理的、预先确定的轨道上运行，并实现既定的目标。控制是通过对学校管理信息的收集、加工和处理而实现的。控制环节的活动有三个基本步骤：（1）确立标准。控制标准是衡量学校组织管理运行过程中实践活动与计划方案是否相符合的尺度，也是指导控制行为的客观准绳。（2）衡量成效。通过对学校组织管理实践取得的实绩与控制标准进行比较，对学校组织管理的现实状态做出客观的评价，以获取偏差信息。（3）纠正偏差。在衡量成效的基础上，针对学校组织管理运行的偏差情况及产生偏差的原因，采取及时有力的控制行为进行纠正，使学校组织管理在预定的轨道上继续运行。

学校组织管理运行的环节，从逻辑上分析是由计划、实施、控制这三个基本环节构成。之所以说是"逻辑上"，是因为在实际的学校组织管理运行中，这三个基本环节其实是相互交叉的，并不完全是上一环节结束之后才有下一环节的出现。因此，从学校组织管理的运行过程来说，计划、实施、控制在逻辑上是依次展开，步步推进，在实际上是相互渗透、相互贯通，并由此形成了学校组织管理的"实践—认识—再实践—再认识"的循环往复、不断发展的运行过程。

三

在学校组织管理运行中，状态、目标和活动三要素之间必须通过一定的中介而相互作用，才能形成学校组织管理运行的现实过程，这个中介就是学校组织管理运行的计划、实施、控制三个环节，再加上学校组织管理运行的神经中枢——决策。学校组织管理运行的要素通过学校组织管理运行的中介（环节）相互作用，形成了学校组织管理运行的机制（见图1）。学校组织管理运行机制由动态机制、内在机制、动力机制三部分构成一个完整的运行机制体系。

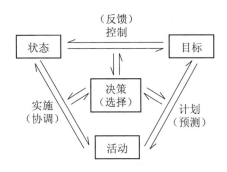

图1 学校组织管理运行的机制

1. 学校组织管理运行的动态机制。

学校组织管理运行的要素在学校组织管理运行环节的中介作用下，构成了学校组织管理运行的动态机制。

学校组织管理活动与学校组织管理目标相互作用的中介是计划。有目标而没有计划，则目标永远是一种不可企及的理想；有活动而没有计划，则活动是一些互不相关或相互冲突的杂乱行为。学校组织管理活动与学校组织管理目标的相互作用，形成了学校组织管理运行的计划机制。

学校组织管理状态与学校组织管理活动相互作用的中介是实施。状态通过实施而产生活动，活动则通过实施而使状态发生变化。学校组织管理状态与学校组织管理活动的相互作用，形成了学校组织管理运行的组织（实施）机制。

学校组织管理状态与学校组织管理目标相互作用的中介是控制。状态通过控制而不断调整自己，以逐步达到目标；目标则通过控制，使状态的变化保持在规定的限度之内，不致偏离方向。学校组织管理状态与学校组织管理目标的相互作用，形成了学校组织管理运行的控制机制。

决策是整个学校组织管理运行的神经中枢，它把学校组织管理状态、目标、活动三个要素联系起来，起着调控学校组织管理运行的作用。决策渗透于计划、实施、控制各个机制之中。计划、实施、控制等都受到决策的规定和制约，围绕着决策而发生作用，决策贯穿于学校组织管理运行的全过程。

2. 学校组织管理运行的内在机制。

学校组织管理运行的状态、目标和活动等要素，通过计划、实施、控制及决策的中介而相互作用，形成学校组织管理运行的整体过程。然而，作为中介的计划、实施、控制及决策的自身还有着更为深层的结构性的根据，这些根据是学校组织管理运行各要素相互作用的内在机制。

与学校组织管理运行各要素相互作用的中介——计划、实施、控制及决策相对应，它们的内在机制分别是预测、协调、反馈和选择。

预测是计划的内在机制。预测是学校管理者对学校组织管理系统及其环境未来趋势和状态的一种主观判断。它联结着学校组织管理的现在和未来、状态和目标、始端和终端，并为学校组织管理活动提供自我展开的基础和依据。

协调是实施的内在机制。协调不仅使学校组织中的全体成员形成具有共同目标、分工协作、结构有序的协力系统，而且使学校组织在不断变化的环境中保持凝聚力和活力。

反馈是控制的内在机制。反馈不仅可以使控制的原因相互转化，起到调节和稳定学校组织管理运行的作用，而且可以保证学校组织管理运行实现开放和封闭的统一，使学校组织管理运行达到预定的目标。

选择是决策的内在机制。学校管理主体根据自己的需要和各种客观条件，在学校组织管理运行的多种可能性中选出较优的途径和方式，并使其转化为现实性。实现这一转化是以选择作为条件的。选择不仅是学校组织管理运行与环境相互作用的桥梁，而且是学校管理主体能动性的集中表现。学校要在多变的环境中，自我组织、自我适应、自我约束、自我发展、自我完善，就必须根据自身的需要和条件，不断地做出正确的选择，以提高学校组织管理运行中的决策质量。

3.学校组织管理运行的动力机制。

学校组织成员的需要是学校组织管理活动动力的源泉，当然也是学校组织管理运行动力的源泉。推动学校组织管理运行的动力有三种：物质动力、精神动力和信息动力，它们组成了学校组织管理运行的动力系统。三种动力有各自的特点和作用，并在一定条件下相互转化。物质动力是基本动力，是动力系统的基础；精神动力是主导动力，体现了人在学校组织管理中的中心地位；信息动力是中介动力，把物质动力和精神动力联结起来，组成现实的学校组织管理运行动力系统。每一种动力都离不开其他动力的作用，每一种动力都不是万能的，它须有结合，相互促进，才能收到推动学校组织管理运行的巨大效果。因此，要使三种动力成为学校组织管理运行的现实推动力量，就必须对它们进行有效的组织，并使它们渗透到学校组织管理运行的各个要素中去，形成学校组织管理运行的动力机制。一般可从以下三方面来把握学校组织管理运行的动力机制：

其一，把各种动力因素融合成管理目标。把学校组织中的物质、精神和信息的各种需要凝结为一定的目标，使它成为学校组织中各种需要和动力因素的集中表现，成为学校管理主体所期望的学校组织管理运行的未来状态。

其二，使目标状态与现实状态的差距成为管理的动力势。

其三，在一定条件下，把管理的动力势转化为现实的管理动力。

学校组织管理运行的动力机制并不是孤立存在的，它依存于学校组织管理运行的各个要素与机制，并通过各个要素与机制的相互联系、相互制约、相互转化的相关性而起作用。由需要而产生目标，由目标与现实的差距而形成动力势，由动力势通过学校组织管理系统的各种要素的相互作用而构成现实的管理动力，由此推动学校组织管理的运行，这就是学校组织管理运行的动力机制。

四

从环节和机制这两个方面来分析学校组织管理运行的现状，有助于优化学校组织管理运行，提高学校组织管理运行的效率。

以实行校长负责制为中心的学校管理体制改革在一定程度上调整了学校原有的组织管理结构，也导致了学校组织管理运行的变化。主要体现在以下几个方面：

其一，以校长为首的学校管理者的主体意识明显增强，尤其是学校组织中的权责分配边界关系得到合理调整以后，学校管理者都能把学校组织管理运行的基本环节作为学校组织管理的重要内容进行思考和探索。

其二，对学校组织管理运行的开放与封闭的关系有了一定的认识，在对学校组织管理的过程中，努力构成一个相对封闭的回路，形成闭环控制。

其三，注意满足学校成员各种合理的需要，为形成和谐的人际关系创造良好的氛围，努力增强学校的凝聚力。

由于学校管理体制改革尚未从单项浅层的改革过渡到整体深层的改革，许多问题难以解决，学校组织管理结构也难以优化，这不可避免地造成了学校组织管理运行的不协调、不完善。主要表现如下：

从学校组织管理运行的环节上看，学校组织管理运行过程不完整，各个环节相互脱节，形不成反馈回路，而使学校组织管理运行呈现开放式。在计划环节上有这样一些情况：（1）计划不切实际，没有明确的方向性、针对性；（2）计划很迟才拿出来，不能走在前面指导工作；（3）学校各部门计划和总计划脱节，学校工作目标在各部门计划中落实不下来。在实施环节上存在这样一些情况：（1）领导职责不明，制度不健全；（2）指挥系统缺乏独立性、集中性和权威性，往往出现多头指挥；（3）在激励上，重物质激励，轻精神激励，老是在物质报酬上斤斤计较。在控制环节上有这样一些情况：（1）没有以计划为依据，建立起专门的标准，难以对实施的结果做出正确的分析和评价。（2）缺乏纠正偏差的方式方法，造成学校组织管理运行失控。如，现在有的学校，离开了抓好课堂数学改革的中心环节，把主要精力花在各种形式的统考上。有的学校领导甚至认为只要抓好统考，教师就会自动加班加点去搞教学。结果使教学管理偏离了学校的发展方向。（3）控制流于形式，对所发现的问题，没有及时采取有效的措施加以解决。

从学校组织管理运行的机制上看，由于学校组织管理运行的基本环节不能环环相扣，有序推进，造成了动态机制的不连贯、内在机制的不平衡、动力机制的不协调，整个学校组织管理运行机制老是处于起伏震荡状态。从动态机制上看，存在着这样一些问题：（1）所定的计划方案中属空洞的口号式的目标甚多，结果造成了各种管理活动的随意性和盲目性；（2）没有从系统整体的角度来合理安排学校中的人、物、财、事，学校组织管理状态难以朝着预定目标发生变化；（3）不能根据计划的要求、环境的变化和学校的实际情况做出明确而果断的决策，许多有利的时机被白白流失掉了。从内在机制上看，存在着这样一些问题：（1）不注意对学校组织管理运行的外部环境及组织管理运行的未来状态做科学的预测，难以将获得的管理信息转换成计划；（2）没能把协调作用充分发挥出来，不是方式方法单调，就是协调力度不够，难以形成组织管理的整体效应；（3）忽视反馈的作用，既不能有力地纠正偏差，又不能及时抵消干扰。不能根据学校组织管理发展的需要和内外客观条件做出正确的选择，难以实现决策的科学化。从动力机制上看，存在着这样一些问题：（1）不能随着学校组织管理运行的推移，时间、地点、内容等条件的变化，综合协调地运用物质、精神、信息三种动力；（2）不能正确处理个体动力和群体动力、眼前动力和长远动力的关系；（3）不能根据学校组织管理运行的需要去把握激励的时机，变化和创造激励的内容和方式。

上述这些问题，不仅阻碍了学校组织管理的运行，还造成了学校组织管理运行偏离轨道。要提高学校组织管理运行的效率，就必须认真解决这些问题。

五

如何来优化学校组织管理运行呢？笔者认为，学校组织管理运行同组织结构、组织行为、组织环境、运行环节和机制有直接的关系，学校组织管理运行能否实现优化，取决于这些问题能否得到有效解决。

1. 合理的学校组织结构是实现学校组织管理运行优化的基础。

学校组织结构是学校组织管理赖以运行的载体，是学校组织管理运行的基础。学校组织结构中虽有相对固定的职位和责任，但并不是由客观因素自发形成的，同其他实践的工具一样，它也是按照人们自己的特殊需要有目地设计和创造出来的。因此，学校管理者要优化学校组织管理运行，必须先优化学校组织，使学校组织的结构和功能最有利于学校组织管理的运行。合理的学校组织结构应该是：能根据目标明确化的原则设立职能部门；能按照分工协作原则分配任务责任；能按照权责一致原则进行分权授权；能按照提高效率原则选择组织形式；能按照管理跨度原则确定管理层次；能按照有效管理原则建立信息沟通渠道；能按照动态平衡原则适应外界环境的变化。

2. 良好的学校组织行为是实现学校组织管理运行优化的前提。

学校组织行为是指学校组织中人们的行为方式和行为方式之间的关系。组织行为学家认为组织发展和变革要解决的问题可分两大类：一类是组织结构问题，一类是组织行为问题。一个组织的改进有赖于结构和行为两个领域的全面改善。因此，如何变革学校组织中人的行为和人际关系，已成为优化学校组织管理运行的前提和重点。学校组织行为变革主要是变革学校成员的以价值观为基础的思想观念，以动机为中心的心理情感，以责任心和道德为准则的行为规范，以分工协作为机制的人际关系等。如果学校管理者能在学校组织管理运行的过程中积极变革人的行为，改善人际关系，那么优化学校组织管理运行就有了可靠的前提。

3. 主动与学校管理环境相互适应是实现学校组织管理运行优化的保证。

所谓学校管理环境是指：与学校组织管理活动相关的、在学校组织管理运行系统之外的一切事物和条件的集合体。正确分析学校组织所面临的环境的各种组成要素及其状况，并与环境相适应，是实现学校组织管理运行优化的保证。环境与学校组织的相互作用主要表现为它们之间的相互选择、相互适应和相互优化。学校要主动选择那些适宜学校组织管理运行的环境，学校要根据环境的性质和特点主动调节学校的组织结构和组织行为，使学校组织管理运行在主动适应环境的过程中达到稳定而有序的状态。环境与学校组织之间相互选择和适应的结果，必然会逐渐实现它们之间的相互优化，从而使学校组织管理运行最好地达到预定的管理目标。

4. 主动调节学校组织管理运行的环节和机制是实现学校组织管理运行优化的内在力量。

学校组织管理运行的环节和机制要根据学校组织管理结构和行为的变化，根据学校组织管理环境的变化，不断地主动地加以调节，以便学校组织管理在运行的过程中实现优化。

学校组织管理运行的优化从学校组织管理运行的各个环节、各种机制以及活动态势方面得到反映，它们既是学校组织管理运行优化的内在力量，又是学校组织管理运行优化的直接体现者。

通过对运行环节的调节，使之具有完整性、连续性、协调性。学校组织管理运行的计划、实施、控制三个基本环节不是各自孤立存在的，而是连成一体，有序推进，循环往复。但是，这种循环不是同轴定位旋转，而是沿着一条阶梯式行进线向前发展。有效的学校组织管理应使诸基本环节的每一次循环都能向上提高一个层级，向前推进一步。

通过对运行机制的调节，使运行机制的作用充分发挥出来。运行机制像一只看不见的手，但始终在发挥着作用。要根据学校组织管理的发展，学校组织管理环境的变化，及时地对学校组织管理的各种要素进行调节。因为对运行机制的调节总是通过对要素的调节来体现的。

在动态机制方面，要充分发挥计划、实施、控制、决策等中介作用，特别是决策作用。学校管理者要下功夫去调节好决策机制，以便从学校组织管理的环境和实际情况出发，对学校组织管理运行的方向，内容和手段做出正确的决定。

在内在机制方面，要十分重视预测、协调、反馈和选择的作用，尤其要健全监督反馈机制，保证学校组织管理目标的实现。

在动力机制方面，在综合协调运用三种动力时，要特别重视激励的作用。要注意激励的内容和方式，把握好激励的时机。其目的是要把学校成员的积极性和创造性充分发挥出来，形成符合学校组织管理运行的组织行为，并转化成为推动学校组织管理运行的巨大力量。从某种意义上说，可以把这种力量发挥的程度作为检验学校组织管理运行优化的一把尺度。

三、课程教学改革

判断学校教育能否顺应人与社会发展需要的核心是课程，因为课程是学校教育的载体，载体的结构决定载体的功能，而载体的功能选择决定载体的结构设计，所以，各国都把课程改革作为学校教育改革的核心领域。

学校所提供的课程难免有其局限性，因为在学校教育发展中要受到经济、科技、文化以及社会等因素的制约。随着科技的发展，社会的转型，文明的进步，为每一位学生量身定做课程应是课程改革与发展的趋势。

课堂是课程实施的主渠道。是以社会为空间的大课堂，还是以教室为空间的小课堂；是以虚拟空间为课堂，还是以现实空间为课堂，应根据课程的目标与内容进行选择与安排。

教学是师生共同实施课程计划的双边与多边的活动。教学过程中，师生共同探究与创生的质量与水平是衡量课程实施有效性的标尺。因此，在教学设计时，就应充分考虑人、技术以及环境对教学的作用与影响。

新课程实施与课堂教学改革 *

2001 年 6 月，《国务院关于基础教育改革与发展的决定》明确了"加快构建符合素质教育要求的基础教育课程体系"的任务。于是，1949 年以来的第八次基础教育课程改革开始启动。

一、新课程的基本特征

目前，我国学校教育课程与社会发展的要求存在着巨大的反差。主要体现在以下几方面：其一，在课程观上，仍然坚持工业社会形成的知识本位、学科本位课程观。普遍认为"课程即教学的科目"，传授知识是学校教育的中心任务，对于学生而言，他们的任务就是接受、存储前人已经"发现"了的知识。其二，在课程内容上，存在着"繁、难、偏、旧"的状况。其三，在课程结构上，学科体系相对封闭，难以反映现代科技、社会发展的新内容，脱离学生经验和社会实际。其四，在课程实施上，学生为考试而学，教师为考试而教，死记硬背、题海训练的状况普遍存在。其五，在课程评价上，强调学业成绩甄别与选拔。因此，必须通过课程改革，构建与社会发展要求相适应的课程体系。从已推出的新课程来看，以下一些新特点值得关注：

其一，课程功能方面，实现知识与技能、过程与方法、情感态度与价值观的有机统一。

其二，课程结构方面，建立由分科课程、综合课程、综合实践活动课程构成的新课程结构。以学生的学习态度、能力培养为主线，精选对终身学习与发展必备的基础知识、基本技能，努力体现教育内容的现代化，及其与社会经济、学生生活的联系，强调实践与探究，同时提供广博的科学知识背景。

其三，课程标准方面，强调每一门课程对学生终身学习与发展的价值，注重学生经验、学科知识和社会发展三方面内容的整合。

---

* 此文在 2003 年浦东新区课程教学改革研讨会上做交流。

其四，课程实施方面，探讨教学规范的转型，重建教、学、教材、教师与学生的概念，尊重学生经验，倡导自主、合作与探究的学习方式，实现民主、平等的师生关系，倡导信息技术在教学过程中的普遍应用。

其五，课程评价方面，强调对学生的发展价值、对教师的发展价值，以及对课程本身的改善价值，建立发展性的课程评价体系。

其六，课程管理方面，建立国家、地方、学校课程的三级管理模式，明确国家、地方、学校三级的课程管理职责。

二、课程实施与课堂教学

(一) 重新理解课堂

传统的课堂仅指以学校某一教室为空间的小课堂，其实课堂还应包括以校园为空间的中课堂和以社区或社会为空间的大课堂。课堂教学是教师与学生以课堂为空间的双边与多边的交往活动。是分别使用小、中、大课堂，还是有机整合小、中、大课堂是根据教学的内容与要求决定的。

目前，仍有许多人把在学校某一教室中实施的必修课程看作是课堂教学，依然保留着传统的课堂教学习惯与方式。甚至有人认为，选修、活动课程是为"素质教育"服务的，而必修课程是为保证升学率服务的。由此，会提出这样的问题：实施"素质教育"降低了升学率怎么办？似乎"素质教育"只要发展学生的个性和特长，不要必修课程的质量。在这种思想指导下，课堂教学改革不可能真正提到议事日程上。尽管教学改革会出现内容的增减、范围的扩缩、形式的分合等，但由于没有把课堂教学纳入整个课程教学改革中加以系统思考，所以，课程教学改革不可能有本质意义上的进展，也不可能产生真正的效应。

(二) 准确把握课程实施与课堂教学的关系

课程实施是执行一项或多项课程计划的过程，涉及教育行政管理体制的变化、课程内容的更新、教学过程的改变、校长和教师角色的转变、学生角色的变化、社区文化环境的相应改变等。

课堂教学主要指教师与学生在课堂中的互动行为，它与课程实施相比在范围上来得更窄一些。课程实施与课堂教学又具有内在的联系，课程实施内在地整合了课堂教学，课堂教学是课程实施的基本途径。离开了课堂教学，课程实施便成了空中楼阁。正因如此，许多人把课程实施与课堂教学视为同义语。

三、由基于课程的课堂教学观取代基于教材的课堂教学观

（一）基于教材的课堂教学观——注重知识传授

近些年来，课堂教学的确有了不少新的组织形式，但教师在课堂教学观方面则没有发生实质性的变化。只注重知识的传授和技能的训练，不顾处于不同状态的教师与学生在课堂教学过程中的多种需要与潜能，不顾教师与学生主体性的充分发挥。

在这种课堂教学观的支配下，形成了备课—讲课—作业批改这样的课堂教学模式。课堂教学的任务就是组织认知。课堂教学目标设定得最具体的是认知性目标，浅者要求达到讲清知识，深者要求达到发展能力，其他任务则可有可无。备课就是对教材的实施进行设计。尽管也提出研究学生，但教师是以教材为中心来思考学生能否掌握教材，课堂教学过程设计重点是按教材的逻辑、分解来设计一系列问题或相关练习，其明确答案是事先设定的。上课就是忠实执行教案。教师的教和学生的学在课堂上最理想的进程是完成教案，教师期望的是学生按教案设想回答，若达不到就努力引导，直到达到预定答案为止。学生在课堂上实际扮演着配合教师完成教案的角色。

（二）基于课程的课堂教学观——注重人的发展

课堂教学要促进教师与学生的整体发展，要成为完整的人的教育，课堂不再是按"图"施工单纯传授书本知识的场所，而是教师与学生共创生命辉煌的地方。课堂教学不再是对课程的线性演绎，学生不再是加工的对象。课堂教学的过程就是教师与学生的潜能和价值得到充分实现的过程，人格不断完善的过程。课堂教学不仅注重知识体系的内在联系与多重关系，以求整合效应，而且注重师生生命活动诸方面的内在联系、相互作用和整体发展。

课堂教学要让教师与学生获得真善美的真实体验，主体性得到充分发挥。教师与学生不再被"死的"教科书或教案所控制，而是要把它变成课堂教学中师生共同创生课程的一种资源。课堂教学将紧紧围绕师生的主动发展而展开，课堂教学的目标、内容以及手段将随着课堂教学情景的变化做出调整。此时，课堂教学充满着偶尔性、不可预知性和艺术性，在持续创造的教育情景中，教师的需要、兴趣、价值观、经验和教学能力得到了充分体现，学生得到了充分尊重，任何学生都有权对课堂教学过程发表自己的意见，都能主动参与到课堂教学中来。教师与学生通过共同参与、主动探究，使课堂变成了有真正生活的课堂，使教学变成了创造力的教学。

四、构建基于课程的课堂教学

（一）变按教材篇目思考教学为按课程单元思考教学

在课堂教学活动中，教师和学生所实施的是课程。一门课程分为若干单元，一个单元又可分为若干课时。课程不同，单元的划分和功能也不同，有的课程各单元之间相互独立，在顺序上可互换位置；有的课程中，前一个单元是后一个单元的基础；有的课程各单元之间的联系是综合的。应该根据课程目标、内容和实际情况对课程的各个单元和每一个单元进行整体思考和合理安排，以便有效地组织课堂教学。

现实的情况是，由于长期以来以书本知识的传授和技能训练为课堂教学的任务，教师已习惯于按教材篇目对教材知识进行精细化的处理，然后组织程序化的教学和操练，以达到教材知识落实的目的。结果是课程实施变成了教材灌输，教材篇目限制了教师和学生开展课堂教学活动的空间，捆住了教师和学生的手脚。在课堂教学中，教师和学生只有教材的要求，没有课程的目标；只有教材灌输的范围，没有课程实施的空间。课堂教学变得机械、沉闷和程式化。

要改变这一状况，就必须在正确的课堂教学观的指导下，整体审视课程，并对课程的单元做出划分和教学安排，然后按照单元来思考和设计教学活动。这样做的好处至少有两点：第一，形成了课程实施的整体框架，便于从实际出发，调整课程教学计划，创设适合的教学情景，选择有效的教学方法。第二，拓宽了课堂教学的空间，拥有了一定的课堂教学资源的配置权，教师和学生可根据课堂教学的需要，调整教材资源，整合其他教学资源。这为教师和学生在课堂教学中共同创生课程找到了切入口。

（二）变按教材篇目备课为按课程单元设计教学方案

长期以来，"备课"的概念根深蒂固。支撑这一概念的教学理念是以学科知识为中心组织课堂教学，其基本结构是：根据教材篇目的要求，确立知识教学目标、内容、重点、程度、方法以及反馈。尽管一再要求教师既"备课"又"备人"，其实"备人"是自欺欺人，因为这种框架结构决定了教师无法做到既备课又备人。要改变这一状况，理想的办法是用"课堂教学方案设计"的概念替代"备课"的概念。

课堂教学方案设计是以单元为单位的，而不是以教材的某一篇目为单位的。课堂教学方案设计有四个要素：

1. 学生发展背景。课堂教学的中心是学生，而不是知识。要有效地组织课堂教学，就要对学生认知、情感、行为等方面进行深入分析。这种分析应客观、准确，且具有针对性，切忌空泛，因为分析的目的是要筛选解决课堂教学中的问题。因此，学生发展背景分析应成为课堂教学目标生成的基础。

2. 课堂教学目标。课堂教学目标来源于学生发展背景分析，是针对学生背景分析中筛选出来的重要问题而提出。这时的课堂教学目标应具有以下几个特点：一是针对性，就是目标能反映和满足师生发展的需求；二是适切性，就是目标能立足实际并有助于实际问题的解决；三是整合性，就是目标既注重知识体系的内在联系、师生生命活动的相互作用，又注重知识体系与生命活动的有机整合；四是可操作性，就是目标在实施过程中不仅有系统的程序、步骤和方法，而且有对目标达成情况进行有效检测的手段。

3. 课堂教学内容、要求及方法。此时的课堂教学内容是十分丰富的，它不仅指书本知识，还包括现实生活知识、课堂教学环境等。教材只是课堂教学的主要资源，绝不是唯一资源。教师应根据课堂教学目标对课程单元内的课堂教学资源进行重新配置。比如，对教学内容可增、可删、可减，对教学内容的秩序安排可置前、可置后、可置中。这样，教师与学生在课堂教学中的主体性就有可能凸显出来了。为了保证课堂教学内容的落实，应提出相应的课堂教学要求、选择有效的课堂教学方法。必须指出的是，课堂教学要求应与课堂教学目标相一致，因为它是课堂教学目标的具体体现。所选择的课堂教学方法要注意传统方法与现代方法，单一方法与多种方法的有机组合，以保证课堂教学目标的达成。

4. 课堂教学评价。评价是检测目标达成的手段。正确的课堂教学评价有助于提高课堂教学评价的质量与水平。要丰富课堂教学评价的内涵，改变以往把布置与批改作业作为唯一课堂教学评价的简单做法。要把整个课堂教学的过程看作是师生共同参与课堂教学评价的过程，这里既有教师对学生的评价，也有学生对教师的评价；既有学生个体的自我评价，也有学生群体间的相互评价；既有终结性评价，也有发展性评价；既有量的评价，也有质的评价。究竟采取何种评价方式，应视课堂教学目标以及课程教学目标实施过程中的情况而定。而促进师生在课堂教学中的主动发展则是课堂教学评价的根本目的。

(三) 在基于课程的课堂教学中激活教学机智

课堂教学方案是预先设计的，尽管对可能出现的课堂教学情况做了充分考虑，但毕竟无法预料课堂教学方案实施中会出现的实际情境。如果教师不顾课堂教学的情境变化，一味按照课堂教学方案组织课堂教学，这种课堂教学从本质上说，还是以知识的传授为中心，而不是以人的发展为中心，结果必然造成机械、枯燥、毫无生命活力的课堂教学局面。要使课堂教学充满生命的活力，意味着教师要在不断变化的课堂教学情境中及时地修正课堂教学方案，调整课堂教学的策略与方法。能否达到这一要求，取决于教师的课堂教学机智。德国教育家赫尔巴特认为，判断一位教师是优是劣，关键是看其是否发展了一种机智感。

教师的课堂教学机智通常被理解为教师对课堂教学情景的特殊敏感性，并知道在其中如何表现。是教师在课堂教学中对出乎预料的和无法预测的课堂教学情景所做出的即刻反应。人们往往把课堂教学机智说成是教师在课堂教学中的智慧和才艺。能展现课堂教学机智的教师都具有在复杂而微妙的课堂教学情景中迅速地、十分有把握地和恰当地行动的能力，教师的课堂教学机智充满着智慧。没有智慧就没有机智，而没有机智，智慧最多也只是一种内部状态而已。

教师要激活课堂教学机智，必须在课堂教学实践中注意养成下列一些品质：第一，具有敏感性。能从间接的线索如手势、神态、表情和体态语来理解学生内心的思想、感情和愿望。第二，具有理解学生内心活动的能力。能在具体的课堂教学情景中理解学生个体诸如害羞、气馁、鲁莽、高兴、愤怒、温柔、悲伤等情感。第三，具有良好的分寸和尺度感。能本能地知道应该进入情景多深和在具体的情景中保持多大的距离。第四，具有道德直觉。能感受到什么才是最恰当的行动。

教师在课堂教学中如何激活课堂教学机智呢？

1. 教师要克服以我为中心的倾向，不但要尊重而且要体验到学生在课堂教学中的主体性。由于课堂教学机智是教师在课堂教学实践中的规范性智慧，它既受见解的支配，又依赖于情感，且无法事先计划，这就需要教师不断增强感知力、理解力和洞察力以及正确行动的直觉，不但要用抚摸，用一句话、一个手势、一个眼神、一个动作以及沉默等方式来感动学生，而且要知道学生是如何体验整个课堂教学情境的，以便做出恰当的言行。

2. 教师要对课堂教学充满自信。任何一个课堂教学情境都会出现某种不确定性。教师应充满信心地应对无法预见的课堂教学情景。这种信心是真实的，而不是虚假的，因为虚假的信心是脆弱的，是不可能得到学生信赖的。更为重要的是，要能够将真实的信心传递给学生，帮助学生树立起信心。

3. 教师要懂得运用课堂教学机智的策略。在课堂教学中要知道什么该顺其自然，什么该保持沉默，何时不介入，何时该忽略什么，何时该等待什么，何时该"不注意"什么。

4. 教师要注意给学生创造空间，使学生能以自己的方式来参与课堂教学活动。当然要避免完全操控和放任自流两种倾向。若能形成一种恰当的交流关系，就不会窒息学生对个人空间的需求。

5. 教师要时刻注意学生的独特性。由于学生在性格、能力和背景等方面都不一样，教师要知道如何去识别和评价差异性。教师应当不断地问自己这样的问题：这个学生在哪些方面和其他学生不一般？学生怎么会有这样的差别？我能够做些什么来帮助这个学生认识到自己的与众不同呢？

6. 教师要善于运用眼神、言语、沉默以及动作。在眼神方面，我们知道眼睛在表达心灵的复杂情绪方面具有很强的表现力。教师要重视眼神的运用，一方面要知道如何理解学生的眼神所传递的信息，另一方面，也必须学会通过自己的眼神来表达自己。更重要的是使目光与目光的接触成为真正的心灵碰撞。在言语方面，课堂教学的言语气氛可能会阻止或者促成师生间的联系和接触。教师要注意措辞方式和语调，创造一种师生间能进行真诚交流的言语气氛。在沉默方面，教师要知道沉默的力量，也知道何时保持沉默。在动作方面，教师既要善于洞察学生姿势神态的心理或情绪状态，又要善于创造良好的气氛、关系和情绪。教师要知道姿势和言语是交融在一起的，言语就是动作，动作也是言语。

总之，教师要在意想不到的课堂教学情景下，马上知道该说什么或做什么，机智地修正偏差并重新将课堂教学引向具有教育意义的方向上来，教学上的聪明不纯粹是知识意义上的聪明，教学上的聪明是指充满智慧的敏感性。当一个教师对阻碍学生变得聪明的因素敏感时才是一个聪明的教师。聪明的教师善于理解学生在学习过程中体验困难时的苦恼，并努力防止使学生心灵受到伤害的情景和因素出现；聪明的教师善于激发学生的学习兴趣。专心、用功、守纪、注意力集中和学有所获必须与兴趣保持一种直接的、本原的关系。教师要懂得，强迫而不是兴趣所引起的专心转瞬即逝；强制而不是因兴趣所激发的用功是半心半意的；受人驱使而不是因兴趣而做出的努力并非真正的努力；由威胁所致而不是出于系统地追随兴趣的愿望产生的守纪容易引起逆反心理；强行而不是对内在兴趣的内在反应产生的注意力集中很可能是一种心不在焉的集中；以乏味作为代价而不是由全身心投入的兴趣获得的成就很可能是肤浅的、暂时的。

校外教育课程建设的思考 *

　　通常，大多数人把校外教育视为学校教育的延伸或补充，但对究竟什么是校外教育，其实并不清晰，这就直接影响了校外教育作用的发挥。

　　广义上说，校外教育相对于学校教育而独立存在，属于社会教育的组成部分，并不是学校教育的简单延伸或补充。若把校外教育看作是整个教育系统的组成部分，承担校外教育任务的机构其实也是学校，因为其具有学校教育的基本功能，即有计划、有目的地开展教与学的双边或多边活动。只不过其教育的内容和形式与普通学校相比更具有独特性，其地位与作用具有不可替代性。因此，学校教育和校外教育应从学生全面发展出发，实现开放与合作，既充分发挥各自的功能，又积极互动整合。

　　近些年来，随着素质教育的深入推进，校外教育机构的作用愈加突出。素质教育注重以人为本、尊重个性、激发兴趣、开发潜能、培养特长，让每一个学生都能自主和谐地发展。校外教育机构从学生的兴趣出发，通过提供丰富多样的活动，让学生自主选择，在手脑并用的活动中使学生的特长得到培养，潜能得到开发，个性得到发展。不过，也有人对校外教育机构开展活动的系统性、连续性及有效性存疑，他们以学校教育的模式作参照，认为其只是搞搞活动而已，称不上是具有独特性的学校教育。显然，此问题从表面上看是如何对校外教育机构的价值做出判断的问题，实质上是关乎如何正确认识和理解学校教育的核心——课程的问题。

　　众所周知，课程是学校教育的核心，因为学校教育活动必须依托课程这一载体展开。不同的课程观会对课程形成不同的认识和理解。有人只把以学科中心主义思想为主线编写的学科课程看作是学校教育课程。这种认识其实是很狭隘的。我们不应仅从静态的、固化的文本上界定课程，更应从动态的、变化的活动中去理解课程。从某种意义上说，课程其实是教师与学生在教学活动中的共同创造。

---

*　此文是为《校外教育课程建设研究》（蒋倩主编，上海教育出版社，2016）撰写的序。

人们之所以会对校外教育机构开展的活动的价值存疑，关键是对校外教育机构课程的看法存有偏颇。有人从活动教育的角度出发，认为校外教育遍地是课程；有人则从学科教育的角度出发，认为校外教育没有课程。这两种观点都过于极端。我们既不能简单地认为活动就是课程，也不能随意判定不按学科教育思路开展的活动就不是课程。关键是要看校外教育机构是否着眼于学生的主动发展和认知规律，根据其自身的功能定位，在正确的课程观指导下，对课程进行整体设计、系统开发、有效实施以及正确评估。校外教育机构为学生提供的课程越丰富，其不可替代的作用就越充分。

这些年来，浦东新区青少年活动中心（以下简称"活动中心"）以"开发全脑、挖掘潜能、培养兴趣、发展个性、锻炼能力、激励创新"为办学理念，以"学生的终身发展"为教育目标，始终坚持"以人为本、德育为先、能力为重、全面发展"的教育要求，广泛开展青少年科技、艺术、体育等素质教育活动，取得了令人瞩目的成就。体现在民乐、西乐、模型等特色项目在各级各类展演和比赛中取得了优异成绩，创建了浦东派琵琶、陶艺等自主品牌团队，更新了具有浦东特色的六一节庆祝活动、入团仪式和入队仪式等传统项目。活动中心已成为少年儿童的乐园、素质教育的基地。

在取得上述成就的基础上，活动中心的领导和全体教师在思考着更深层次的问题——"如何巩固与发展这些活动""如何根据时代的要求和学生的需求，开发出更多、更丰富、更精彩的活动，供学生选择"。他们清醒地认识到，要解决这些问题，就必须致力于课程研究与开发。于是他们聚焦科技与艺术，认真学习和研究课程理论，掌握课程研发的技术与方法，在正确课程价值观的引领下，对活动中心科技与艺术两大类课程研发进行了整体思考、整体设计、整体开发、整体实施和整体评价，形成了具有自身特点的两大课程体系。

科技课程从遵循科技逻辑和儿童认知发展规律出发，坚持儿童为本、生活倾向和探究倾向，形成以科技教育活动的五大探究领域及相应主题模块（物质世界、生物世界、数学世界、STS和科技史）为核心要素的课程结构体系，让儿童通过整体设计的科学探究与技术设计活动，从自身体验出发，主动建构科学技术逻辑、科技创新能力，揭示现实生活中蕴含的科学与技术奥秘，激发探究兴趣，发展科学思维，培育想象、创新、创造等科学素养。

艺术课程遵循艺术教育特点与规律和学生年龄特征、心理发展规律，形成民乐、西乐、声乐、舞蹈、戏曲、工艺美术和语言七个学习领域，让学生通过体验、探究、参与、合作、讨论、调查、社会实践等方式进行学习，重视培养学生的动手能力，发现问题、分析问题、解决问题的能力以及综合运用艺术知识和艺术技能的能力，提升其感受美、表现美、鉴赏美、创造美的能力，激发其想象力和创造力。

两大课程体系有这样一些特点：

一是主体性。课程体系着力于确立学生在校外教育中的主体地位，着力于促进学生身心的和谐发展，着力于充分调动学生的积极性、主动性和创造性。课程充分考虑环境对学生发展的影响，积极创设有利于学生主动发展的良好环境与条件，尽可能使学生在认知、情感、技能、心理等方面得到整体协调发展。

二是发展性。课程体系充分尊重由遗传、环境、教育作用导致的学生之间的个体差异，尽可能满足每一个学生的自主选择，并为每一个学生按自己的学习方式和速度进行学习创造条件，保证每一个学生在自己原有的基础上获得最大程度的发展。学生是处于不断发展中的个体，其发展既有连续性，又有阶段性，课程体系应注重促进学生从低阶段向高阶段发展。学生又是具有多种需要的个体，课程体系注重满足学生物质的、精神的、社会的多方面需要，从而促进其全面发展。

三是活动性。学生发展大多数是在活动中实现的，即在动手动脑、手脑并用的实践活动中完成的。活动性也是校外教育的重要特点。课程体系贴近学生的认知特征、贴近社会生活，通过组织各种宽松自由、形象直观、丰富多彩的活动，激发学生的体验兴趣，保护学生的想象力和创造力，开发学生的探究潜能，培养学生的技能和特长。课程体系中许多课程通过富有创意的活动设计与实施，为未来创新人才的培养发挥了奠基性的作用，成效十分显著。

目前，呈现在大家面前的成果是活动中心领导和教师对校外教育课程建设的理性思考、课程方案与教学案例。这是一项有意义、有价值和开拓性的研究，这种研究必然会有一个完善和丰富的过程。希望活动中心领导和教师在全面推进素质教育的过程中，进一步深入研究校外教育课程，为学生的全面发展提供更多的发展平台。

布鲁纳、奥苏贝尔课堂学习理论之比较 *

布鲁纳（J.S.Bruner）和奥苏贝尔（D.P.Ausubel）是美国当代著名的认知心理学家的代表人物。他们都非常关心教育问题，并将学习理论与教学结合得非常巧妙。比较这两位认知心理学家的课堂学习理论，能受到不少启迪。这对于进一步搞好教学工作颇有益处。

我们认为，布鲁纳和奥苏贝尔的课堂学习理论的主要差异或分歧在于通过何种途径、采用什么方法将课堂学习理论应用于实践。布鲁纳提倡"发现学习"。要求学习者用一种归纳性发现的方法，通过对问题的解决来发现并获得重要的概念或原理，这一过程类似于科学家的发现过程。在布鲁纳看来，知识不能像往杯子里倒水一样灌进学生的头脑里去。相反，学生是在求知和探究的动机驱使下主动选择和发现得来的。发现学习是学生获取知识的有效途径。奥苏贝尔提出"接受学习"。奥苏贝尔认为，接受学习不一定是机械的，完全可以是有意义的，这种接受学习的过程，其性质是演绎的。学习者主要通过对讲授内容的读听来同化新材料。不过，从布鲁纳和奥苏贝尔不同的课堂学习方法中仍可以找到相同点：无论是发现学习还是接受学习，都要把所学的东西加以内化，以便将来需要时加以再现；无论是发现学习，还是接受学习都有可能是机械学习或意义学习。这两种课堂学习方法的区别仅仅是：发现学习，学习的主要内容不是现成的，在内化以前，学生必须自己去发现学习的内容；接受学习，学习的主要内容基本上是以定论的形式传授给学生，故对学生来说，学习不包括任何发现。

在布鲁纳和奥苏贝尔课堂学习理论的主要分歧点中仍可以找到相同点，那就不难发现他们的课堂学习理论中相同或相似的成分是多数的，我们认为，至少以下几方面主张具有"异曲同工"之妙。

第一，布鲁纳和奥苏贝尔都提倡意义学习，他们都主张学习者应真正地获得所学新知识、新材料的意义。这里的意义指的是心理意义，也就是学习者使新知识与其认知结构中已有的旧知识发生相互作用，从而使新知识获得实际的意义。

---

* 此文在 1998 年浦东新区教学改革研讨会上做交流。

"意义学习"是同行为主义的机械学习相对立而提出的。布鲁纳和奥苏贝尔都认为，机械学习是死记硬背的学习，是被动的学习，所学材料很容易被遗忘，而意义学习是掌握事物的意义，把握事物内部实质性联系的学习，学习者处于主动的地位。因此，只有意义学习才能使学习者达到掌握新材料的意义，获得对新知识的理解这一目标。学生在学校里的学习，主要是通过言语形式理解知识的意义，接受系统的知识。所以，布鲁纳和奥苏贝尔把意义学习视为课堂学习的核心是颇有见地的。为了使课堂学习真正成为意义学习，奥苏贝尔还提出了三个必须具备的条件。其一，学习材料对学生有潜在意义；其二，学生认知结构中要具备适当的观念用来同化新知识；其三，学生要具有意义学习的心向。奥苏贝尔认为，具备了以上三个条件，学生就能把新知识同化到原有的认知结构中，从而获得新知识。学生的学习就主动了，课堂学习也就变为有意义的学习了。

第二，布鲁纳和奥苏贝尔都十分强调学习主要概念和原理的重要性。布鲁纳认为，学生应当掌握那些具有高度概括性的"一般"概念，这一思想与奥苏贝尔的"固着观念""先行组织者"学说是基本一致的。奥苏贝尔认为，新知识的获得，离不开新旧知识间的适当的联系和作用，奥苏贝尔把认知结构中能与新知识建立适当联系的原有观念称为"固着观念"，在学生的认知结构中，"原有观念"是否清晰、稳定，学生能否明确区分或辨别新的知识的内在联系，这都是决定学生能否有效地利用认知结构中的原有观念去"固着"新知识的重要因素。为了避免学生机械学习或机械记忆知识，奥苏贝尔创立了"先行组织者"学说。奥苏贝尔主张在呈现正式的新学习材料之前，让学生学习一种先行的引导材料，其内容是学生熟悉，并与正式学习内容有密切联系的概念和命题知识。同时，它们的抽象概括性在整体水平上高于新材料。学生一旦掌握了这种材料，就能有效地将新知识纳入自己的认知结构中去。由于这种先行的引导材料具有"整合"或组织新信息的作用，奥苏贝尔称之为"先行组织者"。它是讲授教学中，教师专门设计用来促进学生接受性获取和保持知识的教学策略。无论是布鲁纳所主张的"一般"概念，还是奥苏贝尔所倡导的"固着"观念，"先行组织者"学说，其根本点都在于要使学生掌握那些概括性和包摄性强的概念、原理和命题，并利用这些原有观念去"固着"和同化新的知识，使学生能省时省力地进行学习。这不仅能使学生不断扩展和深化原有观念，而且能长期保持所学的知识。

第三，布鲁纳和奥苏贝尔都非常重视新旧知识的相互联系和相互作用。布鲁纳认为学生应当把所学的内容和其他事物联系起来，并从事物间的相互联系中去发现意义。奥苏贝尔主张，要使新的材料与学生认知结构中的已有知识联系起来，从而获得意义。布鲁纳和奥苏贝尔都把认识和理解关系作为认知心理学解释学习的基础或出发点，所以他们都非常重视新旧知识的相互联系和相互作用。布鲁纳指出，学习是一个人把同类事物联系起来，并把它们联结成赋予一定意义的结构；奥苏贝尔在阐述意义学习的实质时也这样认为，有意义学习的过程的实质乃是符号所代表的新知识与学习者认知结构中已有的适当观念建立非人为的和实质性的联系。按照布鲁纳和奥苏贝尔的观点，要想使学习真正富有成效，就必须在学习中非常重视对新旧知识的相互联系和相互作用的认识和理解。

第四，布鲁纳和奥苏贝尔都主张把握学科的基本结构。布鲁纳认为每一学科都有特定的基本概念、原理和命题，这些基本概念、原理和命题则是学科基本结构的主要成分。要使学生真正理解和掌握知识，就必须十分重视知识结构的传授。这是因为"传授知识结构比传授知识更为经济"。让学生掌握学习知识结构至少有以下四方面好处：其一，有助于学生理解这门学科的知识；其二，有助于迁移；其三，有助于记忆；其四，有助于缩小高级知识与初级知识的间隙。因此，"无论我们选教什么学科，务必使学生理解学科的基本结构"。由此，布鲁纳创立了"结构课程论"。奥苏贝尔对布鲁纳的"结构课程论"极为赞同，主张找出那些决定学科基本结构的"强有力的观念"和"组织原理"，因为这些"观念"和"原理"是一门学科的骨架。学生一旦掌握了它们，就能简化信息，减轻记忆负荷，产生新的命题，推演出新的知识。由此可见，奥苏贝尔的观点与布鲁纳的学科结构是趋于一致的。

第五，布鲁纳和奥苏贝尔都把准备视为任何一种有意义学习赖以产生的前提。在学习理论中，准备指的是学习者从事新的学习时，其原有的心理发展水平对新的学习的适合性。为此，布鲁纳要求教材的编写要适应儿童的准备状态，而不是让儿童去适应教材。奥苏贝尔提出："要根据学习者的原有知识状况进行教学。"布鲁纳和奥苏贝尔都认为，如果过早地将不适当的知识教给学生，超越了他们的认知发展水平，那么学生的认知功能就会"闭合"，从而不利于他们今后的学习。所以布鲁纳和奥苏贝尔都从准备的角度倡导学校课程应以"螺旋式"进行编排，以便学生能有效地进行意义学习。

综上可知，布鲁纳和奥苏贝尔的课堂学习理论在很大程度上是相近或相似的。通过对布鲁纳和奥苏贝尔的课堂学习理论之比较，深受启发，值得借鉴。现谈几点体会：

第一，布鲁纳和奥苏贝尔的意义学习理论是根据学生和课堂学习提出来的。因此，它可以直接应用于课堂，使之更能被教师所理解，更富有实践意义。如，为了能使学生的认知结构中具有适当的知识（或观念）能用来同化新知识，奥苏贝尔提出了"先行组织者"学说。该学说自 1960 年问世以来，引起了人们的广泛重视。据奥苏贝尔本人称，"迄今为止（1985 年）已经有 1 000 份以上关于先行组织者的博士论文和各种研究报告"。各种研究表明，"先行组织者"确实能促进学习。其作用主要表现在：其一，学习材料缺乏良好组织性时，"先行组织者"的作用较大；其二，学生缺少必要的知识基础和组织言语信息的能力时，"先行组织者"的作用较大；其三，测验概念性知识的迁移效果比测验具体知识的保持效果更能显示出"先行组织者"的作用。由于我国人口众多，教师的讲授教学和学生的接受学习是一种与我国目前的普及教育相适应的、有效的教学组织形式，而"先行组织者"学说面临的直接对象就是这种教学组织形式。它是直接建立在奥苏贝尔的同化学习理论基础之上的，具有比较坚实的心理学依据，充分突出了"根据学生原有的知识状况进行教学"的教学原则。现在，尽管许多教师尚不知道奥苏贝尔的"先行组织者"学说，但是，他们在教学中所采取的一些做法却与奥苏贝尔的"先行组织者"学说有相似之处。我校有好几位数学教师，教学效果一直很好。在总结其教学经验时，我们发现，他们在进行新知识的教学（如新知引入、讲授例题、综合运用等）前，总有"准备题"作过渡。让学生运用原有认知结构中的观念同化"准备题"知识，"准备题"知识一旦同化到原有的认知结构中，它又进一步成为同化例题新知识的固定点。因此，"准备题"在学生原有认知结构和新知识间起到了"认知桥梁"的作用。也许我校这几位数学教师还不知道奥苏贝尔的"先行组织者"学说，但他们的这种教学方法与奥苏贝尔的"先行组织者"学说是相一致的，且取得了良好的教学效果。这足以说明，奥苏贝尔的"先行组织者"学说对于我们的教学实践具有十分重要的指导意义。倘若我们能向广大教师认真介绍这一学说，使广大教师正确理解和掌握这一学说，并从教学实际出发，自觉地运用这一学说，那么"先行组织者"学说的作用与效果可能会更大。

第二，布鲁纳、奥苏贝尔的课堂学习理论为教师寻找和发现有效的教学方法，以及较明智地选择新的教学方法，提高课堂教学质量，让学生积极主动地、灵活有效地掌握系统知识提供了心理学的理论根据。

布鲁纳提倡"发现学习"，奥苏贝尔提出"接受学习"。到底采用哪种方法学习，要视具体的学习材料而定，学生学习书本知识都是以语词所代表的概念和命题组成的公式、原理、法则，而命题又是由概念组成的。因此学习知识的过程就是获得概念的过程。人们获得概念的形式有两种：其一，概念形成。即以大量的具体例子出发，从他们实际经验的概念肯定例证中，以归纳的方式抽取出一类事物的共同属性，从而获得某些初级概念（自发概念）；其二，即利用学习者认知结构中原有观念，以定义的方式直接向学习者揭示概念的关键特征，使新旧知识相互作用，新知识纳入原有认知结构。与概念获得的两种形式相对应的学习方法就是发现学习和接受学习。一般说来，已定论的材料应采用接受学习，而某些问题性材料宜采用发现学习。在大多数情况下，将接受学习、发现学习和其他教学手段、教育措施结合起来，更有利于教学质量的提高。传统观念认为，只有发现学习才是"启发式教学"，而接受学习则是"注入式"教学。奥苏贝尔却不这么看，他认为，"启发式"并非一种具体的教学方法，而是选择良好教学方法的指导思想。发现学习可以是启发式的，接受学习同样也可以是启发式的。接受学习完全可以，而且应该在教师的启发下进行。

第三，教学应使学生理解和掌握学科的基本结构。布鲁纳倡导的"课程结构论"的宗旨是让学生理解学科的基本知识结构。奥苏贝尔提出要学习那些决定学科基本结构的"强有力的观念"和"组织原理"。他们的见解是极为深刻的。这样做，一方面可以简化信息，减少记忆负荷，减轻学生学习负担；另一方面学生能够以不变应万变，不仅能扎实、牢固地获取知识，而且能够灵活应用所学知识。虽然我们的一些教师在主观上也想使学生掌握学科的基本知识结构，但在教学中却深恐"遗漏"。不管是关键特征还是非关键特征，重点还是非重点，难点还是非难点，"眉毛胡子一把抓"。结果适得其反，学生不但没有掌握基本的概念、原理和法则，反而加重了学习负担。尤其应当指出的是，当前中小学片面追求升学率的倾向日趋严重，升学考试变成了不准失误的考试。在这种不正常的教育氛围影响下，各主要学科大搞"题海战术"，似乎练习题越多，知识就掌握得越牢，考分也就越高。有的师生侥幸通过大量的练习来猜题、押题，而忽视基本概念、原理、法则的掌握。盲目、机械的多次重复，把学生训练成了只会应付考试的"机器"，结果必然导致学生产生厌学思想，有的学生以消极被动的态度对待学习。奥苏贝尔指出："一般地说，教育工作者向来强调学习广度的重要，而把它与学习的深度对立。实际上，如果不得不在两者之间做出选择，我们宁愿少而精的知识，不愿要多而囫囵吞枣的知识。少量巩固的知识既有用又可'迁移'，大量混淆不清而又不巩固的知识是完全无用的。"诚然，单靠教师的力量要冲破片面追求升学率的"怪圈"是很困难的，但是作为教师，应有一个清醒的认识，不能盲目地跟着升学考试这根指挥棒转。至少在课堂教学中，不能搞"填鸭式""注入式"，而应教给学生基本的知识结构。要知道，即使对付升学考试也是让学生掌握基本的知识结构要比让学生参加"题海战"强。因此，我们必须记住，教学是让学生掌握学科的基本知识结构，而不是塞给学生一大堆知识。

两种教学评价的特点及应用 *

    教学管理离不开教学评价。校长在管理教学的过程中，若能正确把握形成性评价与终结性评价这两种教学评价，并科学地运用这两种教学评价，对于提高教学管理的效益和教学质量将不无裨益。

    所谓形成性评价，是指"为方案的改进而收集和交流信息"。它要对教师在整个教学工作过程中的努力程度、态度行为及其教学效果的改善、业务水平的提高等方面进行评估。这种评估注重教学行为和效果、教学状况和发展趋势的辩证统一。在"进行形成性评价之前，应确信存在为改进方案而做出变化的机会——如果不存在这种可能性，形成性评价也就无必要"。所谓终结性评价则是"在收集和展示对方案及其价值做总结性表述和判断所需的信息"。它要对教师在教学中已经取得的成绩和达到的水平进行价值判断，它不考虑教师的教学态度和教学绩效的距离，现有教学水平和今后发展趋势的联系，只着眼于教师在特定的时间和空间中的现实的教学状况，目的在于做出某种鉴定或资格证明。"一个准确的终结性表述不可能在方案仍在发展中得到，事实上，除非一个方案具有明确、可量的目标，一致、可靠的材料、组织和活动，否则，它将不适于做终结性评价"。笔者认为，形成性评价与终结性评价这两种教学评价具有以下一些特点：

    其一，从评价的范围看，形成性评价是重点评价，终结性评价是全面评价。形成性评价是一种帮助教师不断改进教学的反馈校正方法。在进行评价之前，双方（校长或其他教学管理者与教师）进行个别商谈，共同分析教师在教学中的优点和不足，然后选择某个或某几个（通常是两到三个）目标作为改进教学的重点。为了尽可能有效地达到改进教学的目标，还必须"正确实施和修订方案，使其符合特定的环境，并确保方案的参加者不断进步"。然后，教师在教学中要按照改进教学的目标来改进自己的教学工作。一定阶段后，校长或其他教学管理者来观察改进教学的情况，看改进教学的目标是否达到。对达到目标的表示肯定，对没有达到目标的，分析其未达到的原因，并作为下次改进的目标。由于一次不

＊   此文发表于《初中教育研究》1992 年第 2 期。

可能全面地评价和彻底地改进教学工作，所以形成性评价是有重点的。

终结性评价是要了解教师在一个较长时期内的教学工作情况。了解教师是否完成了教学目标规定的教学工作，对教师的教学工作做出一个总的评定。要做出总的评定，就必须全面了解教师的教学工作情况。可把教师的教学工作分为几大类，对每一类做出评价，最后得出一个总评。因此，终结性评价具有全面性。

其二，从评价的标准看，形成性评价采用具体标准，终结性评价则采用总评标准。评价标准在概括程度上是不一样的，对概括程度极高的标准我们称之为总评标准，而概括程度较低的标准则称为具体标准。形成性评价所采用的是概括程度较低的具体标准，终结性评价则采用概括程度极高的总评标准。用总评标准评价教师的教学工作，要求校长或其他教学管理者做出很强的推断，要掺进自己的主观印象，既有客观的一面，也有主观的一面，不同的人的评价不尽相同。因此在教学评价时先要区分形成性评价与终结性评价，然后根据类型选择相应的评价标准。进行形成性评价时要采用具体标准，以保证评价的诊断性；进行终结性评价时要采用总评标准，以保证评价的区分性。

其三，从评价的要求看，形成性评价精密度较低，终结性评价精密度较高。形成性评价考虑的主要是在教学评价时，校长或其他教学管理者与教师共同商定的改进教学的目标经过一段时间的教学工作的实现情况，它实质上是对改正情况的一种验收。所测目标不多，在精密度上要求稍低一些。"在需要时可以放宽某些制订设计的要求。"再者校长或其他教学管理者除了判断什么构成了可信的信息外，还应在与教师经常性的接触中，收集一些特有的资料（如态度与印象方面的资料）。终结性评价由于涉及对教师的教学工作做总评，要求进行定量分析，要求从多方面征询对被评价教师的看法。在编制评价标准以及征询意见时，还要考虑标准的信度与效度问题。最后要对所收集的每条资料，进行加权处理，把所有的东西都换算成数字，尽管这样做太复杂，也太主观，但要进行终结性评价，不能不这样做。

其四，从评价的时间看，形成性评价的间隔时间较短，终结性评价的间隔时间较长。形成性评价进行得较频繁，一个学期可以进行若干次，不同的被评价教师的形成性评价时间可以错开，不一定要同时进行，不同的被评价教师改进教学的目标也不一样，评价周期的长短也不相同。因此，形成性评价具有很强的个别性，不仅改进教学目标不一样，评价周期长短也不一样。评价的次数也可以不一样。此外，形成性评价具有连续性，上一次评价后的改进建议实际上就是下一次的改进重点。通过不断循环，形成性评价得以帮助被评价教师提高教学水平。尽管形成性评价间隔时间较短，但却很耗费时间，因为它要求校长或其他教学管理者熟悉各个方面情况，向有关人员提供信息和见解，帮助被评价教师不断进步。

终结性评价一般每年进行一次，也有每学期进行一次和每两年进行一次的，这要视具体情况而定。因为"一个准确的终结性表述不可能在方案仍在发展之中得到"。所以，终结性评价的实施一般安排在每学年结束前几周为宜。

其五，从评价的方式看，形成性评价以自评为主，终结性评价以他评为主。形成性评价主要是用于指导和帮助教师的，它无须多方商议与评定。由校长或其他教学管理者与被评价教师协商决定即可。在形成性评价中，教师本人是主要的评价者，评价结果好坏并不影响其前途。这样，校长或其他教学管理者与教师双方能心平气和地坐下来研究一些具体的教学问题，了解教师改进教学的状况，并决定今后改进教学的方向。不过，"作为形成性评价的结果、方案的材料、活动和组织应加以修正。这些调整发生在形成性评价的全部过程之中"。终结性评价具有法定性，其结论要用于决定职称晋升之类的工作，必须尽可能做到公平合理，为各方所接受，评价时要听取各方的意见（包括教师本人的意见）。

其六，从评价的功能看，形成性评价具有导向和促进作用，终结性评价具有鉴定和区分优劣的作用。有效的评价能成功地用来改进和发展教师的教学活动，这就是评价的形成性功能。形成性评价的导向作用，就是通过评价希望教师的教学行为发生某种变化。形成性评价的促进作用，就是经常对教师的教学工作情况和效力进行评价，只要评价是积极的，那么通过评价就一定能调动人的积极因素，形成性评价不要求评定等级，只要求说明哪些教学目标达到了，哪些教学的目标没有实现，没有实现的原因何在，以及如何采取措施予以补救，并给下次定出改进教学的重点，提出改进教学的建议。终结性评价要求评定等级，它要对教师的教学工作做出区别和比较，"进行终结性描述和大致的判断"。终结性评价的任务不是提出改进教学的建议，而是收集资料和撰写终结性报告，以显示评价对象目前的教学状况和已取得的教学成绩。终结性评价具有鉴定和认可作用，总结和区分优劣的作用。当要对教师的教学效果做出鉴定时，就要通过终结性评价予以解决。终结性评价的结论在交被评价教师本人过目后，要存入被评价教师的业务档案中，以备日后查用。

从以上比较分析中，可看出形成性评价与终结性评价的区别与联系：形成性评价是拿教师的过去和现在相比，拿其改进教学的目标和改进教学的结果相比；而终结性评价则是拿不同的教师的教学工作相比。形成性评价与终结性评价又是相互联系的，形成性评价是终结性评价的基础，终结性评价是形成性评价的结果。形成性评价是为了帮助教师改进教学工作，终结性评价也是为了促进教师改进教学工作，仅靠哪一种评价都是不够的。仅有形成性评价，教师则没有改进教学工作的压力，仅有终结性评价，教师则没有改进教学工作的方向和具体目标。

目前，在教学管理中实施的教学评价，很少考虑把教学评价分为形成性评价和终结性评价两类，并分类使用，而企图一次性完成两类评价。这种做法不但不切实际，而且会给教学管理带来不利的影响。现在，在教学评价中存在的主要问题是：第一，有的教学评价方案缺乏周密性、合理性，形成性评价的改进目标不正确，终结性评价的表述和判断不确切。第二，在评价方案实施过程中，有的校长或其他教学管理者往往根据主观想象随意制订或更改教学评价方案计划。尽管评价是主观的，但它要以客观为依据，以公正合理为前提，否则，将会失去教学评价的信度和效度。第三，有的校长或其他教学管理者只考虑终结性评价，很少注意形成性评价。往往是在定职称、评先进时，才想到去组织教学评价，结果造成了许多不必要的矛盾。由此可见，正确把握形成性评价和终结性评价这两种教学评价的特点，并在教学管理的过程中加以科学地应用，对于校长做好教学管理工作是至关重要的。那么，校长在教学管理的过程中，应该如何科学地运用形成性评价和终结性评价这两种教学评价呢？笔者认为：

其一，教学评价是搞好教学管理的重要手段。它既是衡量教学质量优劣的一把尺度，又是促进教学工作的一根杠杆。在教学管理中，校长应把教学评价摆在重要的位置上。切不可轻视教学评价工作，或者临时需要派用场时，随意组织一下教学评价。这不仅不能解决问题，而且会激化矛盾，对教学管理工作极为不利。校长在管理教学时，一定要让教学评价制度化、规范化、科学化，使之更好地为教学管理服务。

其二，校长组织教学评价，既要考虑终结性评价，也要重视形成性评价。要知道，即使终结性评价"使用了非常有效而可靠的工具，忠实地应用高效的评价设计"，也总有不尽如人意之处。这是因为，"评价很少能达到如此严格的标准或者需要做到这样"。再说，并非时时处处都要对教师的教学工作分出好坏优劣，这样只会给教师带来精神压力，不但不利于调动教师搞好教学工作的积极性，而且还会造成人际关系紧张。形成性评价能弥补终结性评价的这一缺陷。首先，教师和校长可以对照教学评价目标，检查教师的教学工作有何弱点或缺点，并据此定下三到五个改进教学的目标，作为下学期教师改进教学的重点；其次，教师和校长共同商定改进教学的途径和方法；再者，教师和校长共同商定检查改进教学的方法和标准；最后，校长来检查教师改进教学的质量，决定下一学期教师改进教学的新目标。这是一个连续的循环过程，在这个过程中教师的教学不断地得到改进，教师不断地成熟起来，教学管理工作的质量也逐渐获得提高。显然，无论是终结性的教学评价，还是形成性的教学评价都有其优点和缺陷，两者既不能归并使用，也不能择一而用。两者只有互为补充，才能相得益彰，从而使教学评价趋向完美。

其三，获取教学评价的各种信息是搞好教学评价的前提。无论是终结性评价，还是形成性评价都离不开信息。有了大量的教学评价的信息，才有可能对教师的教学进行客观分析，才有可能对教师的教学做出正确的评价。因此，为了搞好教学评价工作，校长应十分重视教学评价信息的获取工作。教学评价信息的来源是多方面的，如：学生学业成绩测定的结果，教师备课、上课、批改作业、指导预复习、个别辅导的情况，听课评课、家长和学生座谈会、问卷调查、与教师面谈的情况，等等。最好能建立信息库，形成信息输入、处理、储存、输出的网络。尽管信息工作的量很大，且费时又多，但它能使教学评价更为客观、公正、合理。

总之，要想卓有成效地开展教学评价工作，把握终结性评价和形成性评价这两种教学评价的特点，并根据教学评价的需要加以科学地应用是十分重要的。这不但能提高教学评价的质量，而且能提高教学管理的效能。

成长记录册与学生自主发展 [*]

学校教育是一项直面生命和提高生命价值的崇高事业，旨在增强学生的创造性和自律性，实现学生的自主发展，而成长记录册作为学生自主发展的主要载体，凸显学生的综合素质和自身的发展变化，鼓励学生在体验成功中不断增强信心，最终使学校的教育教学与管理工作焕发出生命活力。因此，从成长记录册入手，分析、研究并推进学生自主发展是一个值得探究的教育命题。

一、注重学生自主发展，充分体现成长记录册的核心价值

在成长记录评价中，学生既是评价对象，又是评价主体。我们应该把学生看作是具体的人，是作为生命体而存在的。只有这样，我们才能在成长记录册评价的过程中，时时想着、体验着学生的生命价值。可以说，学生的自主参与是决定成长记录成功与否的关键因素，而自我评价和自我反思是学生参与成长记录创建的最高水平。因此，学生自主发展是成长记录册的核心价值。

（一）成长记录册是推进二期课改，实施素质教育的必然要求

新课程强调培养学生的实践能力与创新精神，强调培养学生的知识与技能，过程与方法，情感、态度与价值观相统一的全面发展和充分发展，要求课程与教学本身成为一种开放的、民主的、平等的、合作的过程和体验，从而形成学生的公民意识与素养，成为"有理想、有道德、有文化、有纪律"的"四有"新人。因此，由基础型课程、拓展型课程和研究型课程构成的学校课程体系，加强了课程与社会、科技、学生发展的联系，倡导学生主动参与教学活动和完善学习方式，注重培养学生搜集和处理信息能力、获取新知识能力、分析和解决问题能力以及交流合作能力。在坚持以学生为主体的基础上，关心学生的身心健康和可持续发展，通过社区服务与社会实践，增强学校教育与社会生活的有机联系，丰富

* 此文在 2001 年浦东新区德育工作研讨会上做交流。

学生的学习经历与体验，培养并发展着学生积极向上的情感、态度和价值观。

成长记录册从德、智、体、美、劳诸方面以及全面反映学生综合素质的要求出发，分别对小学低年级、小学高年级、初中和高中四个学段提出了具体的目标要求，都很重视学生爱国精神、国际视野、现代意识等的形成，强调创新精神和实践能力、团队精神和合作能力的培养，注重生命意识、环境意识、诚信意识和职业意识的培养。这是成长记录册设计的出发点和归宿，也是现代学校教育改革的必然趋势。正如《中共中央国务院关于深化教育改革全面推进素质教育的决定》指出："实施素质教育，必须把德育、智育、体育、美育等有机地统一在教育活动的各个环节中。学校教育不仅要抓好智育，更要重视德育，还要加强体育、美育、劳动技术教育和社会实践，使诸方面教育相互渗透、协调发展，促进学生的全面发展和健康成长。"

（二）成长记录册体现对学生进行发展性教育评价的价值导向

发展性教育评价是以现代教育发展理论为指导，以促进发展为目的，关注发展目标和发展潜力，注重诊断发展中的问题，寻找持续发展的关键要素和最佳策略。在这种理念指引下，评价的功能重点逐步从终结性功能向形成性功能转移，评价内容从对学生的认知评价扩展到对学生全面综合素质的评价，评价过程由被动等待评价向主动参与评价发展，评价结论从关注结果向关注过程发展，评价方法从仅强调测验分数向评价方法的立体、综合、多层次、全方位发展。教育部《关于积极推进中小学评价与考试制度改革的通知》指出："对学生的评价不仅要注重结果，更要注重发展和变化过程。要把形成性评价与终结性评价结合起来，使发展变化的过程成为评价的组成部分。"

成长记录册非常注重学生自我发展的评价，根据各个阶段的培养目标，着眼于学生的发展状况，注重开发学生潜能和发挥学生特长，注意反映学生的差异，有助于考查学生个体发展的各个方面，使之成为学生认识自我和进行自我教育的一种方式。它要收集能够反映学生学习过程和结果的资料，包括学生的自我评价，最佳作品（成绩记录及各种作品），社会实践和社会公益活动记录，体育与文艺活动记录，教师、同学的观察和评价，来自家长的信息，考试和测验的信息等；它不仅关注学生的学业成绩，更重要的是发现和发展学生多方面的潜能和能力；它关注学生成长中的需要，引导学生正确认识自我，树立自信心和自豪感。同时，学生通过深层次地参与成长手册的评价活动建构自身发展的主体地位，能够更加深入地分析自己，在评价标准设计中明确自己应该达到的目标，在真实性任务的解决过程中发展自己，在多样化学习表现方式中展示、证明自己和在评价报告体系中获得足够的反馈，全面、客观地审视自己的优点与不足，逐步学会自我评价和自我教育，在自由状态下实现主动发展。这样，就能在成长记录册评价中充分实现评价促进学生全面发展的教育功能。

二、实现师生共赢，确保学生成长记录册主体作用的发挥

在实施学生成长记录册的过程中，教师和学生都是拥有主体地位的评价主体。因此，成长记录册需要师生的共同努力。只有两者形成合力，才能保障学生的自主发展真正落实到位。

(一) 教师主体作用

教师作为学生综合素质的评价者，应对学生成长记录册有比较深刻的认同与理解，富有责任感、诚实守信并具有良好的师生关系，对学生有比较全面和深刻的了解，对于评价的各个环节要恰当把握。在做好学生成长记录册的过程中，教师主要应发挥主体指导作用。

具体而言，在学生成长记录册的实施过程中，教师的主体作用主要表现在以下三方面：

一是要给予学生充分的时间，并且记录册有足够的空间让学生展示自己的学习过程和评定过程，从而去了解学生的思维活动。通过引导学生主动参与到评价活动中去，关注学生的生命价值，给学生以主动探索、自主支配的时空，要关注学生的心理世界，创设对学生具有挑战性的问题或问题情境，使学生切实认识到自身的优点与弱点、长处与不足，使评价产生教育意义，把学生评价过程变成教育和指导的过程，变成不断促进学生发展的重要手段。

二是要在深入了解学生的基础上，实事求是地写出学生综合素质发展状况的评语。俗话说：世界上没有两片相同的树叶。其实，学生的个性差异也是必然存在的，这就要求教师要对学生的个性把握到位，对学生提出切实可行的评价与建议。

三是要注重对学生成长资料的积累，指导学生开展自评互评工作，并在学生中形成共识。教师可以在学习的不同阶段展示学生的成长记录册，选取有特点的、不同角度的记录册来达到学生相互学习的目的。在信息技术快速发展的今天，尤其需要注意通过信息技术平台的建构，为学生成长提供立体的、动态的信息，在学生学习活动中以期实现对学习目标的持续不断的评价。

(二) 学生主体作用

在实施学生成长记录册的过程中，教师的主体作用不容忽视，但是学生的主体作用更为关键。尽管学生是身心发展与社会意识等各方面都尚未成熟的个体，

但是我们要关注学生发展的"主动性"、"潜在性"和"差异性"，把他们看作是具有能动性的社会人，充分尊重学生的主体地位，真正把学生看作是独立的个体。正如教育部《关于积极推进中小学评价与考试制度改革的通知》对所要建立的"学生成长记录"提出了原则性指导意见："学生是成长记录的主要参与者"，学生理所当然地要成为成长记录册的评价主体。具体而言，在学生成长记录册的实施过程中，学生的主体作用主要表现在以下三方面：

一是要认识到学生成长记录册能够发挥的教育功能。通过同学之间的互评，以及自己对自己的评价，能够提升自身的学习积极性和主动性，促进对自己的学习进行反思，有助于独立性、自主性和自我认识能力的培养。

二是在评价能力上要有意识地加以锻炼。只有具有较好的评价能力，才能在评价过程中收集到所需要的信息，并对信息进行整理，形成评价的有效证据。同时，在与同学之间的互评过程中处理好评价的尺度，把握必要的评价内容和评价标准，关注同学的优点和长处，强调自我反思。

三是注重自我控制、自我调整。根据自我评价情况，正确对待自己的学习活动和其他方面的发展状况，根据所了解的情况及时进行自我调整，促进自身不断完善和提高。

总而言之，学生成长记录册的使用可以使师生主体作用在评价活动中成为一个有机的整体，教师主体作用的发挥是为了学生主体地位的发展，让学生在不断的反思活动中提升自身的主体作用；而学生主体作用的发挥可以记录学生自身的学习过程、成长足迹，也为教师主体作用的发挥创设机会。

三、注重机制设计，实现学生成长记录册的有效实施

我们在关注师生主体作用的同时，更为关键的一环就是要注重构建评价的有效实施机制，真正让学生成长记录册的使用落实到位。

(一) 有效机制构建的基本原则

所谓机制，就是根据事物要素之间变化的原理，为了保证组织目标的顺利实现，而有意安排的组织设计。就学生成长记录册而言，就是学校通过一定的组织设计和组织安排，发挥好师生的主体作用，确保学生自主发展的最终目标得以实现。因此，构建学生成长手册的有效实施机制需要坚持价值引领和持续发展两个原则。

一是价值引领原则。在学生成长手册实施的过程中，我们应该把促进学生自主发展作为核心价值。在这种价值观的指引下，要充分发挥制度的激励作用，使教师能真正投入到实施工作中去，把学生成长手册作为教师专业成长的一个重要手段，在促进教师的专业发展中实现学生自主发展。

二是持续发展原则。学校在实施学生成长记录册的过程中，要把教育行政部门的外部推进内化为学校自身的发展需求，把记录册与学校长远的发展目标挂钩，从而在制度设计上既能符合学校的现状，又具有一定的前瞻性，真正发挥记录册的应有作用，进而促进学校的可持续发展。

（二）学生成长记录册实施的机制设计

根据学生成长记录册有效实施机制构建的基本原则，我们认为，实施学生成长记录册的有效机制主要有以下几方面：

1. 民主管理机制

首先，成立领导小组。学校根据管理机构设置情况和管理人员的职责要求，成立学校学生成长记录册工作领导小组，对班级评定小组的人员组成、评定过程与方法、评定程序、评定结果进行认真审核，以便对学生发展的评价做到公平、公开、公正。一般是由分管校长任组长，教学教导、德育教导、年级组长任副组长，做到专人负责、责任到人、落实到位。该小组负责制订学校的总体规划，包括培训班主任、宣传动员全体师生与家长、协调相关部门工作。

其次，明确规范的流程设计。为保证记录册的顺利实施，学校需要制订一系列的操作流程，主要涉及学校实施《上海市中小学生成长记录册》填写流程、《上海市中小学生成长记录册》班主任操作流程，明确学校做好这项工作的人员安排、实施步骤、时间节点、主要内容等。同时，为配合成长记录册的有效实施，使成长记录册更具操作性，学校要制订《上海市中小学生成长记录册》操作细则和相关学科学习情况记录实施细则。

2. 约束机制

首先，向家长、社区人士公示。学校把总体评价方案，评价的内容、方法、程序、结果及评价结果的使用向学生、家长以及相关社会人士公布，告知到每位学生及其家长，使他们能真正参与到学校管理与教育教学活动中去，对自己的孩子真正有发言权。

其次，注重学生的参与。加强对学生的诚信教育，学生对评定结果如有异议，可向学校学生成长记录册工作领导小组提出个人的申诉意见，并提出复议。

3. 激励机制

首先，培训激励。根据成长记录册对教师评价技术的要求，学校要针对性地对任课教师、班主任进行专题培训。前者从任教学科出发，处理好认知与技能、过程与方法、情感、态度与价值观的关系，做到全面了解、全面研究与全面评价学生；而后者是落实成长记录册评价活动的具体实施。

其次，物质与精神奖励。学校在成长记录册实施一段时间后，要对在活动中出现的典型经验、先进事迹和做出突出贡献的教师进行各种形式的表彰与奖励。

四、教师专业发展

　　学校教育现代化的关键是师资。师资既指向教师，也包括学校管理者。

　　师资的综合素质由职业操守、教育思想、专业能力、人文底蕴、科学精神、思维方式等方面构成。师资综合素质的高低影响着学校教育现代化的进程。

　　师资培训是提升师资综合素质的有效途径与方法。教育理念、思维方式、专业能力是师资培训的三个基本内容，而思维方式则是核心要素。

　　当下，可从时代性、主体性和实效性三个维度审视师资培训的价值与意义，从教育理念、思维方式、专业能力三个要素切入设计师资培训的目标与任务，范式与方法。

　　激励是促进教师专业发展的有效方法。学校应完善绩效评价机制，让教师具有公平感；营造和谐的人际环境，让教师具有归属感；搭建专业发展平台，让教师具有成就感。

　　在学校教育改革与发展进程中，应着力造就高素质的师资队伍。

时代与教师 *

21世纪日益逼近，人类的征途又一次处于两个世纪的交接点上。怎样进入新世纪已成为世界各国正在从事各行各业工作的人们思考的重点。作为现代学校的校长怎么思考、怎么行动呢？成功的办学经验证明：要有好的学校先要有好的教师。显然，教师问题是学校迈向新世纪的关键问题。校长应站在跨世纪的时代前沿，反思20世纪的学校教育和展望21世纪的学校发展，并做出师资队伍建设的抉择。

回顾即将走完的一百年历程，整个20世纪发生的一系列社会变革和技术革命，特别是第二次世界大战以后，人类开拓了许多新的领域，大大拓宽了自然科学和社会科学的研究，创造了许多新的奇迹，这是人类发展史上从未有过的奇观。据粗略统计，20世纪前50年的研究成果，远远超过19世纪的整个世纪，而20世纪60年代至今科学技术的新成果则远比人类社会过去两千年的总和还要多。当前科学研究进入高层次的分化时代，即由过去单向深入过渡到以多学科的知识和方法进行全方位的研究，大大加速了科学技术知识更新的速度。整个20世纪中，人类之所以能在社会的进步、科学的发展、文化的嬗变与传播等方面取得如此辉煌的成就，无不与人们在教育方面创造的辉煌密切相关。20世纪的历史进程证明，社会经济的发展是以运用智力和科技资源为基础的，是通过开发有高度熟练技能和高素质的劳动力资源实现的，而这一切都有赖于教育。教育已成为社会经济发展的重要源泉。

20世纪教育发展在人类历史上留下了辉煌的篇章。以下几个方面是这一教育篇章中最为耀眼的几页：

1. 在世界范围内普遍开展了教育现代化运动。在各国现代化的历史进程中，无论是政治变革还是经济或科技革命，几乎无一例外都是以教育现代化为基础来达到推进现代化的目的。自1972年联合国教科文组织在《学会生存——教育世界的今天和明天》的报告中提出了"终身教育"的观念后，掀起了从学校教育到社会教育，从精英教育到全民教育的改革浪潮，把教育现代化运动推向了高潮。

---

* 此文是《新世纪与师资队伍》（赵连根著，辽宁出版社，1998）的引论。

2. 教育发展规模空前扩大。20世纪科技与生产的急剧变革对各类生产部门的劳动者和管理者提出了越来越高的要求，它一方面推动着教育的普及，另一方面加速了职业教育、成人教育的发展以及高等教育的发展，全面提高了国民的整体素质，促进了社会经济的发展。随着"终身教育"观念的确立，"走向学习化的社会"正在成为各国教育发展的态势。

3. 学校课程建设趋向合理。20世纪中期以后，生产力和科学技术以前所未有的速度向前发展，新学科不断涌现，传统学科的知识也成倍增长，由此导致"百科全书"式的学科体系和课程体系急剧膨胀，但课程和教材内容的容量却是有限的，这就迫切需要对课程重新进行建设。因此，课程建设成为各国教育改革的核心。拉尔夫·泰勒是当代美国最负盛名的课程论专家之一，他在实践探索和理论研究的基础上，创立和形成了一个比较完整的课程编制的理论体系，即"泰勒原理"。泰勒原理的出现，标志着课程研究已经走向成熟，加速了课程设计和教材编写的科学化与现代化进程，并推动了学校教育的发展。

4. 随着科学技术的迅速发展，教育技术手段日趋现代化。音像技术和计算机技术开始涌向教育领域，导致了教育技术手段的更新。它彻底改变了千百年来以教师讲授、课堂教学为基础、劳动强度大、效率低的传统教育模式，从根本上解放了师生的创造力，并使学校教育同家庭教育、社会教育融为一体，实现教育的人力、物力资源的多层次开发与合理配置，创造出现代化、多样化、个性化的崭新教育环境，使教育实践活动达到更高的层次和水平，从而推动教育改革与发展，大大提高了教育的效率。

5. 20世纪的教育理论丰富多彩，流派纷呈。50年代后期，为了使教育能适应社会经济和人的发展的需要，许多国家纷纷着手教育的全面改革。因为教育改革不仅是方法的更新，更主要的是观念的变革、范型的转换，这当然离不开教育理论。继传统教育理论之后，在世界范围内，又相继出现了进步主义、要素主义、永恒主义、改造主义、新行为主义、存在主义等教育理论流派。同时，各相邻学科的研究也纷纷渗透到教育领域中来，形成了一系列边缘学科和新兴学科，其研究内容和成果大大丰富了教育理论宝库。教育理论流派林立和教育边缘学科兴起有力地推动了教育改革，促进了教育发展。

6. 教育管理体系日臻完备。世界各国从中央到地方都建立了完备的教育管理体系，为了提高教育管理的效率，更好地发挥教育在推进现代化进程中的作用，各国都加大了教育管理体制改革的力度。其基本趋势都是要调动中央和地方办教育的积极性，优化教育管理体系。

回顾20世纪教育所走过的辉煌历程，是为了更好地迎接新世纪的挑战，再创教育的辉煌。

21 世纪是一个充满魅力，令人憧憬的时代。虽然许多专家学者从不同角度对 21 世纪进行了前瞻性的研究和描述，但是都不约而同地认为教育将是 21 世纪的主题。这是因为新技术革命的发展，社会的全面进步，一方面必须紧紧依靠教育，一方面又促进着教育的变革，成为影响 21 世纪的主旋律。因为只有通过教育造就大批杰出的人才和提高人类的整体素质，才能实现高科技迅速发展和人类社会全面进步。

高科技化是 21 世纪的重要特征。以微电子、计算机、自动化、原子能、航天、海洋、生物工程、新材料、新能源等为代表的高新技术的问世与成长，对社会生产力的发展将起到决定性推动作用。随着微电子技术、计算机技术和通信技术的日益融合，将进一步促使世界经济由物质型向信息型转变，从而引发人类生活、学习、工作等方式发生革命性变革。这一特征能否充分展现，将取决于一系列中介因素，其中能否培养出杰出的人才是关键因素。因为只有杰出的人才，才能站在高科技的前沿，他们的研究成果将会给人类社会的各个领域带来广泛而深刻的影响。

实现社会全面进步是 21 世纪的又一重要特征。社会的全面进步与经济、科技的发展同步是 21 世纪人类社会发展的必然趋势和要求。

就人与自然的关系而言，要求人与自然和谐、统一。人类改造自然的实践活动正在不断引起自然环境的变化，其中环境污染与生态破坏已成为严重的问题。因此，人类必须重新认识人与自然的关系，确立治理和保护环境的全球意识。每一个公民都必须关心地球，关心人类的生存环境，使地球成为人类安全、舒适、洁净的栖息之地。

就人与人之间的关系而言，要求珍视个人的人格与尊严，重新确定人在文化上的和谐，使技术时代的人类摆脱日益增长的枯燥乏味性，使每个人都成为个性丰富、人格完整的人。同时，要重塑与时代相适应的新的伦理道德，形成理解、关心、合作、奉献的新型人际关系。新世纪要求人们既要学会竞争，更要善于合作。努力维护世界和平，积极谋求人类的共同进步，使和平、合作、繁荣与发展成为 21 世纪国际社会的主流。

21 世纪能否培养出大批杰出的人才，促进新技术革命的发展，能否全面提高人的整体素质，实现社会的全面进步，是 21 世纪教育面临的严峻挑战。

《学会生存》一书指出："多少世纪以来，特别在发动产业革命的欧洲国家，教育的发展一般是在经济增长之后发生的。现在，教育在全世界的发展正倾向于先于经济的发展，这在人类历史上大概还是第一次。""教育在历史上第一次为一个尚未存在的社会培养着新人。"[①]在科技与文明发达的现代社会中，人们不仅指

---

① 　《学会生存》，上海译文出版社，1979，第 38、39 页。

望教育满足个体与社会的基本需求，而且希望教育能面对并参与解决当前与未来的一系列全球性问题，培养出能够适应和解决这些问题的一代新人。可见，教育肩负着特殊的重大的使命。那么，新世纪要求教育塑造的新人究竟是怎样的呢？

1996 年联合国教科文组织发表了"国际 21 世纪教育委员会"经过三年工作提交的题为《教育——财富蕴藏其中》（*Learning：the Treasure Within*）的报告（亦称《德洛尔报告》）中提出了"教育的四个支柱"，即学会认知、学会做事、学会共同生活、学会生存。这"四个支柱"反映了现代化教育的特征，同时也建树了21 世纪新人的基本形象。

教育能否真正为新世纪培养出理想新人，教师起着关键性作用，因为教师是未来理想新人的直接培养者。随着教育适应时代发展节奏的加快，人类已经意识到教师对于人类未来举足轻重的意义，对教师品行、学识和职责要求也在发生变化。1986 年美国卡内基公司①发表的一份题为《国家为培养 21 世纪的教师作准备》的报告中十分清晰地表述了这一点。报告在论述了现代社会对教师素质要求后概括道："具有这样素质的人是我们社会最需要的，他们是社会中最重要机构的栋梁。……尽管有不少人可以起重要作用，但只有教师才能最终实现我们设计的蓝图。"②未来社会对教育的要求，归根结底也是对教师的要求。无论是教育观念的更新，还是教学内容、教学方法的改革都将取决于教师的素质。教师工作的性质比以往任何时候更富有创造价值。要培养理想的新人，就必须有高素质的教师，这已成为面向新世纪的人类的共同要求和行动。

教育遇到的挑战具有国际性的特点，人才的竞争就是教育的竞争。谁能在教育竞争中立于不败之地，就看谁拥有高素质的教师。在世纪交替之际，各国政府都十分关注师资队伍建设，并把它摆到了教育改革与发展的突出位置加以研究和决策。为了真正落实教育在我国社会经济发展中的战略地位，我国政府在 1996 年 9 月召开的全国师范教育工作会议上做出了师范教育先行加强中小学师资队伍建设的战略决策。

现代学校教育肩负着师资队伍建设的重任。学校是教师教书育人的场所，更是教师成长、发展、走向成功的基地。政府部门提出的建设高素质师资队伍的目标和要求主要是通过学校实现的。学校管理的核心问题是师资队伍建设问题。学校的发展离不开高素质的教师。现代学校的校长不仅要有选择教师的标准和方法，而且要有师资队伍建设的目标和手段。

现代校长如何把建设高素质的师资队伍作为学校管理的核心来思考与落实

---

① 卡内基公司是美国经济及教育等政策的咨询机构之一。

② 国家教育发展和与政策研究中心编：《发达国家教育改革的动向和趋势》（第二集），人民出版社，1987，第 284 页。

呢？本书试图以教师职业性质和特点为逻辑起点，阐明新时代教师的职业观，教师应有的职业道德和职业行为，校长应如何构建教师队伍建设的有效机制，为教师创建获得成功的环境及保护教师心理健康等六个方面的问题，以便认识和掌握新时代师资队伍建设的规律。

首先，要认识教师职业是育人的职业，具有艰难性、创造性和示范性等特点。从事教师职业的人对教师职业的性质和特点要有深刻的认识，并在此基础上形成正确的职业观。校长要把政府部门和学校关于师资队伍建设的要求内化为教师提高自身素质的要求，并根据教师职业的性质和特点去帮助教师树立正确的职业观。尤其是要在教育实践活动中促进教师的职业成熟，使每一位教师都具有强烈的使命感，自觉地肩负起时代赋予的重任。

其次，我们认为教师职业的性质和特点决定了教师必须具有高尚的职业道德。成才先成人，授业先传道。教师是塑造未来一代的工程师。未来一代的道德品质和文明行为水准如何，很大程度上取决于教师，教师职业道德建设是校长抓师资队伍建设的首要任务。校长要让每一位教师认识和掌握政府和学校关于教师职业道德的要求内容，积极为教师创造职业道德内化的条件，注意激发教师职业道德内化的动力，努力提高教师职业道德水准。对教师自身来说，要加强师德修养，提高职业道德内化的自觉性，在教育实践活动中不断改造自己，更新自己，完善自己，进而以自己模范的行为去影响学生，以自己高尚的情操去感化学生，以自己完美的人格去培育学生，真正使自己无愧于"人类灵魂工程师"的光荣而神圣的称号。

第三，教师职业的性质和特点规定了教师的职业行为是既要教书又要育人。教师要出色地完成教书育人的任务，还必须具有教书育人的本领。教师教书育人的本领主要体现在三个方面：一是能掌握育人的特点和规律；二是具有精博的科学文化知识及精湛的教育教学技能；三是具有很强的教育研究能力。校长要帮助教师确立正确的学生观、教学观和研究方法，让教师在教育实践活动中学会育人、学会教学、学会研究，不断提高教书育人的本领。教师自身要加强学习，不断地更新自己的知识结构和能力结构，使自己的思维始终处于活跃状态；要加强教育教学技能训练，使自己不但具有传授科学文化知识的技能，而且具有教会学生怎样做人、怎样学习的技能。工作中要增强教育研究意识，重视研究，学会研究，不仅掌握教育研究的理论和方法，而且注意在教育实践活动中去观察问题、思考问题，并从理论与实际的结合上大胆探索和解决教育实践活动中的问题。

第四，由于教师职业的性质和特点要求从事教师职业的人具有特别高的素质，而全面提高教师的素质是一个长期的、动态的发展过程，这就需要有一个政府部门与学校整合一致的有效机制来保障高素质师资队伍的建设。因此，不仅政府部门要思考和构建师资队伍建设的机制，而且校长要思考和构建学校师资队伍建设的机制，如构建师资培养与选拔机制、聘用与管理机制、激励机制、培训机制、评价机制等，真正形成优胜劣汰、能者为上的有效机制，达到师资队伍的整体优化，教师素质的全面提高。

第五，要全面提高教师的素质，充分调动教师教书育人的积极性，还应在构建师资队伍建设的有效机制的同时，积极为教师创建事业成功的良好环境。就政府部门来说，要采取有效措施，努力造就全社会关心、尊重教师的氛围，使教师职业真正成为令人羡慕的职业。就校长来说，要确立教师在学校发展中的主体地位，关心和支持教师，理解和尊重教师，积极为教师搭建事业成功的舞台。良好的环境与有效的机制相匹配，就能使师资队伍建设进入良性循环的状态，就能使教师的整体素质在动态的发展中，不断得到提高。

最后，教师职业的性质和特点要求教师除了具有强健的体魄外，还应具备良好的心理素质。随着信息时代的到来，社会变化节奏的加快，教育质量要求的提高，教师承受的心理压力越来越大，对教师心理素质的要求也越来越高。因此，在为师资队伍建设构建有效的机制，为教师的主动发展创造良好的环境的同时，校长要十分重视教师的心理健康问题。教师的心理素质和心理健康是教师素质的重要方面，若教师的心理有问题，既不利于教师自身的发展，也不利于学生的培养。校长要掌握教师心理健康的特点与标准，帮助教师培养健康的心理，塑造健全的人格。对教师自身来说，要积极发展个性心理优异特质，不断增强心理承受能力，主动培养健康的情绪和优良的意志品质，努力建构良好的人际关系，始终以充沛的精力、健康的情绪、愉快的精神、豁达的心胸和坚韧不拔的毅力从事教书育人的工作。

综上所述，本书的宗旨在于帮助校长紧紧抓住教师职业的本质和特点去思考师资队伍的建设，明确师资队伍建设的目标和任务，并采取切实有效的措施，努力建设一支高素质的师资队伍。

在未来的新世纪里，教育和科技的发展，社会的进步对教师职业提出了更高的要求，教师的地位和作用正在发生深刻变化，教师肩负着更加光荣、更加艰巨、更加崇高的历史使命。

为了使我们的教师都能肩负起崇高的历史使命，共创新世纪教育的辉煌，我们的社会和政府应该比以往任何时候都更加重视师资队伍建设，使每一位正在从事或将要从事教育工作的教师都能成为新世纪理想的教师。我们的校长应始终把建设高素质的师资队伍放在学校工作的首位。当每一所学校都拥有一支高素质的师资队伍时，我们就不难办出一流的学校、培养出一流的人才！

面对新时代的挑战，聆听新世纪的钟声，让我们携起手来，为建设高素质的师资队伍而努力吧！

中小幼校(园)长培训的理性思考与模式构建*

在中国基础教育进入新世纪的重要时刻，建设一支高素质的中小幼校（园）长队伍已成为一项十分紧迫的任务。作为构成中小幼校（园）长队伍建设重要组成部分的培训工作必然是人们研究的重点。在对"九五"培训进行总结的时候，做一点批判性反思，有助于提高中小幼校（园）长培训的质量和效益。

一、对中小幼校（园）长培训价值与目标的思考

培训价值取向是确立培训目标的前提，而培训目标则是构建培训模式的依据。对培训价值与目标进行理性思考，有助于构建体现培训价值要求的培训模式，能有效地为实现培训目标服务。

(一) 培训价值认识

这里首先要回答的问题是我们为什么要组织中小幼校（园）长培训？它的最重要的价值是什么？这是一个关系到中小幼校（园）长培训目标定位的问题。当然，答案是随着时代发展、教育变革对中小幼校（园）长培训的要求和认识的发展而变化的。

现行的中小幼校（园）长培训价值一般定位在通过理论学习更新观念，通过典型考察丰富经验，通过工作实践提高能力。虽然这种培训价值取向取得了一定的培训效果，但也有其不足之处：一是注重急功近利的单一性效果，忽视通过整体性的把握来提高中小幼校（园）长的综合素质；二是注重行政指令性，忽视中小幼校（园）长的实际需求，因此参训的主动性和积极性难以得到充分调动；三是注重学科本位性，忽视中小幼校（园）长的可持续发展。由此可见，以学科课程逻辑组织的培训模式，确实难以提高中小幼校（园）长的综合素质。

---

* 此文是由本人撰写的《面向 21 世纪区域中小幼校（园）长培训新模式研究》的总报告的一部分，该项研究成果获上海市第七届教育科研成果二等奖。

如何对中小幼校（园）长培训进行价值定向？我们认为，必须强调中小幼校（园）长培训的"时代性"、"主体性"和"实效性"。

人类教育发展的历史已清楚地表明，只要时代发生深刻的变化，必然要求教育做出及时相应的变革，这是不以人的意志为转移的。强调时代性，是要我们用时代的眼光来审视和组织中小幼校（园）长培训。首先，培训要重视未来，强调发展，立足变革。通过培训，使中小幼校（园）长能用发展的眼光，用明天的要求来看今天的学校教育，促进今天的学校教育的变化，而不是用停滞的、昨天的眼光来看今天的学校教育，满足于已有的一切。其次，培训要突出主体精神。通过培训唤起校长的主体性，这是时代精神中最核心的内容。现在的时代需要能在多样、变幻的社会风浪中把握自己命运，坚定自己对教育价值追求的校（园）长，需要靠这样的校（园）长来创造未来的学校教育，我们只有自觉地认识时代对中小幼校（园）长培训的要求，并积极行动，才能使中小幼校（园）长培训适应社会经济发展、教育改革与发展的需要，适应中小幼校（园）长自身发展的需要。

现在的时代，越来越注重人的潜力的开发和主体性的发挥。对培养未来新人的现代学校的校（园）长培训，应特别强调发挥他们的主体性。首先，必须明确中小幼校（园）长是培训的主体，他们不是被动的受训者。培训既是教育发展的客观要求，更是他们自身发展的主体要求。他们在办学中具有主动选择、发现、思考、策划、行动、反思等需要与可能，具有关注和要求自己主动发展的需要与可能，培训的任务是要把这些需要与可能转化为现实的力量。因此，我们应重新确定中小幼校（园）长在培训中的角色，按照主动参训、观念更新、思维优化、潜力开发和可持续发展的目标组织培训。其次，必须突出中小幼校（园）长参训的能动性和发展性。人的发展是人的潜在可能性在实践中逐渐转化为现实状态的过程，这一转化的实现，有赖于人们逐渐形成的自我意识与价值观，有赖于人的自主选择和在实践中反思的能力，即人对自己发展的自觉意识和能动作用。我们认为，这个观念的确立，不仅是观点上的重要变化，而且是方法论上的重要变化。因此我们不再把培训简单当作现存理论知识或信息直接传递的过程，而是看作开发中小幼校（园）长潜力和创造力的过程，看作积极促进中小幼校（园）长主动发展、不断走向成功的过程。

培训的时代性和主体性最终应体现在培训的实效性上。培训是否能真正反映时代的要求，满足校（园）长主体发展的需求，关键是要看培训的实际效果。强调培训实效性，首先是要加强对培训的目标、内容和方法的研究。在培训目标上要对培训的总体目标进行准确定位。然后根据培训目标，研究培训内容和方法。把设计培训课程，编写培训教材以及优化培训组织形式等作为主要研究的问题。其次是要形成开放性的适应时代变化的培训机制，把提高校（园）长素质和校

（园）长自我发展的需求融入培训课程之中，进而取得最大的培训效益。第三是要使校（园）长树立自觉学习的意识，掌握在学习化社会中、在教育变革的重要时期不断更新观念和知识结构，提高管理和研究能力的方式方法。具体的培训效果可从直接和间接两方面体现出来。直接的培训效果应体现在校（园）长思考问题的角度是否新，对问题的认识是否深，研究问题的能力是否强，解决问题的办法是否多上。间接的培训效果应体现在学校的管理效能是否在提高，学校发展潜力是否在得到开发，学校的办学特色是否在形成，学校的办学质量是否在提高上。

（二）培训目标定位

中小幼校（园）长的培训目标应根据中小幼校（园）长培训的价值观来定位，使培训的目标充分体现培训的价值追求。

随着教育在人类社会发展中的地位不断增强，校（园）长在办现代学校教育过程中的地位也越来越突出，作用也越来越重要。因而，对校（园）长的素质提出了更高的要求。人们从政治水平、教育思想、专业知识、领导才干、人格力量、文化修养、身心健康等方面对中小幼校（园）长形象进行了设计。同时，人们也对中小幼校（园）长的培训提出了更高的质量要求。这里引出一个需要我们认真思考的问题：究竟怎样组织中小幼校（园）长培训？首先，我们应认识到培训是整个中小幼校（园）长培养的一个组成部分，不能仅靠培训来达到培养目标。培训不是万能的，它只是在一定的时间内为参训者提供获取一定的信息、思考和研究一些问题的机会和场所。其次，在有限的培训时间内，如何来实现培训目标？如何来争取最大的培训效率和效益？我们通过对"九五"中小幼校（园）长培训经验的总结，对影响培训目标实现的因素进行分析和提炼，提出中小幼校（园）长培训的三要素，即办学理念、思维方法、管理和研究能力。我们认为，这三个要素是实现培训价值取向的出发点和归宿，培训的内容和方式都应基于这三个要素去选择。

办学理念是指校（园）长在对学校教育本质理解基础上形成的关于办学的观念和系统的理性思考。它是校（园）长办学价值观的集中体现，支配着校（园）长的办学行为。在社会急剧变化、各种世界观和哲学思潮激烈交锋的新时代，必然会对教育的特点和本质、教育的目标和价值、教育的类型和方法、教育发展的动因和发展教育的途径等一系列重要问题产生不同的看法，形成不同的教育观念。如果一个校（园）长没有正确的坚定的办学理念的话，就会茫茫然无所适从。一个有办学理念的校（园）长，应该具有为教育事业奉献的精神，愿为实现办学理想而执着追求，不惜献出毕生的精力；一个有办学理念的校（园）长，应当善于学习当代科学和人文两方面的基本知识，善于学习各种教育思想和管理理论，善于用哲学的眼光审视中外教育、传统教育和现代教育，在批判性吸收的基础上，形成一个又一个正确的教育观念，逐步构筑起全新的且相对稳定的教育观念群，从而不断丰富和拓展自己的办学理念。在这样的办学理念支撑下，就会激发起校（园）长迎接挑战的冲动和勇气，焕发出无穷的创造活力，始终能以改革创新的精神去办好自己的学校。

思维方法指校（园）长思考和解决问题的方法。认识能力的表现形式其实就是人的思维方法，它虽然不以与内容脱离的方式独立存在，但在人的认识活动中却有独特的重要作用。无论是人类群体还是个体，在认识能力上的重大突破都与思维方法的变化直接相关。当今变化、多元的时代要求校（园）长的思维方法也要发生相应变化。首先要从平面发展到立体，增大容纳信息的思维空间；其次要有多视角认识同一事物，并善于将其综合为认识整体的能力，即实现多元的统一；其三是要有动态把握事物的思维方法，通过对过程的分析来认识规律，认识事物的互相作用。如果校（园）长从认识自己内部世界的角度看，还需要有另一种思维方法，那就是省悟。这是校（园）长在构造和完善自己精神世界的历程中必不可少的思维方法。

管理和研究能力是指校（园）长从事学校管理和研究教育问题的能力。这是校（园）长最重要的能力。校（园）长的管理能力主要应体现在以下几方面：一是校（园）长要善于根据社会经济发展的需要、教育改革与发展的要求和校内外的办学资源，制订科学、合理的学校发展规划和管理策略；二是校（园）长应具有良好的管理艺术，注重发挥人格的影响力，善于理解他人和与他人交往，特别是能与教师进行情感的交流、精神的沟通；三是校（园）长能够敏锐感受、准确判断学校变化过程中可能出现的新情况和新问题，准确把握化解矛盾和冲突的时机；四是校（园）长具有对所面临的情境及时做出决策和选择、调节管理行为的魅力。现代校（园）长不仅要善于管理，而且要善于研究，只有这样，才能形成并实现自己的办学理念。校（园）长的研究能力主要体现在以下几方面：一是校（园）长掌握了教育研究的理论与方法；二是校（园）长善于观察和思考学校管理和教育教学中的问题，并能从问题中筛选出最有研究价值的课题；三是校（园）长能把教育研究纳入学校管理轨道，亲自组织和管理教育研究活动；四是校（园）长积极鼓励和支持教师开展教育研究，并为教师创造教育研究的良好氛围和条件。

管理和研究能力具有以下三个特点：一是外显性。它总是在校（园）长的行为中得到体现。二是实践性。它总是在校（园）长的管理和研究过程中得到开发和提高的。三是发展性。它一方面要求校（园）长将潜在能力转化为现实能力；另一方面要求校（园）长在已有能力的基础上进行锤炼，形成能力不断增强和发展的机制。为了使校（园）长的办学理念尽快地变为现实，就应重视和加强校（园）长管理和研究能力的培养和发展。管理和研究能力通过与管理和研究对象的直接作用，来达到校（园）长的预期目标，同时，也体现了校（园）长的办学理念和思维方法的提高。

办学理念会促使校（园）长积极地思考问题，而良好的思维方法又使校（园）长能更为深入全面地观察问题，并进行批判性反思，进而不断地完善自己的办学理念。管理和研究能力的强弱与思维方法密切相关。一个校（园）长的管理和研究能力是强还是弱，主要取决于其思维方法是否科学、是否合理。良好的思维方法会促使校（园）长提高管理和研究能力，而管理和研究能力的提高又会进一步优化校（园）长的思维方法。可见，思维方法是三个要素中的核心要素。它既决定着其他两个要素的发展层次与水平，又在与其他两个要素相互影响、相互作用的过程中获得发展。因此，加强思维训练，培养科学、辩证的思维方法对校（园）长来说是相当重要的。

通过对上述三个要素的分析，我们可以清楚地看到，中小幼校（园）长培训的目标定位是以课题研究为主线，帮助中小幼校（园）长达到更新教育观念、完善知识结构、优化思维方法、提高管理和研究能力的目的。

二、中小幼校（园）长培训新模式的构建

构建体现中小幼校（园）长培训价值观的中小幼校（园）长培训新模式，是对培训理念如何深化的探索。培训模式是在新的培训观念指导下，为实现新的培训目标服务的，是培训观念的具体化和实现培训目标的工具。据此，我们构建了培训新模式的框架，并在实践研究中不断充实、修正和完善培训新模式。

(一) 培训新模式的主要特征

培训新模式是在对"九五"培训模式进行理性反思的基础上进行建构的。通过反思，提出了要从时代性、主体性和实效性三个角度来重新确定校（园）长培训的价值，从办学理念、思维方法、管理和研究能力三个要素来重新认识校（园）长培训的目的，要求以校（园）长为培训主体，以课题研究为主线来重新划分培训层次、设计培训课程、选择培训形式。通过培训模式设计、实践、反思、总结、修正等一系列过程，可以体现培训新模式的主要特征，如图1所示。

培训新模式呈现由外向内、由内向外、开放、互动的网状特点。图1最外圈是面向新世纪的校（园）长培训的价值追求；图1中圈是根据校（园）长培训的价值观确定的培训目标；图1内圈是按照外圈和中圈的要求来思考校（园）长培

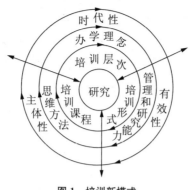

图1 培训新模式

训的课程、层次和形式，而要使培训层次、课程和形式实现有效整合的手段是研究，即以研究来推进校（园）长培训，从而形成内、中、外三圈各个要素的互动效应，在动态发展过程中实现信息的交流、调整培训的目标，争取最佳的培训效果。

（二）培训新模式的运作

为了实现根据校（园）长培训价值取向确定的培训目标，我们以研究作为驱动器来驱动培训新模式，努力使培训新模式与参训者和培训者形成互动关系，充分发挥培训新模式在培训实践中的作用。

1. 以研究为主线整合培训的层次、课程和形式

不同的培训层次，具有不同的培训要求；不同的培训要求，应设计和选择不同的培训课程和形式。而要使培训的层次、课程和形式整合一致，最有效的手段是研究。为了使培训新模式能够有效运作，我们始终以研究为主线来思考培训的层次、课程和形式。

（1）从针对性出发划分培训层次。根据中小幼校（园）长队伍的特点，我们把中小幼校（园）长培训划分为中小幼后备干部培训、中小幼校（园）长岗位提高培训和中小幼校（园）长研修培训三个层次。这三个层次既相对独立，又相互联系，具有递进发展的特点。划分层次的目的是为了加强培训的针对性。按照"九五"培训要突出重点的要求，重点抓好两头，即中小幼后备干部培训和中小幼校（园）长研修培训。

（2）从实用性出发设计培训课程。培训课程是实现培训目标的中介。培训课程设计应以需求为导向、以解决问题为导向，而不是以学科为导向。应充分体现培训的开放性、灵活性和实用性。特别是要加强综合性课程的研究和设计。通过对问题的揭示来分析、研究和解决问题。这种培训课程实施的过程，既是校

（园）长综合学习和运用理论知识的过程，又是校（园）长思维训练的过程、能力提高的过程。根据形成办学理念、训练思维方法、培养管理和研究能力的培训目标，我们从方法论、一般方法和具体方法三个层面去思考培训课程，开设了三类课程：一类是方法论课程，主要是帮助校（园）长解决观念问题，认识和解决问题的方法问题；二类是专业基础课程，主要是帮助校（园）长准确把握教育特别是学校教育的特点和规律；三类是专业课程，主要是帮助校（园）长掌握解决学校管理中各种具体问题的策略和方法。当然，由于不同的培训对象具有不同的培训要求，三类课程应根据不同的培训要求进行组合，充分体现培训课程的实用性。

（3）从有效性出发选择培训形式。培训形式是培训课程实施的桥梁。培训新模式拓宽了培训的时间和空间，我们可以根据培训对象的需要与可能，根据培训课程的目标与要求来选择和组合培训形式。除了系统授课式培训形式外，我们还采用其他培训形式，如课题研究式、专题讲座式、考察调研式、导师带教式、基地见习式、个案研究式、情景模拟式等培训形式。培训形式多样化扩大了单位时间内校（园）长主动参训的空间，满足了他们参训的需要。优化组合培训形式旨在提高校（园）长培训的实效性。

2. 以人的发展为宗旨促进参训者与培训新模式的互动

培训新模式不但要被参训者接纳，而且要在培训的过程中与参训者形成互动效应，才能体现它的价值，发挥它的功能。在对培训的价值和目标进行重新定位基础上构建的培训新模式体现了以培训促进校（园）长发展的基本思想。为了使这一基本思想变为校（园）长主动参训的行为，我们十分注意调动参训校（园）长和从事培训工作的教师的积极性，进而形成参训者与培训新模式的互动关系，最大限度地发挥培训新模式的作用。

（1）确立校（园）长是培训主体的观念。校（园）长不是被动地接受规定的培训内容，他们完全可以根据自身发展的需要提出调整培训课程和培训形式的要求。传统的培训模式，主要是让校（园）长学习书本上的理论知识，若要联系学校管理实际，也是举例式，目的是想通过帮助校（园）长理解理论知识来认识和掌握学校管理的特点和规律。结果使培训变成了被动的应试性培训。以研究为驱动器的培训新模式所要追求的是校（园）长能以主体身份参加培训，主动拿起理论的武器去研究和解决学校教育改革与发展中面临的各种问题。多样化的培训形式使校（园）长能够自主学习，独立思考，共同讨论，主动探究。培训主体地位的确定，不但提高了校（园）长参训的热情，而且激发了他们学习理论、研究问题的兴趣，这样就能使他们很快进入自觉参训、自我更新的状态。

（2）培训教师主动转换角色。随着校（园）长从单纯的"听"者、"学"者的规定角色中走出来，充当"问"者、"论"者、"思"者等角色，培训教师的角色应随之转换，他已不仅仅是"教"者、"述"者、"问"者或指导者，而且是"学"者、"思"者、"听"者，更是培训进程的灵活调度者、培训信息的捕捉者和判断者、研究活动的组织者、参与者和协调者。因此，从事校（园）长培训的教师不仅要有先进的教育思想、科学的思维方法，而且要会教学，会研究，会组织研究活动。参训校（园）长培训教师的这种角色互换，有助形成积极的建设性的双向互动关系，既可以促进参训校（园）长的主动发展，又可以促进培训教师改进教学工作。与此同时，培训机构则应积极为校（园）长的培训主体作用的发挥创造条件，为校（园）长搭建好信息交流的舞台、走向成功的舞台。

（3）让校（园）长主动参与培训评价。科学的培训评价能够准确地揭示培训的质量和效果。除了教育行政部门和培训部门组织培训评价外，更重要的是由参训的校（园）长来进行培训评价，因为他们是培训的主体。培训目标的定位是否准确、培训课程的设置是否科学、培训内容的安排是否合理、培训组织形式的选择是否恰当、培训教师的专业素养是否出色，参训的校（园）长心里最明白，他们最有发言权，由他们参与培训评价，对于改进培训工作、提高培训的质量和效益是至关重要的。培训部门应根据教育发展的要求和校（园）长培训需求的变化，及时修正培训目标，调整培训策略和方法，以争取最佳的培训效果。校（园）长参与培训评价还有利于校（园）长开展自我评价。一方面是校（园）长对自己参训的过程进行自我评价，一方面是校（园）长可以把自己的培训过程与学校管理的实践结合起来进行自我评价，这将进一步促进校（园）长自我反思、自我完善和自我发展。

如何认识校本培训 *

"十五"培训伊始，校本培训倍受关注与重视。这是人们对"九五"培训反思后推出的新举措。不过，要有效地开展校本培训，如何认识校本培训倒是一个值得探讨的问题。现谈一点想法。

笔者认为，组织教师培训的根本目的是要促进教师的专业发展，提高教师的专业水平。教师培训的基本目标是帮助教师更新教育观、调整知识结构、优化思维方法、提高实施素质教育和研究教育问题的能力，从而适应教育发展和学校教育教学实践的要求。

校本培训是指以学校为中心、围绕教育教学实践和教师的需要而开展的一切旨在促进教师专业发展的计划与活动。需要强调的是，"十五"培训中所倡导的校本培训是一个宽泛的概念，千万不要以为校本培训就是由学校自己组织培训，更不能关起门来进行封闭式培训。相反，从某种意义上说，校本培训更加具有开放性和主动性，更加重视与校外教育机构尤其是大学和教育研究机构的合作。校本培训要切实解决学校和教师面临的问题，必然要把握国内外教育改革与发展的动态，同时把先进的教育理念、科学的教育方法等传递给教师，并使之转化为教师解决实际问题的自觉行动。再说，校本培训是教师主动发展的需要，教师必然会在教育教学实践中强化问题意识，通过边学习，边实践，边反思，提高解决问题的能力。这就需要学校获得外界的信息与必要的指导。实际上，仅由学校开展的校本培训是不存在的，也是与校本培训本身所追求的目标相违背的。

校本培训命题的提出，使人们看到了有效实现教师培训目的和目标的希望。校本培训不只是解决教师培训的途径和方法问题，更重要的是要构建能满足学校教育改革与发展要求和教师专业发展需要的全新的培训模式和机制。显然，校本培训的理念和方式正孕育着一场教师培训的根本性变革。因为教师培训是一种专业培训，它既不是一种纯理论学习，也不是一种纯实践摸索，能否实现两者的有效结合，至关重要的是能否找准两者的结合点。校本培训的意义在于它找到了两

---

* 此文收录于《上海教师》（卷二），四川人民出版社，2001。

者的最佳结合点，是一种理论与实践相结合的培训，它以研究、解决教育教学实际问题为出发点和归宿，实际上是一种以问题为导向的培训，围绕问题划分培训层次、设计培训课程、选择培训形式。

开展行动研究是校本培训的基本特征。它不仅使教师培训的目的有了更为明确的指向性，而且使教师培训目标的实现有了可供操作和检测的平台，成为加快教师队伍专业化进程的最为有效的途径。这种开始走向问题、解读问题、解决问题的校本培训标志着教师培训正在转变为真正意义上的专业培训。这对于有效实施素质教育、全面提高教育质量无疑是一个福音。

随着校本培训的实施，学校管理者，特别是校长所肩负的教师培训的责任明显加重了。因为校长要针对学校的实际和教师专业发展的要求，主动思考和规划教师培训。校长应站在时代的高度，以更为开阔的视野去获取并整合教师培训资源，进而根据校本培训的整体目标，安排培训内容，并选择适宜的培训形式，如课题研究式、专题讲座式、考察调研式、导师带教式、个案研究式、情景模拟式等，充分体现校本培训的针对性和有效性。

校本培训拥有各种校外教师培训所不可比拟的优势，但实际效果还有待于在教育教学实践中检验。所以，我们主张在"十五"教师培训中大胆探索，创造出更多更好的校本培训经验，争取获得最佳的教师培训效益。

教师绩效评价研究 *

校长在办学的过程中，应努力构建教师评价的有效机制，以利于提高教师的整体素质，促进教师职业成熟，提高学校的教育质量。

一、什么叫教师绩效评价

教师绩效评价，顾名思义，在于通过对教师教育工作行为的测量和价值的评估，并将评估的信息反馈给教师，以便教师做出自我调控，修正教育工作行为，更好地贯彻国家的教育方针和提高教育质量。

教师评价是学校管理工作的重要方面，科学地实施评价工作，使教师的行为不断地向预期目标靠拢，使人产生追求成功的工作动机，这是一个变外部压力为工作动力的激励过程，也是调动人积极性的过程。

众所周知，教师是育人者，其基本职责是教书育人、管教管导，它必须通过自身的工作行为才能实现。教师工作的主体因素，例如素质、能力和水平也是通过工作行为的表现，才能进行客观的判定。心理学认为，人的行为是在外部环境的影响和作用下，引发人的需要动机而产生的对外界的反应。那么教师工作行为就是教师个体与外部环境，包括与工作对象之间相互作用的行为表现。教师的素质和其履行职责的状况形成了教师工作的价值事实，从而构成了教师的工作绩效。教师绩效评价含有对教师教育工作行为"量"的测定和"质"的估计。这种绩效与评价的关系可以表述为：

$$评价 = 测定数量（程度、水平）+ 价值判断$$

根据教师应该履行的职责，应该具备的素质能力及实际工作的要求，可将教师工作行为分为三个递进的层次：

---

* 此文为《新世纪与师资队伍》（赵连根著，辽宁人民出版社，1998）的第四章第四节，略有删改。

第一层次是教师工作的常规行为，是指作为一名教师在学校教育中应该遵循的基本行为，这是做好教师工作的基础。

第二层次是教师工作的专业行为，它是对作为一名教师应该履行职责的概括，也是教师能否胜任工作的标志。

第三层次是教师工作的进取行为，它反映了满足教师劳动需要和教师职业成熟的行为要求。只有在政治上和业务上不断进取并进行创造性工作才是一名好教师。

教师的常规行为、专业行为和进取行为反映了学校教师劳动的规范性、专业职能和需要不断发展的行为要求，而且从层次上能够区分出教师工作从基础到合格、良好发展的递进关系。从这一教师绩效评价设计思想出发，我们可设计出一套能够充分体现主客体一致的教师绩效评价的指标体系，以便对教师行为的价值事实做出客观的判定。

校长及教师本人都可运用教师绩效评价量表对照教师的工作行为实际，从教师群体中区分出不同的层次和水平，运用目标激励，让教师自觉地为自己确定进取目标，逐步向成为好教师的理想目标而努力。为了有效地进行教师绩效评价工作，校长还应针对本校实际建立相应的一系列管理制度，运用制度激励的方法，逐步建设和形成一套教师管理工作的科学程序。有效地进行教师绩效评价将有利于创造一种激发教师的责任感和创造力，以及在教师群体中出现你追我赶的工作氛围，形成学校组织的活力，这种积极的组织氛围又成为促进教师工作精益求精、向职业成熟发展的动力。总之，校长可通过教师绩效评价工作，对教师实行目标激励、制度激励、环境激励，从而使师资队伍在发展的过程中达到整体优化。

二、实施教师绩效评价的基本要求

评价工作有一定的要求。这种要求应充分体现评价工作的基本思想和原理，充分发挥评价的指导功能和管理功能，促进教师向职业成熟发展，推动学校的科学管理。有效地进行教师绩效评价应该遵循下列要求：

(一) 评价依据具有客观性

教师绩效评价必须从客观事实出发，使评价的过程符合客观事实。就是说研究者、评价者、被评者都要采取客观的、实事求是的态度，以充分的事实为依据，运用科学的认识工具，对教师工作的不同绩效做出客观的科学判定。其中包括制订教师绩效评价的指标体系、确立工作行为标准、确定权重计量体系，及评价工作的程序和实施方法等方面都要能够客观地反映教师劳动的本质特征，反映教师的工作过程中的内在联系，并区分出客观存在的不同工作绩效，通过学习统一认识，使评价者和被评者尽可能克服认识障碍，对教师工作的价值事实做出科学的判定。尽管评价是一种主体性的认识和反映，但是科学的评价应该反映评价的主客体之间所形成的一种客观的价值事实。只有这样才能通过教师绩效评价，达到改进教育工作，提高工作质量并促进教师向职业成熟发展的目的。

（二）评价目标具有导向性

教师工作绩效反映了教师实现国家教育目标的工作过程和目标的达成度，同时也体现了教师主体的思想、素质、能力和教育影响水平的状态。教师绩效评价的实施过程，实际上是控制并指导教师实现教育目标的具体化过程。经过对教师每一阶段的工作绩效评价，也就是通过评估，对教师工作行为进行一次调整和控制，进行目标导向，把教师的工作行为纳入合乎实现教育目标的行动过程。

对教师工作价值事实进行判定离不开教师完成教育目标的情况。目标导向行为旨在运用教师评价的工具，通过评价了解教师行为的状态，经过分析指导，修正教师工作行为或阶段目标，以达到实现教育目标。这样从评价指标导向到具体的行为指导，再从指导到评价，形成了一个良性循环，这一过程正是提高教师有效行为的过程。因此，评价教师行为的指标体系必须具有导向性，坚持国家对教师的要求，反映教师劳动的本质属性，构建一套以工作绩效为中心的指标体系和评价实施方案，才能保证学校工作的正确方向和提高教育质量。遵循导向性原则，对于通过评价推动学校科学管理和提高教师工作行为效能无疑是至关重要的。

（三）评价过程具有激励性

事实证明，运用评价手段客观地、公正地区分出教师中不同的工作绩效和水平，通过评价推动教师有效地完成工作目标的行为过程，本身就具有激励的意义。

教育工作需要不断地创造、不断地进取。因此，学校领导要运用考核、评价、奖惩等手段，激发鼓励教师内在工作动力，调整教师潜能，使教师处于学有所得、教有所长的状态。校长应以评价为中心，建立一个科学、公平的激励机制，使教师从比较与选择中尽可能地全身心投入教育工作，促进教师的职业成熟，使教师在知识、经验、能力和个性品质等方面达到与教师职业相适应的程度。总之，科学地评价教师必须重视激励，增强教师的事业心、责任感、挑战感和成就感，提高教师的成熟度，推动学校群体发展，形成良好的教师工作集体。

（四）评价手段具有可操作性

可操作性包含三层意思，即评价指标体系的可判性和可行性；评价的全过程能为教师理解和接受；评价工作要与学校管理制度和要求一致。教师绩效评价指标体系要体现教师劳动的本质特征，而且要符合教师工作的规律和学校的客观实际。评定的条目和等级标准应简明清晰，能为人理解和接受。同时评价的程序、方法和计量、测试都要科学明确，简单易行，便于实施。例如让教师能对照评价量表，自觉地增强自我调控能力，愿意以最大的心力投入自己的工作，明确责任，努力改进工作。总之，要使评价工作中的主客体双方都在思想发动、掌握标准、确立评价程序到复议评价结果的全过程中能够认真地、理智地积极参与，清除消极心理，使评价产生实际的效果，通过评价使学校更加团结，产生新的合力，不断增强学校的凝聚力。

三、教师绩效评价量表的构成

（一）教师绩效评价量表的结构

在《教师绩效评价研究与实践专辑》中提出的量表是以教师工作行为的特征为逻辑线索，把教师工作行为的主因素和子因素组合起来，构成教师绩效评价的指标体系，即教师工作行为系统是由常规行为、专业行为、进取行为三部分组成的。量表的一级指标，就是根据这三个因素来设计的，每一个一级指标内，又分别包含16项二级指标。这一量表模式的设计，是以客观事实为依据，力图反映教师工作行为的客观过程。教师的素质、能力和水平是通过教师外显的工作行为体现出来的，这种工作行为的表现既是教师的教育行为有效程度的显示，也是教师内在素质、能力和水平高低的反映。上述三个一级指标和16个二级指标就是围绕教师工作的绩效，抓住影响教师工作行为的绩效的各种因素，进行反复筛选以后确定了量表的指标体系。该评价量表结构表如下：

以下对教师绩效评价量表设计做一说明：

1. 常规行为

常规行为是评价教师工作行为的基本点。管理学原理指出任何单位，为了工作的正常开展，为了维系群体的正常秩序，既有明文规定的规章制度，也有约定俗成的不成文规矩，它是保证企业或事业单位工作有序运行的机制。可见，常规行为是一种带有普遍性的工作行为要求。

作为在学校工作的教师，其常规行为主要表现在哪些方面呢？我们按照教师绩效评价的理论假设，从目前学校所处的实际状态筛选出四项二级指标，即工作出勤、服从分配、工作负荷和合作共事。教师到校工作，不但要遵守学校的考勤制度，而且要服从学校的工作安排；不仅要完成所承担的满负荷工作量，而且要在工作的过程中，注意合作共事。这四项二级指标是构成常规行为的相互联系的整体。它是学校对教师的基本要求。只要教师到校工作，其常规行为的表现，就离不开这四个方面。因此，把这四个方面作为常规行为的二级指标，对教师在校的常规行为的表现，就能做出比较正确的评价判断。

一个具有良好的常规行为的教师，其态度无疑是较为认真的。而一个常规行为不太理想的教师，其工作态度显然不会端正，也很难想象他会热爱自己所从事的职业并取得良好的工作绩效。所以，我们把常规行为作为教师绩效评价量表的基本点和出发点。

2. 专业行为

专业行为是评价教师工作行为的重点。为什么要以专业行为作为评价的重点呢？因为任何行业都要把该职业的专业行为的特殊性作为评价的重点，否则，就无法反映该行业职业行为的特点，以使与其他行业的职业行为区分开来。问题的关键在于能否正确地把握专业行为的本质特征，并进行客观的评价。

教师专业行为的本质特征是什么？我们以教育的职能、教师劳动的特点、有关教师职责的法令规定，及有关教师方面的研究成果为依据，认为教师专业行为可以概括为"教书育人、管教管导"。教书育人是教师专业行为的本质特征，是实现社会主义教育目的的基本保证。教书、育人两者是不可分割的统一体。所以教师的专业行为，实际上包含教学和育人两大方面。

抓住了教师专业行为的本质特征以后，就紧紧围绕"教书育人"的工作实际，提炼出评价教师绩效的二级指标。该项研究确定了八项二级指标，其中反映教学方面的有教学内容掌握、设计教法、组织教学、教学成效四项二级指标，反映教育方面的有培育品德、培养学风、待生态度、为人师表四项二级指标，以八项二级指标反映教师的专业行为特征。

作为一个教师，要胜任教学工作，除了具有坚实的专业知识以外，还必须理解、把握课程大纲和教材，这是教学的基础。在这一基础上，才能进行一定的教学设计活动，这是因为教学的对象是活生生的人，教学又是一种创造性劳动的过程，是从教学对象的实际出发，对课程大纲和教材教学再创造的过程。这样，设计教学方法、环节、过程是不可缺少的重要方面。紧接着就要组织教学实施，即对教学方案的实践过程。在实施过程中，要注意对教学方案的操作和调控，实现教学方案中所确定的教学目标。在通常情况下，学生的学业成绩和学习能力的变化则是教学方案实施结果的具体表现。因此，我们应将学生学业成绩和学习能力的变化作为评价教师教书质量的重要依据之一。以上四项二级指标构成了教师教学行为的要素。教师教学行为的整个过程始终离不开这四个要素；倘若抓住这四个要素，就能对教师教学的绩效做出评价。

搞好育人工作，是教师专业行为的又一方面。虽然教师教学行为中蕴含着育人的成分，但我们这里是从伦理的价值系列来分析学生道德品质的形成、行为规范的养成、正确处理师生关系等方面的教师工作表现。我们从教师的基本职责中筛选出教师育人行为的四项二级指标。即培育品德、学风培养、待生态度、为人师表。前两项是对学生的教育内容范畴来说的，后两项是对教育者与被教育者之间的关系来说的。

当前，学生的道德品质教育是一项十分重要的内容，教师的育人行为必须反映学生品德培养的基本要求。另外，在校内学生的社会实践活动主要是学习，主要任务也是学习，在学习过程中培养良好的学风，是师生共创学校文化的重要反映，因此，这就构成教书育人行为评价的二级指标，也是教师教书育人融于一体的主要方面。

同时，在学校教育中教育活动是主客体互动的过程，在这一过程中师生之间关系直接影响学生的成长。教师怎样处理师生关系是重要的评价内容。首先反映在教师对教育对象的态度上，其次是表现在教师行为的示范性上。前者要求教师要以满腔热情的态度去爱学生，对学生全面关心，全面负责；后者要求教师要为人师表，以自己的模范行为去影响、感染和带动学生，在学生和家长中留下美好的印象。我国《义务教育法》第十四条中就规定了教师必须爱护学生忠于职责。[①]我们认为教师的待生态度是教育观、学生观的直接反映，为人师表也是教师劳动态度的根本所在。在教师的育人行为中，这两方面做得越出色，品德培养和学风培养也就越成功。

综上所述，教师专业行为中 B5—B12 的二级指标组成教师教书育人行为的整体，也就成为对教师教书育人的专业行为进行评价的依据。

3. 进取行为

在教师的工作行为中，除了常规行为和专业行为外，还有进取行为，这也是教师劳动的特性和专业发展要求所决定的。我们认为在教师的工作行为中，倘若常规行为和专业行为相符合，可称得上是一名合格的教师。但是，教师劳动是一项创造性的实践，教师工作行为具有探索、进取特征，教师是否在创造性地进行工作，可以在进取行为中获得证实。根据教师进取行为的表现，我们筛选出四项二级指标，即政治提高、业务进修、教研活动和教育科学研究。这四项二级指标集中概括了在社会主义学校工作的教师专业发展的要求，自觉地学习马克思列宁主义理论，参加社会政治活动，这是教师进取行为中的重要组成部分。此外，教师还必须坚持参加业务进修，不断充实业务知识，优化知识结构，提高教育、教学能力，适应时代要求。教师以积极进取的精神参加政治学习、业务进修，是逐步达到教师职业成熟的必要条件。教师应该自觉地学习，并以理论指导实践，展

---

① 北京教育行政学院编写：《教育法概论》，学苑出版社，1989，第 25 页。

开教研、科研工作，有效地解决教育、教学中的各种问题，创造性地进行工作，促进教育事业的发展，满足教师自我发展的心理需要，使教师的专业行为具有更为成熟的表现。

进取行为中的四项二级指标相辅相成，具有内在的联系，集中概括了教师的专业进取精神，是对教师的进取行为进行评价所必不可少的。

通过对量表一级、二级指标的分析，可以看出，教师的工作行为是由常规行为，专业行为、进取行为三部分组成的。而这三部分又分别包含着相应的行为要求。它们之间的内在联系和结构关系，形成一个完整的教师工作行为系统。如常规行为、专业行为、进取行为就分别代表了教师工作行为的三个不同水平和发展的层次。教师的工作行为不仅要与常规行为、专业行为相符合，而且要与进取行为相一致，才能称得上是一位好教师。

根据绩效评价的目的和原则，我们制订了绩效评价的参照标准。对每一个二级指标分为四等：优秀、良好、合格、不合格。在每一个二级指标的参照标准体系中都隐含着理想目标、可达目标、必达目标和未达目标四个层次。这是因为每一个教师的工作行为是不一样的，一个教师的工作行为在不同的阶段也是不一样的。绩效评价的目的就是要把教师群体中每一个教师的工作行为大致上区分开来，使教师通过绩效评价能够诊断现状，发现问题，明确努力方向，使学校领导通过对教师绩效的评价，了解教师队伍的情况，采取措施，提高教师素质，激励教师发奋工作，把学校管理工作推向更高的水平。

（二）教师绩效评价量表的特点

1. 该量表以教师工作行为系统的理论假设为基础

指标体系是从教师工作行为中筛选出来的，它抓住了揭示工作行为的本质特征，再对教师工作行为的不同程度绩效进行评价。通过对教师行为绩效的科学评价，能够较为客观地反映教师工作水平的高低和实际状态。

2. 该量表将形成性评价和终结性评价结合起来

形成性评价用于促进工作的变化，终结性评价反映工作的效果。只有把两者较好地结合起来使用，才能把教师工作行为的整个动态发展变化过程客观地体现出来。

该项教师绩效评价方案，既考虑终结性评价，也重视形成性评价。形成性评价的做法是：首先，教师和校长对照量表，提出教师的工作行为有何弱点或缺点，据此，定下 3—5 个改进目标，作为教师改进工作行为的重点；其次，教师和校长共同商定改进工作行为的途径和方法，并且共同商定检查改进工作行为的指标；最后，校长检查教师改进工作行为的情况，验收改进工作行为的质量，再决定教师改进工作行为的新目标。这是一个连锁的循环过程，在这个过程中教师的工作行为不断地得到改进，使教师不断地成熟起来。显然，无论是终结性评价，还是形成性评价，两者应当结合使用，只有互为补充，才能相得益彰。

3. 该量表实施将定性的方法与定量的方法结合起来

早期的教育测量极为重视与推崇定量的方法。美国心理学家桑代克在 1904 年就提出过一个著名的观点："凡是存在的都存在于数量之中，凡有数量的都可以测量。"（《心理与社会测量导论》）客观世界任何事物都是质和量的统一，因此，在原则上都可以进行定量分析，用数学来描述。由于教师工作行为的复杂性，工作过程长期性，工作行为价值的迟效性、间接性，评价教师的工作，必须是定性与定量的统一。

那么，如何将教师绩效评价的标准数量化呢？我们可以把标准分为两类：一类是易量化的，我们称它为硬指标；另一类是不易量化的，我们称它为软指标。硬指标可以直接统计具体数字，求出百分比或用统计公式算出结果。软指标则可先用"模糊标准"，如等级、"程序语言"或文字标准表述，再运用"加权综合评判法"计算出结果值。事物性质是"一种质的规定性，而同一质的不同程度之间的差异则是一种量的区别，质量互变规律表明，事物发生根本性质变化前，是一种量的不断渐进，即不同发展阶段的连接"。正如美国自动控制专家理查德所说的："模糊性所涉及的不是一个点属于集合的不确定性，而是从属于到不从属于的变化过程的渐进性。"①采用"模糊标准"，就可以运用模糊数学，在定性的基础上，定量地研究教师绩效的评价问题。

在教师绩效评价中，采用定性与定量相结合的方法不仅能使教师的绩效真实地反映出来，而且能帮助我们从不同的方面认识教师的工作行为，以得出一个比较符合实际的结果。

四、如何进行教师绩效评价

（一）熟悉量表，掌握标准

教师绩效评价，是学校管理工作的重要一环，客观、公正、科学地开展绩效评价，能促进学校的科学管理。教师绩效评价也是教师自觉地调整其工作行为，并进行创造性的劳动所不可缺少的反馈条件。教师对其工作行为标准和要求认识得越深刻，其工作行为的质量就越高。因此，为了使绩效评价工作顺利进行，达到预期的目的，就要使评价者（主要是学校管理者）和被评价者（教师）对绩效

---

① 张铁明：《教育现象的模糊性及其对教育理论数量化研究的几点启示》，《学术研究》1985 年第 5 期。

评价有一个正确的认识，强调绩效评价的导向、激励以及自我完善的作用，以积极认真的态度参加绩效评价。通过宣传、学习，要熟悉绩效评价量表的内容、标准以及操作方法，统一认识，统一尺度。在评价的过程中，评价者要准确地搜集大量有关信息，全面真实地反映教师工作行为的状态，以保证绩效评价的客观性。被评价者要以评价指标和参照标准，对照检查自己的工作行为，找出差距，改进工作。

（二）搜集信息，整理资料

获得绩效评价的各种信息是搞好绩效评价的前提。无论是终结性评价，还是形成性评价，都离不开信息。有了大量丰富的有关绩效评价的信息，才有可能对教师的工作行为进行客观的分析，才可能对教师的工作绩效做出正确的评价。因此，为了搞好对教师绩效价值判定的工作，评价者应十分重视绩效评价信息的获取工作。绩效评价信息的来源是多方面的，如教师出勤情况，教师备课、上课、批改作业的情况，指导预复习、个别辅导的情况，学生学业成绩测定的结果，听课评课，公开教学，教研计划，经验总结，论文发表，家长和学生座谈会，问卷调查，与教师面谈，等等。最好能建立信息库，形成信息输入、处理、储存、输出的网络。尽管收集信息、整理资料的工作量大，且费时多，但它使绩效评价更为客观、公正、合理。从这个意义上说，是非常值得的。

（三）综合分析，全面评价

在全面进行评价时，一定要根据量表的指标和参照标准对被评价者的有关材料及现实的工作行为表现进行综合分析，然后再做评判。评价的方式可以有下列三种：1. 自评：即被评价者根据评价标准，回顾自己工作行为的表现，对照比较，填写评价表。2. 互评：即由教研组或年级组其他成员对被评价者进行评价，填写评价表。3. 评委会评价：即由校长、教导主任等组成评委会。评委对每位教师的工作行为表现进行认真分析讨论，认真参考学生评价、教师自评、互评的结果以及搜集的信息资料，一项一项给出档次。同时，要注意对一个组内的各位教师掌握标准的尺度一致，也要注意各个组之间掌握标准的尺度一致。这几种评价方式是否一定要同时采用，这倒未必。评价者可根据不同时期、不同阶段、不同对象的评价目的和要求，灵活使用，只要能达到预期的目的就可。

（四）统计数据，反馈结果

评价小组要汇总评价量表，计算或上机处理各项评价指标的评价数据，获得评价的结果。

无论是形成性评价还是终结性评价，评价小组都应对评价的结果进行认真的分析，然后把评价的结果反馈给被评价者。反馈评价结果的目的是为了调查改善教师的工作行为，因此，在反馈评价结果时，一方面要肯定被评价者所取得的工作绩效，另一方面要帮助被评价者找出存在问题的原因，明确今后的改进方向。同时，还应征求被评价者对整个评价工作的意见，以便改进评价工作。

五、教师绩效评价应注意的问题

教师绩效评价的目的在于激励教师提高教师的工作效能。因此，在整个评价过程中必须注意确立教师的主体意识。同时，注意教师绩效评价的环境、心理、学术因素。

（一）环境因素

学校是教师工作的基本环境。校长要努力创造具有进取意识的学术环境和人际环境，创造团结、友善、和谐的气氛，这是顺利地进行绩效评价工作的基本条件。同时，校长应遵循教育管理的规律，建立稳定的学校工作秩序，以提高教育质量和学术水平为中心，积累一套能够反映教师工作绩效的分析资料。在搜集信息过程中，要加强教师之间良好的人际沟通和人际交往，形成良好的学校心理环境。

（二）心理因素

教师具有追求"平等、效率、公正"的心理需要，同时也具有选择成长和自我发展的创造需要。客观、公正地对教师绩效进行评价，可以增进教师对自身价值和工作的社会价值的认识，产生愉悦的情感体验。如果绩效评价的结果与教师实际情况相比发生较大的差别，无论结果过高还是过低，都会失去绩效评价的激励功能，产生不信任、不公平感等负效应，必定挫伤教师的积极性。因此，评价的主客观的心理状态控制十分重要。被评教师如果能够辩证地分析和评价自己的工作，就能接受他人的意见，找出改进自己工作的方向。但是，在教师评价中，往往会出现一些心理障碍。例如，被评者为了保护自己，极力"扬长避短"，或不敢自我肯定或否定，或"唯恐吃亏"，等等。评价者或感情用事，或抱有成见，使评价结果失真，使客观的绩效难以区分。

所以，校长要掌握评价过程中主客体的心理因素，使教师端正态度，消除消极心理，使评价工作发挥良好的效果。

（三）学术因素

评价工作的全过程要符合科学要求，充分反映客观事实，尊重事实。应该说，教师绩效评价运用的评价方法和技术，抓住了教师行为特征的主因素，能对教师在教育教学过程中产生的常规行为、专业行为、进取行为做出客观的价值判定。以教师绩效评价为核心建立起有效的激励机制，是形成学校管理控制系统的要素之一，校长要激发教师的自信心、责任感和成就欲，不断改进教师的教育行为，最终促进教师的职业成熟。

附录一：教师绩效评价指标体系 *

一、说明

本体系供学校系统对教师绩效评价使用。依据是教师在校内行使职责过程中的工作行为；工作行为的观察、资料的采集以一学期或一学年为时间范围；评价主体应以熟悉评价对象的校方领导和有关代表构成；评价结论应包括总体结论和突出问题项目的行为事实，以利于教师在今后工作中巩固长处和调整短处。

二、评价要素、标准规定与权重分配

A1　常规行为（0.25）

B1　工作出勤（查考勤记录表）（0.2）

评价遵守学校出勤制度情况

优（9）：遵守学校出勤制度，出满勤，不迟到，不早退。

良（7）：遵守学校出勤制度，因合理原因缺勤、迟到、早退并事先请假，不超过规定数量。

中（5）：偶尔有不合理原因缺勤、迟到、早退现象，事后主动补假，不超过规定数量。

差（3）：常有无故缺勤、迟到、早退现象，或请假次数超过规定数量。

B2　服从分配（0.35）

评价接受工作安排的行为

优（9）：从全校工作需要出发，主动承担困难任务，主动接受边缘职责工作任务。

良（7）：服从学校工作安排，不计较、不挑剔，一般能乐意接受边缘职责工作任务分配。

中（5）：通常能接受学校工作安排和边缘职责工作任务分配。

差（3）：对工作安排挑剔、计较，只能部分接受边缘职责任务。

＊　该指标体系由《教师绩效评价研究》课题组共同研制，本人是课题组成员之一。 成果发表于《教育管理》（增刊）1993 年。

B3 工作负荷（查工作量统计表）(0.3)

优（9）：超职责规定工作量，承担大量边缘职责工作。

良（7）：达到职责规定工作量，承担少量边缘职责工作。

中（5）：基本达到职责规定工作量，承担部分临时性边缘职责任务，可以补足职责规定工作量的不足。

差（3）：未达到职责规定工作量，承担的边缘职责任务还不能补足职责规定工作量的不足。

B4 合作共事（0.15）

评价校内教师群体中工作关系协调情况

优（9）：主动配合、乐于助人、关系融洽。

良（7）：能互相配合、合作共事。

中（5）：在职责范围内尚能协调共事。

差（3）：工作中共事有困难。

A2 专业行为（0.49）

B5 教学内容掌握（查备课笔记与教研活动表，教师公开课评价表）(0.16)

评价掌握教学大纲和教材的程度

优（9）：深刻掌握教学大纲和教材，具有独到见解，可以起指导作用。

良（7）：熟悉教学大纲和教材，可以胜任教学。

中（5）：基本掌握教学大纲和教材，存在个别问题需讨论。

差（3）：教学大纲和教材内容掌握有一定困难，不少问题需要帮助。

B6 教学设计技术（0.14）

评价掌握教学方法、教学过程的设计

优（9）：能根据教学要求和实际，熟练设计有针对性和创造性的教学方案。

良（7）：能适应全部教学一般需要，设计教学方案。

中（5）：教学组织和教学方案落实，基本适应教学需要。

差（3）：教学组织和教学方案落实有一定困难，需要帮助和锻炼。

B7 教学实践过程（0.16）

评价教学活动组织过程和教学方案落实本领

优（9）：教学组织和教学方案落实经验丰富，富有个性和特色。

良（7）：能驾驭教学过程，落实教学方案，有一定教学经验。

中（5）：教学组织和教学方案落实，基本适应教学需要。

差（3）：教学组织和教学方案落实有一定困难，需要帮助和锻炼。

B8 教学成效（查学生问卷反馈表）(0.10)

评价所任教班级学生学业成绩变化及学习能力变化

优（9）：学生学业成绩标准分上升显著，优秀率、合格率均提高，绝大多数学生学力提高明显，学科竞赛或兴趣小组获竞赛等奖。

良（7）：学生学业成绩标准分有上升，合格率也有提高，学生学习能力有提高。

中（5）：学生学业成绩标准分稳定，合格率也稳定，多数学生学习能力没变化。

差（3）：学生学业成绩标准分下降，合格率也下降。

B9　学生品德培育（查主题班会评价表）（0.10）

评价在教学活动和学校其他活动中对学生德育的情况

优（9）：十分重视在教学活动和学校其他活动中对学生的德育，随时在职责内外主动解决学生的实际品德问题。

良（7）：能注意在教学活动和学校其他活动中对学生的德育，在职责内能主动解决学生实际品德问题。

中（5）：在职责内的教育活动中，能注意对学生德育，尚能解决职责内的学生实际品德问题。

差（3）：在职责内的德育不落实，不注意解决学生实际品德问题。

B10　学风培养（0.08）

评价在教学活动中对学生集体学习行为培养的情况

优（9）：能依据学生集体的特点，有计划、有步骤培养正确的学习方法、学习习惯和相应的行为规范，成为集体的良好风气。

良（7）：能在学生集体中养成适应教学需要的稳定的预复习、订正作业、交作业、课堂活动的行为规范。

中（5）：注意到对学生集体中存在不良学习行为的纠正，班级教学中有起码的行为规范要求。

差（3）：班级教学中缺少起码的集体学习规范，难以维持正常教学。

B11　待生态度（0.08）

评价在教学活动和学校其他活动中关心、爱护学生的情况

优（9）：在职责内外能对学生的学习、生活全面关心，并努力在自己力所能及的条件下主动给予帮助，师生关系良好。

良（7）：在职责内能对学生的学习、生活给予关心，并能给予帮助，师生关系尚好。

中（5）：在职责范围内注意到学习、生活较困难的学生，并能给予适当的帮助。

差（3）：在职责范围内缺少对学生起码的关心，师生关系疏远。

B12　为人师表（查家长问卷反馈表）（0.18）

评价教师在校内外行为及以身作则的示范性

优（9）：模范遵守师德规范，言教、身教并行，在师生、家长中异口称赞。

良（7）：认真遵守师德规范，在职责范围内注意以身作则，师生、家长反映良好。

中（5）：没有违背师德规范的基本要求，在职责范围的主要方面能以身作则，师生、家长没有异议。

差（3）：有突出违背师德规范的一些情况，师生、家长颇有议论。

A3 进取行为（0.26）

B13 政治学习和社会活动（0.27）

评价参加政治学习和必要的社会活动表现

优（9）：积极参加政治学习和必要的社会活动。

良（7）：态度端正，主动按时参加政治学习和必要的社会活动。

中（5）：一般情况下，政治学习和必要的社会活动能准时参加。

差（3）：缺少政治学习和参加必要的社会活动的热情，并伴有厌烦情绪。

B14 业务进修（查学习进修情况记录表）（0.27）

评价参加职后培训、业务进修活动情况

优（9）：积极参加各类业务进修和职后培训活动，成绩优良，并主动根据自己业务能力提高的需要，坚持有计划、系统地自学理论，效果显著。

良（7）：能参加各类业务进修和职后培训活动，成绩合格，有时也能根据需要自学一些理论，学识上有长进。

中（5）：按规定如期完成职后培训任务，参加必要的进修活动。

差（3）：没完成规定的职后培训任务，只偶尔参加一些进修活动。

B15 教研活动（查教科科研成果登记表）（0.31）

评价参加教学研究活动及成效的情况

优（9）：积极参加教研活动，教学观摩有创造性和启发性，教育经验总结（含教具、软件等）在市级刊物或专业会议上交流。

良（7）：认真参加教研活动，教学观摩认真严谨，教育经验总结（教具、软件）在区级刊物或专业会议上交流。

中（5）：能参加教研活动和开展教学观摩，注意教育经验总结，能一定程度提高自身业务能力。

差（3）：不重视教研活动，教学观摩马虎，教育经验总结不认真。

B16 教育科学研究（0.15）

评价结合工作需要开展教育科学研究的情况

优（9）：掌握教育科研的一般程序和基本方法，能主持某项课题研究，获区或市评审等第奖。

良（7）：有教育科研的意识，掌握一定的基本方法，能结合工作需要进行专题总结或研究，撰写小文章。

中（5）：有教育科研意识，结合工作需要进行一些专题总结。

差（3）：没有科研意识，不能根据工作需要进行专题小结。

附录二：教师绩效评价量表示例 *

B级指标		指标内容	评价标准				备注
权重	子因素		优秀(9)	良好(7)	合格(5)	不合格(3)	
0.2	B1 出勤工作	1. 遵守学校出勤制度的情况	模范遵守学校规定的出勤制度	基本出全勤，偶有缺席迟到或早退现象，但能事先说明原因	略有病事假及迟到、早退现象，能说明原因	病事假每月超过规定天数或常有无故迟到、早退现象	查考勤记录
0.35	B2 服从分配	1. 接受工作安排的情况	有全局观、工作主动、勇挑重担	服从安排，能挑重担	服从安排	对工作安排计较、挑剔，没有全局观念	
0.3	B3 工作负荷	1. 承担工作的数量	超工作量	达工作量	基本达工作量	基本未达工作量	工作量标准按各校惯例确定，查记录
0.15	B4 合作共事	1. 合作态度	关系融洽，乐于助人	关系较好，能关心他人	关系一般	关系不协调	
0.16	B5 掌握内容	1. 理解、把握课程大纲 2. 钻研、处理教材	熟练掌握大纲、刻苦钻研教材；处理教材科学	正确掌握大纲，认真钻研教材；处理教材合理	基本掌握大纲，能钻研教材；处理教材较合理	不完全掌握大纲，不认真研究教材；处理教材有缺陷	查备课笔记，教研活动记录
0.14	B6 设计教法	1. 研究、设计教学方法	能针对实际研究和设计教学方法	能经常研究和设计教学方法	能研究和设计教学方法	不注意研究和设计教学方法	听课记录师生反映记录
0.16	B7 组织教学	1. 把握教学环节 2. 发挥主体作用	紧扣教学环节，精心设计教学，善于调动主体，富有教学特色	抓住教学环节，认真设计教学，注意调动主体，尚有教学特色	围绕教学环节，合理组织教学。主体作用有所发挥，教学符合要求	未抓住教学环节，组织教学不合理。主体作用未能发挥，教学不符合要求	

---

* 该评价量表示例由《教师绩效评价研究》课题组共同研制，本人是课题组成员之一。成果发表于《教育管理》（增刊）1993年。

B级指标		指标内容	评价标准				备 注
权重	子因素		优秀(9)	良好(7)	合格(5)	不合格(3)	
0.1	B8 教学 成效	1. 学生学业成绩的变化 2. 学生学习能力的提高	学生考试成绩标准分进步显著,优秀率高,留级率低,提高I≥0.5。绝大多数学生学习能力提高明显,所教学科或所带兴趣小组竞赛获市以上等第奖	学生考试成绩标准分进步明显,优秀率较高,留级率较低,提高率0＜I＜0.5。大多数学生学习能力提高较明显,所教学科或所带兴趣小组竞赛获区级等第奖	学生考试成绩标准分有进步,合格率有所提高,提高率I＝0。多数学生学习能力有所提高,所教学科或所带兴趣小组竞赛获校级等第奖	学生考试成绩标准分没有上升,合格率低,提高率I＜0。学生学习能力未能得到提高,所教学科或所带兴趣小组竞赛未获任何奖	(1) 查学生考试成绩计算机处理分析表。 (2) 提高率公式: $$I=\frac{班级平均分}{年级平均分}-\frac{上次班级平均分}{上次年级平均分}$$
0.1	B9 培育 品德	1. 教学中渗透德育 2. 学生品德、行为的培养	德育渗透效果好;学生品德、行为进步显著	德育渗透尚好;学生品德、行为有较大进步	德育渗透一般;学生品德、行为有一些进步	不重视德育渗透;学生品德行为无多大变化	
0.08	B10 培养 学风	1. 学习目的性教育 2. 学习习惯的训练	强化学习目的性教育,有计划、分步骤训练学习习惯,形成良好学风	重视学习目的性教育,注意学习习惯训练,学风培养	注意学习目的性教育,对学习习惯、学风有一定要求	不重视学习目的性教育,忽视学习习惯训练、学风培养	
0.08	B11 待生 态度	1. 关心、热爱学生情况 2. 师生关系	热爱学生,全面负责,偏爱和教育差生,师生关系好	关心学生,全面负责,重视差生转化工作,师生关系尚好	尚能关心学生,注意差生工作,师生关系尚可	对学生冷漠,不负责任,师生关系不融洽	
0.18	B12 为人 师表	1. 师德示范性 2. 在师生和家长中的印象	自觉遵守师德规范,在师生和家长中反映好	认真遵守师德规范,在师生和家长中反映良好	注意遵守师德规范,在师生和家长中反映尚可	不注意遵守师德规范,在师生和家长中有不良反映	座谈和问卷反馈
0.28	B13 政治 提高	1. 参加政治学习情况 2. 社会活动	政治学习态度积极,准时参加,围绕讨论题踊跃发言,社会活动积极	政治学习态度端正,按时参加,围绕讨论题认真发言。能参加社会活动	社会活动与政治学习态度较认真,能围绕讨论题发言	社会活动与政治学习态度冷淡,经常不能按时参加,很少围绕讨论题发言	
0.26	B14 业务 进修	1. 完成进修任务(除学历达标外)情况 2. 个人自学进修情况	如期完成进修任务、成绩优秀;坚持有计划地自学进修,教育教学能力提高明显,有效地完成教研工作	如期完成进修任务,成绩良好;坚持自学进修,教育教学能力提高较明显,认真完成教研工作	如期完成进修,成绩合格	不能按时完成进修任务	

| B级指标 | | 指标内容 | 评价标准 | | | | 备注 |
权重	子因素		优秀(9)	良好(7)	合格(5)	不合格(3)	
0.31	B15 教研工作	1.参与、承担教育教学研究工作的情况 2.教研成果	在专题研究中起组织指导或骨干作用。公开教学效果好。教育教学经验总结在市以上专业会议上交流或刊物上发表,在市以上获等第奖	在专题研究中起骨干作用,公开教学效果较好。教育教学经验总结在区以上专业会议上交流或刊物上发表,在区以上获等第奖	坚持参加教研活动,完成组织交给的教研工作或参加专题研究。公开教学有一定效果。教育教学经验总结有一定质量	不能坚持参加教研活动,也不能如期完成组织交给的教研工作。公开教学效果不理想。教育教学经验总结马虎	
0.15	B16 科研工作	1.参与承担教育科研工作的情况 2.科研成果	掌握教育科研的基础知识和基本方法,教育科研能力强。教育科研成果获市以上等第奖	有一定的教育科研的基础知识和基本方法,教育科研能力较强。教育科研成果获区以上等第奖	初步了解教育科研的基础知识和基本方法。能在他人指导下尝试进行一些研究。教育科研文章获校级等第奖	缺乏教育科研的基础知识和基本方法,无能力从事教育科研	

教师激励机制研究 *

　　学校管理的一个重要任务，就是要最大限度地调动教师的工作积极性，学校领导要通过教师工作动机的激发，唤起教师对工作的高度责任感，调动教师对工作的主动性和创造性，使教师的工作行为处于积极状态，以提高教育教学质量和工作效率。人的积极性的激发和保持在管理学中一般统称为激励。因此，学校管理必须运用激励原理，建构科学的教师激励机制。

一、什么叫激励

　　人的需要、动机是内在的心理状态，要把这种心理需要转化为实现目的的外部行为，得有一定的外在因素去诱发、活化其相应的动机，产生行为的推动力，这就是激励。从心理学的意义上说，"激励是指激发人的工作动机的心理过程，它使个体受到某种内部或外部刺激的影响，产生和维持一种兴奋的状态，以有效地完成工作目标的行为过程。"[①]

　　在学校管理中，校长就是要研究在怎样的条件下，教师会把自己的教育教学工作当作一种乐趣和追求。教师的职业特点决定了教师应具有强烈的成就感、公平感和满意感。校长要使自己成为一个善于不断引发教师心理动力的激励者，就应认真学习和研究激励理论，产生有效的激励行为。

二、激励的主要理论

　　激励理论是研究人的需要动机和行为的规律，以激发和控制人的良好的工作行为的理论。人的需要、动机多种多样，人们从不同的角度、不同的途径来研究激励，就有各种激励的理论。下面根据教师的职业特点介绍几种影响较大、比较

＊　此文为《新世纪与师资队伍》（赵连根著，辽宁人民出版社，1998）的第四章第三节，略有删改。

①　吴秀娟：《学校管理心理学教程》，济南出版社，1991，第 57 页。

成熟、对构建教师激励机制有一定价值的理论，以供校长学习和借鉴。

（一）活化理论

这个理论是由美国心理学家斯克特提出的。他认为大脑皮质的兴奋状态和所受的刺激强度有关，刺激过弱不能引起兴奋，过强的刺激会产生超限抑制，只有强度适当的刺激才能引起相当稳定的兴奋。所谓"活化"是指从各方面来的刺激，引起大脑的兴奋程度。这就告诉我们，学校管理者应给予下级什么样的刺激，刺激强度多大才能引起下级的兴奋，从而调动他们的积极性，提高他们的工作效率。

心理学家经过实验证明：工作成绩与活化水平之间成倒置的 U 型曲线关系。如下图所示：

工作成绩与活化水平的关系

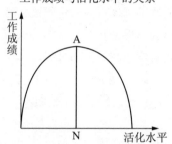

图1 工作成绩与活化水平之间的关系

当活化水平低时，人对工作的警觉和注意力低，感官不灵敏，肌肉缺乏协调，工作成绩就低；活化水平逐渐提高，在中间时，工作成绩最佳；活化水平再提高，工作成绩反而降低。因为高度的紧张会使肌肉失去控制，引起动作的瓦解或精神疲惫，达到极端时，会使反应混乱，这说明一个人的能力发挥有一个限度，不恰当的激励就起不到应有的作用了。

（二）期望理论

期望理论是美国心理学家费鲁姆（V. H. Vroom）提出的。这个理论的公式是：MF＝E·V。

MF 是激励的程度，指调动一个人的积极性，激发人内部潜力的程度。

E 是期待，指一个人对于特定的活动可能导致一个特定成果的信念。

V 是效价，是指个体对通过自己的努力所得到奖酬的重视程度。

这个公式表明，一个人对他所追求的目标的价值看得越大，估计能实现这目标的概率也高，那么他的动机就越强烈，激励水平也就越高，内部潜力也被充分地调动起来。

期望理论的核心是期望值。说明一个人积极性被调动的程度取决于各种目标价值和期望概率的乘积之和。当激励对象对目标价值看得越大，估计实现的可能性越大，这时激发的力量也就越大。

（三）公平理论

公平理论是美国心理学家亚当斯（L.S.Adams）提出的。主要是研究工资报酬的合理性、公平性对职工生产积极性的影响。人们总是习惯于把自己付出的劳动和所得的报酬与别人所付劳动和所得报酬进行比较，也会把自己现在付出劳动的所得与自己过去的劳动所得报酬进行比较，如果比较的结果证明是公平的、正常的、合理的，心情就会舒畅，就会努力地去工作；如果觉得自己比从事同类工作的人收入低，或是目前的收入不如过去，就会产生不公平感，甚至会产生怨气。

在人们产生不公平感时，往往会采取一些措施。比如，通过自我解释达到自我安慰；采取一定的行为，努力改变别人的收支状况；采取一定的行为，努力改变自己的收支状况；选择另一种比较，获得主观上的公平感；发牢骚，泄怨气，制造人际矛盾，甚至放弃工作。

公平理论告诉我们：产生不公平感更多的是主观的评价，是人们容易把自己估计过高，把工作报酬估计过低造成的；也告诉我们不仅要注意个体自身状态，还要特别注意人与人之间的相互影响，部门与部门、学校与学校之间的影响。

（四）双因素理论

这个理论是美国的心理学家赫茨伯格提出的（F. Herzberg）。他认为人有两种不同类型的需要，它们独立存在并以不同的方式影响人的积极性和行为。一类是使人们产生工作满意感的内滋因素，另一类是维持人的行为的保健因素。内滋因素也称激励因素，这类因素的改善能使职工产生工作满意感，从而能充分、有效、持久地调动其积极性。保健因素也称外在因素，这类因素处理不当会导致职工不满而挫伤其积极性，处理得当则能防止产生不满情绪。两种因素的具体内容如下表所示：

激励因素和保健因素

保健因素（外在因素）	激励因素（内滋因素）
● 公司（企业）的政策与行政管理 ● 技术监督系统 ● 与上级主管之间的人事关系 ● 与同级之间的人事关系 ● 与下级之间的人事关系 ● 工作环境或条件 ● 薪金 ● 个人的生活 ● 职务、地位 ● 工作的安全感	● 工作上的成就感 ● 工作中得到认可和赞赏 ● 工作本身的挑战意味和兴趣 ● 工作职务和责任感 ● 工作的发展前途 ● 个人成长、晋升的机会

赫茨伯格的双因素理论对学校管理工作有两点启示：一是要更多着眼于满足激励因素，调动教师的积极性。如委以重任使教师产生强烈的责任感，适时地评价教师的工作，使其得到组织和群众的认可，产生成就感并得到满足。二是正确地运用保健因素和激励因素，使两者在调动教师的积极行为上发挥各自的作用。

学习激励理论，不仅能深化校长对激励问题的认识，而且能帮助校长站在更高的起点上思考激励手段的运用、激励氛围的营造、激励策略的制订等问题。

三、合理运用激励手段

(一) 注意满足教师合理的物质需求

物质激励在于适当提高教师的物质需求，以维持健康的体魄和旺盛的工作精力。物质激励包括两个方面，一方面满足教师某种能够解决实际问题的物质奖励（包括货币），以满足某种物质需要，解决生活、工作中的具体困难；另一方面校长应不断丰富激励的物质条件，鼓励教师在合理范围内不断提高生活质量、健康水平。

(二) 注意把精神激励的显性因素与隐性因素统一起来

要把精神激励的显性因素与隐性因素统一起来发挥作用。显性因素是指正式的可感的精神激励行为，如公开表彰、个别抚慰等。隐性因素指潜移默化地影响教师积极性的因素，如团结向上的校风、良好的教学科研设备、丰富齐全的图书资料等，尤其是蕴含于工作本身的激励因素，如专业上有奔头，可以使个人能力得到最大程度的发挥；肩负重要的工作责任；工作成绩能及时得到社会认可，如职务、职称及时晋升等。总之，人是要有一点精神的。在物质需要得到一定程度的满足后，精神激励遂成激励的主导因素之一。在这方面多花气力，大有可为。

(三) 注意满足教师参加各种活动的需要

这里的活动主要包括社会劳动、学习、娱乐和交往等，它有特殊的激励价值。教师的社会劳动主要是教书育人、科学探索，不仅能实现个人的社会价值，而且在充实生活、愉悦精神、强健体魄等方面具有重要作用。学习活动（包括脱产与不脱产进修等）是直接丰富教师的知识、提高各方面修养的途径，更是广大教师迫切要求的形式。文体类活动也有极强的增力作用。在这类活动中，教师们往往不甘落后，竭尽全力扮演自己的角色。这种由特定活动培植的不甘落后的心态如果与理性的思考联姻，就可成为持久的激励教师们工作的力量。交往活动是教师们形成一定人际关系的重要途径，它不仅满足教师们的相容需要、支配需要以及情感方面的需要，而且有利于教师们结群行动，调节身心。行为科学家非常重视利用活动调动教师们的积极性。因此，校长要善于设计、精心安排各种活动，如以开设新课、承担新项目等为重点的活动，以教学研究为中心的业务活动，以运动会、舞会等为主体的文体类活动，以谈心互访等为侧重的交往性活动。

四、制订激励的有效策略

（一）运用目标激励策略

所谓"目标激励"，就是通过目标管理，指导教师的行动，使教师的需要与集体的目标紧密地联系在一起，以激励教师的积极性、主动性和创造性。

校长要通过目标激励让教师在教育活动的过程中不断地激起主体意识，从而实现自身的价值。所谓"主体意识"，即人对自身的主体地位、主体能力和主体价值的一种自觉认识，是人的自主性和能动性的表现。它促使人们对自己的行为经常保持实事求是的反省与评价，产生新的需要，不断追求新的目标，以实现目标价值的期待鼓舞自己。当然，主体意识不仅涉及认识问题，同时与情感、意志有关。因此，校长要在激励的过程中，让教师产生认同感和责任感。认同感是教师产生与学校视为同一的并难以分离的情感，使教师心甘情愿地与学校同兴衰，共荣辱，不懈地为之奋斗。责任感是将积极工作等看成是自己应尽的职责的情感，使教师坚定意志，排除困难，勇往直前。

目标是人们预测的工作结果。合适的目标由于与需求相联系，成为人们期待的对象。校长在制订目标时，既不可不切实际地求"大"，亦不可谨小慎微，拘泥于"小"。只有从实际出发，将大目标与小目标、长远目标与近期目标统一起来考虑，才能确立有效性与可行性都较强、激励力量较大的目标。

（二）运用评价激励策略

评价是激励机制的核心。评价能不能起到激励作用，主要是看能否在教师中形成公平感。管理心理学研究证明，不论教师还是其他社会成员，大多数人都有一种要求社会公平对待自己的心态，总是要将自己所做的贡献和所得的报酬的比值，与一个和自己条件大致相等的人的贡献、报酬的比值进行比较。如果比值相等，就会觉得公平。"公平感"本身就是一种激励力量，它通常使人们热情高涨，精神焕发。可以说，客观公正地奖励一个人，可以收到"点亮一盏灯，照亮一大片"的效果。与此相反，如果教师觉得激励行为不公平，则往往采取抵制等行为，使其效果适得其反。

校长要在通过评价激励形成教师公平感的前提下充分肯定教师的工作绩效，

使他们都能获得不同程度的成就感，充满信心地走向未来。同时要实事求是地反馈工作中尚存在的问题与不足，鼓舞他们持久努力的信心。

（三）运用时机激励策略

激励时机是指校长在管理学校的过程中，如何选择最佳的时间对教师进行激励，以取得最佳效果。激励时机包括期前激励、期中激励、期后激励三种。校长一定要密切结合三个时机的激励，促进教师在整个工作中处于"期前有决心、期中有信心、期末很舒心"的最佳激励状态。

校长既要引发教师体验工作给他们带来的乐趣与利益，尤其是在工作中逐步实现自身价值，在一定程度上满足了自我实现的需要，又要适当开展可感性强的满足需要的活动，如表彰先进等。同时，必须注意的问题是作为激励周期终点的"需要满足"是一种主动的满足，它强化的是教职工追求实现工作目标的行为。如果教职工的合理的、具备满足条件的需要长期得不到满足而酿成不满情绪时，校长再去满足，这时强化的是不满情绪，难以收到良好的激励效果。可见激励应把握时机。

校长要运用好时机激励的策略，还要注意激励频率和激励程度。激励频率是指激励次数的多少与快慢。在一个工作周期内，激励的次数越多或每次激励之间时间越短，频率则越高；反之则越低。影响激励频率的因素是多方面的。一是所要完成工作的性质和复杂程度。能在短时间内看出工作成效的，可采取较高频率的激励；反之，则采取较低频率的激励。二是教师自觉性的高低的影响。教师思想觉悟高，自觉性强，激励频率可以低些；反之则要高些。三是物质激励的频率还要受到学校客观条件的制约，不可滥用。激励程度是指激励教师完成教育教学工作任务而给予奖励标准的高低。奖励标准高，则激励程度强，反之则弱。激励程度强弱，主要受激励目标的制约。校长要正确把握激励量，也就是说，激励量与工作量、工作的难度要一致。激励量过大、过小都起不到激励的作用，从而失去激励的效果。

良好的激励机制是以评价为核心的。要保持教师可持续发展的动力，让每一位教师尽快走向职业成熟，就必须研究和构建教师评价的机制。

五、督导评估创新

督导评估是学校教育改革与发展的重要保障。督导是政府职能，非政府的评估机构不具有此职能。政府对学校教育既要监督，又要指导，评估则是开展督导的技术与方法。当然，政府也可以通过购买专业的评估机构的服务来实现对学校教育督导的职能。

依法依规对学校办学行为进行督导是政府履职的根本，目的是要保证学校坚持正确的办学方向。

为了切实提高学校的办学质量，形成学校的办学特色，政府正在积极创新督导评估的技术与方法。采取终结性评估与发展性评估相结合的办法，促进每一所学校主动和谐发展。

要提高督导评估的质量与水平，建设一支高素质的教育督导队伍是至关重要的。

以新的理念构建教育督导新机制 *

改革开放以来，在各级政府和教育行政部门的领导下，我国教育督导制度逐步恢复重建，并不断完善。教育督导工作取得了显著成绩。为了全面贯彻《中共中央国务院关于深化教育改革全面推进素质教育的决定》（以下简称《决定》）的精神，1999 年 8 月教育部颁发了《关于加强教育督导与评估工作的意见》，目的是要落实《决定》中提出的"进一步健全教育督导机构，完善教育督导制度，在继续进行'两基'督导检查时，把保障实施素质教育作为教育督导工作的重要任务"的要求。

如何进一步加强教育督导工作，充分发挥教育督导在实施素质教育中的保障作用，切实提高教育督导的质量和效率，值得我们认真思考和研究。笔者认为，面对教育督导工作新的发展机遇，以教育督导新理念构建教育督导新机制是至关重要的。

教育督导理念是在对教育督导本质认识基础上形成的观念。由于人们受时代与条件的限制，对教育督导本质认识水平与程度是不同的，当然也造成了教育督导理念的差异。伴随我国教育督导制度恢复重建而产生的教育督导理念有以下五个缺陷：一是督政方面，较注重政府对教育经费的投入，忽视政府对教育的统筹规划、政策导向、信息服务、育人环境创设等。二是督学方面，较注重学校的行政管理，忽视学校的教育教学，特别是课堂教学。三是督导评估方案设计较注重终结性评估，而轻形成性评估。在指标设计上较注重内容与标准的统一，忽视用不同的评估指标来评价处于不同发展阶段的地区和学校的教育水平。在评估方式上较注重教育现状的认可，忽视教育的可持续发展。四是督导过程较注重被督导单位内部的活动，忽视社会与家庭的参与，忽视中小幼、普职成纵向贯通，学校与政府、社会、家庭的横向沟通。五是督导结果较注重与考核、奖惩、评优挂钩，忽视督导的改进和发展功能。必须承认，在当时条件和环境下形成的这种教育督导理念为我国教育督导制度的恢复和教育督导工作的展开起了重要的作用。但

---

* 此文发表于《教育发展研究》2000 年第 3 期。

是，随着教育发展战略地位的落实和教育督导地位的提升，这种教育督导理念越来越难以适应现代教育督导事业发展的需要。因此，要加强教育督导工作，首先必须确立新的教育督导理念。

新的教育督导理念是相对于旧的教育督导理念而言的。那么，什么是新的教育督导理念呢？笔者认为主要应体现在以下两个方面：

一是确立政府与学校主体责任的教育督导观。

就政府而言，要明确政府的主体责任究竟是什么。江总书记指出，在当前世界上，综合国力的竞争，越来越表现为经济实力、国防实力和民族凝聚力的竞争。无论就哪一个方面的实力来说，教育都具有基础性的地位。教育是关系到21世纪中华民族兴衰存亡的大事，各级政府应站在时代的高度承担起实施教育优先发展战略的历史责任。长期以来，由于受教育是消费行业这一传统观念的束缚和国家财政困难、教育投入不足的困扰，渐渐形成了这样一种认识，即政府的责任是保障教育经费投入。故而，教育督导部门在督政时看政府是否承担了抓教育的责任，就是看政府是否确保了教育投入。诚然，经费是督政的重要内容，但是，仅为经费而督政，就会造成政府被动地承担教育责任，难以使政府从战略的高度全面思考教育，主动地承担教育责任。如果我们的教育督导观念不能适应"科教兴国"伟大战略的需要，我们就很难站在时代的前沿，来发挥教育督导的导向作用。全国第三次教育工作会议要求各级党委和政府都要将教育纳入战略发展重点和现代化建设的整体布局之中，切实把教育作为先导性、全局性、战略性的知识产业和关键的基础设施，摆到优先发展的战略重点地位。由此可见，仅仅从经费投入上去考察政府抓教育的行为和承担的责任是远远不够的，这种肤浅的教育督导认识和实践，不可能强化政府抓教育的主体责任行为，提高政府依法治教的自觉性。因此，我们必须确立政府主体责任的教育督导观，依法规范政府抓教育的行为，使政府部门能真正站在当今世界教育和人才竞争的战略高度，对教育的改革和发展全面负责。为了全面推进素质教育，《决定》对各级政府的职责做出了明确而具体的规定。《决定》指出："全面推进素质教育是党和政府的重要职责""各级党委和政府及其有关部门要通力协作，为实施素质教育创造良好的政策环境，注意研究新情况和新问题，鼓励大胆实践，尊重群众的首创精神。重视和加强教育科学研究，提高政府决策和管理的科学性"。教育督导部门应该按照《决定》的要求去进一步强化各级政府的主体责任。

就学校而言，要明确学校的主体责任究竟是什么。学校是办学的独立法人，拥有学校规划、教学指挥、质量控制、人事聘任、财务管理等办学自主权。当然，学校要真正发挥作为办学主体的自主作用，就必须以法来规范自己的办学行为，形成自我约束、自我管理、自我发展的良好机制。由于长期受应试教育的困扰，我们的教育督导也难免受其影响，在对学校进行督导评估时，虽然没有把考试成绩作为衡量学校办学水平的唯一依据，但是，考试成绩往往会左右对学校的督导评估，似乎学校的考试成绩好，其主体责任也就到位了。这种认识上和行动上的偏差，无形中加剧了学校片面追求升学率的倾向，结果出现了不少违背教育规律和违反法规的办学行为。要扩大学校自主办学的发展空间，我们必须以正确的教育督导观加以引导，以唤起学校的主体责任意识，来提高学校依法办学的自觉性。学校的这种主体责任，就是全面贯彻党的教育方针，实施以德育为核心，以培养学生的创新精神和实践能力为重点的素质教育；就是依法保障适龄儿童和青少年学习的基本权利，尊重学生身心发展特点和教育规律，促进学生的全面发展和健康成长；就是为了民族和国家的未来，对每一个学生全面负责，为每一个学生的主动发展创造最佳的条件和环境，使所有的学生都能走向成功。

二是确立政府与学校主体发展的教育督导观。

如果说从依法治教和治校的角度来强调政府与学校的主体责任的话，那么，提出政府与学校的主体发展，则是为了更好地体现政府在管教育、学校在办学过程中的主体责任。因此，教育督导不仅要评估政府与学校承担主体责任的意识和能力，而且要评估政府与学校主体发展的层次与水平。

那么，什么是政府与学校的主体发展呢？总体上说，政府与学校应根据社会经济的发展和人的发展需要，主动进行教育改革的探索与实践，努力实现教育发展目标。具体地说，政府部门要全面深化以体制、机制、投资三位一体的教育改革，进一步变革那些不适应教育发展乃至阻碍教育发展的观念、制度和现状，以形成与社会主义市场经济相适应、符合教育发展规律的新体制、新机制、新投资体系。特别是地方政府，应正确制订区域教育发展战略，区域整体推进素质教育，在教育形态布局和教育结构调整、办学模式多元化、教育产业发展、师资队伍优化、教育经费筹措等方面有所突破。学校要根据学校的办学条件和水平，确定学校实施素质教育的目标和要求，要在办学规划设计、组织结构变革、师资队伍建设、教育教学改革、现代教育技术开发运用、校园文化建设、学校特色创建等方面制订正确的策略和行动方案，并采取有效的措施予以实施。

探讨教育督导新理念是为了更好地构建教育督导新机制。以上述教育督导新理念为支撑，我们应着力构建普、职、成系统相互贯通，教育行政部门、学校与政府其他部门（有关委、办、局、乡、镇、街道）、社会、家庭相互沟通的教育督导运行机制。通过教育督导使各级政府和各级各类学校进一步增强主体责任和主体发展的意识和动力，使教育改革和发展更好地适应社会经济发展的需要，每个家庭获得优质教育的需要和受教育者健康和谐发展的需要，使全社会不仅能从思想上认识到实施"科教兴国"战略的重要性，而且能把"科教兴国"战略转化为每一个人的自觉行动。

我们提出的教育督导新机制的框架是基于各级政府和各级各类学校的主体责任和主体发展设计的，因此，主要应建立以下两个相互作用的内在机制。

第一，目标责任机制。目标责任机制是在目标责任制基础上的发展，旨在使目标责任制变为自动运作的机制。要是说目标责任制注重于静态考核政府一把手和校长发展教育的绩效的话，目标责任机制则着眼于动态考核政府一把手和校长发展教育的绩效，并通过机制来规范政府一把手和校长抓教育的主体责任。就政府而言，要从任务、要求、策略、措施等方面来细化教育工作目标，并加以具体落实。如：各级地方政府要从区域两个文明建设的实际和要求出发，对区域教育发展进行准确定位，并制订规划；要把全面推进素质教育列入议事日程，实现区域内素质教育的法制化、制度化；建立对有关职能部门和下级政府及其主要领导实施素质教育的考核评估制度；确保教育经费"三个增长"，并努力拓宽教育经费筹措渠道。为了确保政府的责任能落到实处，浦东新区管委会主任周禹鹏提出"一把手责任制"，即把抓教育列入考核"一把手"一年工作绩效的主要内容，并从目标、内容、措施、效果等方面形成考核细则。由组织部门参与考核。这是一项极富远见的举措，值得借鉴。就学校而言，首先要明确校长实施素质教育的责任。一所学校办得好不好，校长是关键。要以目标责任制来强化校长的素质教育理念，积极实施素质教育。其次，校长要在对办学背景和条件进行全面了解和分析的基础上，制订学校的可持续发展计划。对学校的师资队伍建设、学生的培养和发展、学校课程建设、教育教学变革、学校文化建设、现代教育技术的开发与运用等提出明确而具体的目标，并把这些目标内化为学校全体成员的自觉行动。同时，要在计划实施过程中，开展学校自我评估，形成主动发展的动力。第三，要建立和健全学校的规章制度，建立确保校长负责制落实的权力制衡机制，提高管理的民主性、科学性和有效性。

第二，发展性评估机制。目标责任机制是否能有效运作，必然要借助评估机制。评估，或曰评价，既是鉴定，也是导向。对一个地区或一所学校的教育发展水平、办学方向、教育质量、投资效益，采取什么样的评价标准，影响和决定着这个地区或这所学校是否全面贯彻教育方针，全面推进素质教育。长期以来，上级教育行政部门，社会各方面，由于受到各种因素的影响，习惯于以升学人数、考试成绩评价一个地区的教育发展水平和一个学校的教育质量，这就驱使教育工作者不得不以追求升学率和考试的高分数作为教育教学工作的终极目标和中心任务。要改变这种状况，建立正确的评估导向机制是十分重要的。

目前，无论是督政还是督学基本上不分层次、不分类别、不按性质都用"一把尺"去衡量，这种缺乏针对性的评估，必然会影响评估的有效性和评估结果的可信度。那么，如何来解决这一问题呢？笔者认为，应构建主体发展性督导评估机制，针对不同区域、不同学校、不同阶段的不同教育发展水平和办学水平，设计三个层面的督导评估指标，即基础性发展阶段评估指标（着眼于法制化、制度化）、规范性发展阶段评估指标（着眼于管理的民主化、科学化）、主体性发展阶段评估指标（着眼于变革、创新），这三个阶段的评估指标既有区别，又有联系，前者是后者的基础，后者是前者的发展，从而构成完整的主体发展性督导评估指标体系，它既能较好地反映区域教育和学校教育动态发展的状况，又能更好地明确区域教育和学校教育主动发展的方向。除了形成由三个层面构成的评估指标体系外，主体发展性督导评估机制还有一个重要的特点，那就是十分重视各级政府和各级各类学校的自我评价以及对各级政府和各级各类学校的形成性评价，从而引导区域和学校的持续发展，充分调动区域主动推进素质教育、学校主动实施素质教育的积极性，形成区域与学校自我规范、自我调节、自我完善、自我发展的运行机制，不断提高区域教育和学校教育的质量与水平。

以发展性教育督导评估促进学校主动发展 *

随着政府机构改革和职能的转变，学校自主发展的空间将进一步拓宽。如何依法规范学校的办学行为，促进学校主动发展，帮助每一所学校走向成功，不仅是教育行政部门需要思考的问题，更是教育督导部门必须研究的重要课题。对此，上海浦东新区人民政府教育督导室（以下简称"新区督导室"）于 1999 年 10 月开展了《区域发展性教育督导评估实践研究》（上海市教育科研重点课题），力图从理论与实践的结合上构建能体现素质教育思想，促进学校主动发展的发展性教育督导评估体系。经过两年多的探究，收到了明显的成效。

一、树立正确的教育督导评估观

要通过教育督导评估达到促进学校主动发展的目的，首先要实现的是教育督导评估观念的更新。新区督导室的督学们在教育督导评估实践中对如何树立正确的教育督导评估观形成了一些基本认识：

（一）改变督导评估"一把尺"的现象

目前的督学基本上不分层次、不分类别、不按性质，都用"一把尺"去衡量，这种缺乏针对性的督导评估，必然会影响督导评估的有效性和督导评估结果的可信度。区域发展性教育督导评估就是要改变"一把尺"现象，实现"一把尺"与"多把尺"的结合。这种结合包含两层意思：其一，依据法律、法规做出的硬性的最基本的规定，任何学校无论情况和条件有多大差别，都必须做到，坚持"一把尺"，用好"一把尺"。其二，学校与学校之间的差异性，必然导致发展的不平衡性。督导评估时，应针对硬性规定外的实际情况，采用相应的尺子。这种结合，对督导评估机构来说，既有助于增强督导评估的法规性和客观性，又有助于提高督导评估的针对性和有效性。

＊ 此文发表于《教育发展研究》2002 年第 5 期。

（二）为帮助被督导评估者而实施督导评估

督导评估的目的不在于对被督导评估者的工作结果做出优与劣的简单判定，而在于让被督导评估者了解自身发展变化的轨迹，树立发展的信心，明确发展的重点，优化发展的策略。

如何在督导评估的过程中，为被督导评估者提供有效的帮助，首先应着重从三个方面去思考：其一，帮助被督导评估者深化对教育的认识和理解，在对所从事的教育工作进行深刻反思的基础上，树立正确的教育观，理清发展的思路。其二，帮助被督导评估者总结、提炼经验，进而在实践中进一步丰富和完善经验。其三，帮助被督导评估者发现问题，并找到解决问题的对策。其次，有效的帮助应建立在全面掌握和准确分析信息资料的基础上。因为不完整的信息资料会带来分析的肤浅性或片面性，从而影响帮助的针对性和有效性。因此，督导评估人员不仅要认真学习和掌握信息资料搜集与分析的技术，而且要在督导评估中以其专业智慧熟练地运用，这是为被督导评估者提供有效帮助的重要保证。最后，有效的帮助应以相互尊重、理解为前提。事实上督导评估人员在为被督导评估者提供帮助的同时，自己也会受到启发和教育，从某种意义上说，这对督导评估人员也是一种帮助。

（三）形成被督导评估者主动参与的机制

督导评估有主体与客体之分，而督导评估的客体又有事与人之分。当人作为督导评估的客体时，主客体的关系是一种人—人关系。现代教育评估理论认为，人具有能动性，不应完全处于被动接受评估的地位，所以应重视和发挥被督导评估的人在评估中的主体作用。区域发展性教育督导评估的根本目的是促进被督导评估者的主动发展。因此，它不仅关注被督导评估者在其发展过程中的主体作用，而且重视被督导评估者在督导评估过程中的主体作用。

问题的关键点在于被督导评估者如何主动参与督导评估。区域发展性教育督导评估应着力构建有利于被督导评估者主动参与的机制。目前，可从以下几方面进行探索：其一，开展督导自评。可把督导自评作为发展性督导评估的第一阶段，由被督导评估者依据督导评估的标准进行自下而上的自我评估，并形成自评报告。在此基础上进入督导复评阶段。其二，让被督导评估者根据自身发展的实际情况，选择按"一把尺"和"多把尺"相结合的要求而设计的相应的督导评估指标。然后，按照被督导评估者的选择，开展督导自评与复评工作。其三，在督导评估过程中，召开信息沟通和问题研讨会，鼓励被督导评估者主动参与讨论，形成比较一致的看法。其四，主动听取被督导评估者对督导评估结果的意见，在充分听取被督导评估者意见或建议的基础上，对督导评估结果再进行修正。

总之，形成被督导评估者主动参与的机制，只要让被督导评估者真正体验到实质上的而不是形式上的参与，真正意识到自己尽管是督导评估的客体，却在发挥主体的作用，真正把督导评估视为其自身发展的需要，而不是外加的负担。

二、制订学校发展性教育督导评估方案

在对教育督导评估的观念和行为进行重新审视的基础上，新区督导室形成了学校发展性教育督导评估方案设计的基本思路，主要内涵有三条：

其一，注重学校发展的阶段性与递进性。根据对学校发展的理论研究和实践探索，我们发现，在一般情况下，学校发展大致经历基础性、整体性和主体性三个阶段。基础性发展阶段的主要特征是学校依据国家和地方的法律、法规及政策制订规章制度，即着眼于管理的规范化、制度化；整体性发展阶段的主要特征是学校促进人与组织的互动，形成系统、和谐的管理体系，即着眼于管理的科学化、民主化；主体性发展阶段的主要特征是学校追求自我超越，创建富有个性和魅力的学校文化，即着眼于变革、创新，形成特色。学校发展的三个阶段既有区别又有联系，并且在学校发展的过程中具有交叉性和递进性。所以，应充分注意学校发展的复杂性和多样性，不能简单机械地套用"三阶段论"来认识学校发展的情况。

其二，注重教育投入产出的合理性与有效性。管理理论认为，任何一个组织若要维持生存与发展，首先要拥有一定的资源。其次要通过管理来实现对有限资源的合理配置，管理作为对组织内有限资源有效整合的活动，贯穿于组织资源配置的全过程。最后要对资源配置的合理性、资源利用的有效性进行检测，以达到最佳的使用效果。同时要对管理活动的成本与效益进行比较，以选择更合适的管理活动。以管理理论审视学校教育，同样存在着投入与产出的问题。有限的学校教育资源，应通过管理活动来加以整合，最终以学生的充分发展来证明资源配置的有效性。据此，投入与产出的合理性与有效性应成为评估指标体系的主线。

其三，注重学校发展的同一性与差异性。唯物辩证法认为，矛盾的普遍性就是矛盾的共性、绝对性，矛盾的特殊性就是矛盾的个性、相对性。共性比个性深刻，但它只能大致地包括个性，而不能完全代替个性，而个性比共性丰富，但它并不能完全进入共性之中。用矛盾的普遍性和特殊性的辩证观点分析学校教育，不难发现学校的发展既有同一性又有差异性。所谓同一性，就是同一类的学校都有共同的发展内容和要求，都应在国家和地方法律、法规允许的范围内开展教育活动；所谓差异性，就是由于办学条件与文化环境不同，同一类的学校在发展过程中形成了不同的发展层次与水平。因此，评估指标体系的设计既要体现学校发展的共性特点，又要反映学校发展的个性要求，也就是说，既要有规定性的评估

指标，又要有选择性的评估指标。根据上述设计思路，新区督导室制订了《浦东新区学校发展性教育督导评估方案》，其结构特点是：

第一，由一个方案包含三套具有内在递进关系的指标体系。从学校发展阶段出发，设计了一个由《学校基础性发展教育督导评估指标体系》、《学校整体性发展教育督导评估指标体系》和《学校主体性发展教育督导评估指标体系》组成的递进式的督导评估方案。《学校基础性发展教育督导评估指标体系》强调学校教育资源的配置，管理的规范性和制度性，学生发展的基础水平；《学校整体性发展教育督导评估指标体系》强调学校教育资源的优化，管理的系统性和民主性，学生发展的整体水平；《学校主体性发展教育督导评估指标体系》强调学校教育资源的开发，管理的自主性和创造性，学生发展的主动精神。

第二，由"资源""管理""发展"组成评估层。以投入与产出为主线，形成了"教育资源"、"学校管理"和"学生发展"三个具有内在逻辑关系的评估层面。同时，这三个评估层面在学校发展的不同阶段又具有递进性。下面列表加以说明：

表1　"资源""管理""发展"组成的评估层及递进示意表

评估层\指标体系	教育资源	学校管理	学生发展
基础性	教育资源配置	学校常规管理	学生基础发展水平
整体性	教育资源优化	学校系统管理	学生整体发展水平
主体性	教育资源开发	学校创新管理	学生主动发展水平

第三，由测评区域、主因素、检测点组成指标体系。运用系统理论的观点，提炼评估指标要素，对其进行分层分解，依次为测评区域、主因素、检测点。测评区域是指对学校发展起决定作用的一些领域；主因素是指影响测评区域的关键因素；检测点是指最能反映主因素属性的一些元素。下面以中学整体性教育督导评估指标体系评估层 A2 学校系统管理中的行政工作管理为例，以列表形式说明。

表2　"测评区域""主因素""检测点"组成指标体系示意表

评估层（A）	测评区域（B）	主因素（C）	检测点
A2 学校系统管理	B2 行政工作管理	B8 办学目标	目标的方向性、目标的针对性、目标管理机制
		C9 权力制衡	党组织政治核心作用、教代会民主监督作用、重大问题决策程序
		C10 全员激励	激励手段与方法、教职工积极性
		C11 反馈调控	反馈渠道与形式、问题研究与目标调控

第四，用"▲"、"★"和"模块移动"确定必用指标和选择指标。采取"一把尺"和"多把尺"相结合的办法来解决普遍性与特殊性的问题。在评估指标体系中，对法律、法规以及政策规定必须做到的指标，用"▲""★"号表示（打"▲"为政府行为，打"★"为学校行为），并把它作为学校发展性督导评估的必用指标，如教育经费、校舍设备、师资配备、留级率、按时毕业率等。同时，学校可以分别从三套评估指标体系中自行选择符合本校实际的评估指标，称之为"模块移动"，即一个B级指标为一个模块，模块移动就是B级指标移动，通过移动可组成一个新的评估指标体系，如某一所尚处于整体性发展阶段的中学，在管理机制方面已出现了主体性发展因素，那么，在督导评估时，可把中学主体性教育督导评估指标体系中的"管理机制"这一模块移动过来予以评估。

第五，由"发展评估"和"现状评估"构成等级评估。所谓等，是把发展评估分为三等，依次为A等、B等、C等，分别表示发展快、发展较快、发展一般。所谓级，是把现状评估分为七级，依次为特级、示范一级、示范二级、规范一级、规范二级、合格一级、合格二级。学校可根据实际情况，申报评估等级，并从三套评估指标体系中任选一套使用，也可以以其中一套评估指标体系为主，另任选其余两套指标中的几个B级指标，称为"模块移动"。需要指出的是，这里的等级评估不同于以往的鉴定性评估，其主要目的是要让被督导评估者客观地了解学校目前的发展层次与水平，理性分析、思考学校未来发展方向和需要重点突破的领域。

第六，由"量标分档"和"满意度计算"来确定指标达成度。采用"量标分档"的方法来区分指标的达成度。定量类指标用数字给出量标的区分点。例如电教覆盖率：20%（20%、18%、16%），即表示量标依次分为四档：大于20%（含20%）；18%—20%（含18%）；16%—18%（含16%）；小于16%。如定量类指标没有给出量标的区分点，则表示量标只分为达标与不达标两档。定性类指标则根据学校达到量标的程度分为好、较好、一般、差这四档。同时，通过现状评估和发展评估满意度计算来确定指标的达成状况。

三、开展学校发展性教育督导评估的效果

两年多来，新区督导室根据《浦东新区学校发展性教育督导评估方案》已对区内近90所中小学、幼儿园进行了发展性教育督导评估。经过督导评估，无论是督学的督导理念和行为，还是学校对督导评估的认识和理解，以及校长、教师的教育思想和行为都发生了深刻而巨大的变化。

（一）真正确立学校参与督导评估的主体地位

学校发展性教育督导评估从督导评估者和被督导评估者的双边性出发，把握双方相互依存、相互影响和制约的关系，努力发挥双方在督导评估过程中的主体作用。也就是说，在督导评估过程的各个环节和阶段中，必须考虑双边性，而不能只顾双方中的一方。新区督导室努力构建有利于学校主动参与督导评估的机制，从督导评估工作方案设计到督导评估结果反馈，整改措施落实，力求体现对学校自主办学的尊重与学校在督导评估过程中的主体性。通过督导评估，增强学校的主体责任意识和主体发展意识，既要使学校对照评估指标进行自我分析、自我调整，更要使学校产生寻求主动发展的愿望，找到主动发展的空间。由于双方在督导评估过程中的目的性是一致的，即通过督导评估促进发展，故不存在根本的利害冲突。至于不同的看法，完全可以在督导评估过程中通过相互讨论、交流形成共识。前提条件是都要把对方作为参与督导评估的主体看待。作为督导评估者要尊重、信任被督导评估者，而被督导评估者则应支持、协助督导评估者，使督导评估过程能在双方相互合作的氛围中进行。

（二）积极建设促进发展的督导评估制度

制度是对行为的规范。发展性教育督导评估理念要转化为教育督导评估行为，必然要建设相应的督导评估制度。下面着重介绍较能体现学校发展性教育督导评估思想的两项制度。

发展性教育督导评估十分重视督导评估的过程。为此，新区督导室建立了学校发展过程自评制度。发展过程自评，既可以是集体自评，也可以是个体自评；既可进行综合评估，也可进行单项评估。自评的过程就是自我诊断、自我反思、自我调控、自我完善、自我发展的过程。发展过程自评制度主要由两个部分构成，一是学校年度自评，二是学校督导自评。年度自评就是围绕学校发展计划中所确定的年度工作目标达成自我评价；督导自评就是根据学校发展性教育督导评估方案进行综合的自我评估。全员参与，以实事求是的态度总结经验、研究问题、寻找对策，是年度自评和督导自评的基本特点。

发展性教育督导评估特别关注学校发展的全过程，对此，新区督导室建立了学校发展计划评估制度。之所以要组织对学校发展计划的评估，是因为学校发展计划是整个教育活动的起始环节，并且贯穿于教育活动的全过程。通过对学校发展计划的评估，一方面可以帮助学校进一步理清发展思路，完善发展计划，从而获得更积极更主动的发展；另一方面可以使教育督导部门熟悉学校的情况，并依据其发展计划，对其发展过程进行督导评估，使其能更有效地实现发展目标。新区督导室主要从六个方面对学校的发展计划进行评估：其一，背景分析是否全面、客观、准确；其二，发展思路是否正确、超前；其三，发展目标是否明确、完整、可操作；其四，组织、实施策略是否清晰、可行；其五，监控、评估手段是否到位、有效；其六，是否得到绝大多数人的认同。

发展性教育督导评估特别强调通过纵向比较看一所学校的发展速度与水平。这就改变了凭印象对学校的优劣做出判断的思维定势，发展性教育督导评估不是用过去的差代替现在的好，也不是用过去的好代替现在的差，既保护了督导评估客体的积极性，又保证了督导评估的真实性。

（三）努力形成共同的评估标准和价值取向

发展性督导评估，并不是由督导评估者来简单地判定被督导评估者的对与错、进步与落后，而是要与被督导评估者一起来回顾、总结发展的过程，探寻未来发展的重点和生长点，以便更好地发展。新区督导室在开展发展性教育督导评估的过程中与学校形成了共同的评估标准。主要包含三个方面：其一，计划标准。主要看一所学校是否能对自身的发展背景做出客观、全面、透彻的分析；是否能在对教育改革与发展进行理性思考的基础上确定发展的重点，并以教育目标和发展背景为依据，以发展重点为主线，构建目标体系；是否确定了实施计划的策略、措施、步骤、时间及方法；是否明确了每一个人的岗位职责、具体任务及工作要求；是否建立了发展计划的监控与评估体系。其二，进步标准。主要看一所学校发展计划中的目标达成情况，看教育投入的总量与产出的效率和效能，看群体与个体在原有基础上进步的速度和水平。该标准主要以原先的状态为参照系，即着眼于纵向比较，而不是横向比较。其三，改进标准。主要看一所学校、群体及个体通过自评和他评是否发现了存在的问题；是否能针对存在的问题认真制订切实可行的改进方案，并扎实有效地实施；是否产生了明显的成效。从上述三大标准中不难发现发展性督导评估标准以计划为导向，以进步为核心，以发展为根本的特征。

为了把评估标准变为督导评估双方共同的价值追求，发展性教育督导评估尤其重视督导评估主体与客体之间的交互作用，充分发挥两方面的积极性。主要体现在下列四方面：一是主动。主客体双方都能认真对待督导评估，自觉承担各自的督导评估任务。二是合作。在督导评估过程中相互配合，相互学习，相互交流，相互探讨。三是有效。都能以实事求是的精神，按照督导评估方案进行评估，得出客观真实的评估结论。四是创造。不但能以主动的态度去评估现状，而且能以创新的精神去思考未来，大胆探索，争取新的发展。

附录：区域发展性教育督导评估指标体系 *

一、浦东新区中学发展性教育督导评估指标体系

（一）浦东新区中学基础性教育督导评估指标体系

评估层 （A）	测评区域 （B）	主因素 （C）	检测点	参照标准与信息搜集方法
A1 教育 资源 配置	B1 教育经费	▲C1 上级拨款	生均经费、生均公用经费	标准：生均经费逐步增长、生均公用经费达标 方法：查阅账册、个别访谈
	B2 校舍面积	▲C2 用地面积	用地面积、生均用地面积、生均体育用地面积、环形跑道、直道、生均绿化用地面积	标准：参照《1990 年上海市中小学校建设标准》《1994 年上海市中学实验（专用）室装备标准》 方法：现场观察、查阅图纸与仪器设备登记册以及有关资料
		▲C3 建筑面积	建筑面积、生均建筑面积、教学及教学辅助用房、行政办公用房、生活用房的配备数与使用面积	
		▲C4 专用设备	实验、语言、计算机、电化、劳技、史地、音、美、科技专用室及设备的配备	
	B3 技术装备	★C5 图书报刊	生均图书册数、报刊种类	标准：生均图书：初中 25 册（25、20、15），一般高中 30 册（30、25、20），重点高中 35 册（35、30、25） 报刊种类：初中 80 种（80、70、60），一般高中 100 种（100、90、80），重点高中 120 种（120、110、100） 方法：查阅图书登记目录、现场估算
	B4 师资配备	★C6 任职资格	任职资格符合率、学历达标率、高一层次学历达标率、干部岗位培训	标准：任职资格符合率 100%（100%、98%、96%），学历达标率 100%（100%、98%、96%），初中高一层次学历达标率（含在读）70%（70%、60%、50%），干部持证上岗 方法：查阅资料、个别访谈
	B5 社区环境	C7 校外基地	教育基地、周边环境	标准：有稳定的校外教育基地和良好的学校周边环境 方法：查阅资料、社区调查

---

* 此督导评估指标体系由《区域发展性教育督导评估研究》课题组共同研制，本人是课题负责人，该研究成果获上海市第八届教育科学研究三等奖。

评估层 （A）	测评区域 （B）	主因素 （C）	检测点	参照标准与信息搜集方法
A1 教育 资源 配置	B5 社区环境	C8 家庭支持	家长委员会、家长学校、校长接待日、家访、家长会	标准：按规定成立家长委员会，校举办家长学校，建立校长接待日、定期家访和家长会制度 方法：查阅资料、家长问卷
A2 学校 常规 管理	B6 行政工作	C9 办学计划	办学目标与三年发展计划、学校与各部门学年度计划	标准：根据党和国家的教育方针提出明确的办学目标，有三年发展计划，并有配套的学校和部门的学年度工作计划 方法：查阅资料、个别访谈、教师问卷
		C10 机构运作	层级管理、运转秩序	标准：管理层级清晰，职责明确，运转正常，政令畅通 方法：查阅资料、教师问卷、个别访谈
		C11 规章制度	岗位责任制、人员聘任制、校内结构工资制	标准：建立符合学校实际的规章制度，并贯彻落实 方法：查阅资料、教师问卷、个别访谈
	B7 师资队伍	★C12 职业道德	师德规范、师德考评、师德师风	标准：制订师德规范，有师德考评，教师敬业爱生，不以教谋私，无体罚与变相体罚学生情况 方法：查阅资料、师生问卷、家长问卷、教师座谈
		C13 业务培训	学历进修、教师职务培训、新任教师培训、青年教师培训	标准：有教师业务培训计划，按规定实施教师学历进修、教师职务培训、新任教师培训，重视青年教师培养 方法：查阅资料、教师座谈
	B8 教育教学	★C14 教育教学秩序	课程、课时、作息时间，学生课业与心理负担，普及程度	标准：严格执行"减负"有关规定。按教学计划开设各类课程、安排课时与作息时间；控制作业量；无全班性作息补课；不按考试成绩公布学生名次；不设重点班、快慢班；不滥发各种复习资料；严格教学用书管理；义务教育阶段学生按规定全部入学；残疾学生随班就读；无流生 方法：查阅资料、个别访谈、学生问卷
		C15 学校德育工作	德育制度、班集体建设、德育活动、德育渗透	标准：重视德育（含校外教育）常规制度与班集体建设，有针对性地对学生进行思想政治教育、品德教育、纪律教育和法制教育，教育教学活动能体现以德育为核心 方法：查阅资料、师生问卷、个别访谈

评估层 （A）	测评区域 （B）	主因素 （C）	检测点	参照标准与信息搜集方法
A2 学校 常规 管理	B8 教育教学	C16 教学过 程管理	教学工作目标、教研组建设、流程管理	标准:教学工作(含课外活动)有明确的阶段性目标与要求;教研组制度健全,活动落实;流程管理规范 方法:查阅资料、课堂观察、个别访谈、教师座谈
		★C17 电教与实验	电教覆盖率、学生实验开设率	标准:电教覆盖率20%(20%、18%、16%),学生实验开设率100%(100%、95%、90%) 方法:查阅资料、个别访谈
		C18 教育教 学研究	专题研究计划、措施、总结、交流	标准:根据课堂教学实际开展的专题研究活动,有计划、有措施、有总结、有交流 方法:查阅资料、个别访谈、教师座谈
		★C19 语言文 字规范	师生普通话、规范字使用	标准:语言文字工作列入学校工作计划,有明确的目标与要求,建立相应的工作制度。语言文字工作达合格水平 方法:现场观察、查阅资料、课堂观察、学生问卷
	B9 总务后勤	★C20 经费使用	公用经费与自筹资金使用、体育维持费、图书费	标准:合理使用公用经费、自筹资金,其中体育维持费不低于公用经费的4.8%(4.8%、3.2%、1.6%),图书经费不低于公用经费的10%(10%、8%、6%) 方法:查阅账册、个别访谈
		★C21 财产管理	财务与资产管理制度、收费情况、校产完好率	标准:财务制度和资产管理制度健全。收费项目与收费标准按规定执行,无乱收费。校产完好率高 方法:查阅资料、学生问卷、家长问卷、现场观察
		C22 校园环境	环境创设、环境卫生	标准:能认真贯彻国家教委〔1992〕19号关于《中小学校园环境管理的暂行规定》,创设文明的校园环境,做到净化、绿化、美化 方法:现场观察
A3 学生 基础 发展 水平	B10 道德行为	C23 行为规范	文明礼貌、遵规守纪	标准:执行《中学生日常行为规范40条》,达到区行为规范合格校水平 方法:现场观察、师生问卷、家长问卷、个别访谈

评估层 （A）	测评区域 （B）	主因素 （C）	检测点	参照标准与信息搜集方法
A3 学生 基础 发展 水平	B10 道德行为	★C24 刑事案发	行为偏差学生转化、刑事案发率	标准：无刑事案发，行为偏差学生转化较好 方法：查阅资料、个别访谈
	B11 文化知识	★C25 留级率	年级留级率	标准：初中各年级留级率低于2% 方法：查阅资料
		★C26 毕业率	按时毕业率	标准：初、高中按时毕业率达90%以上（90%、88%、86%）。按时毕业率：（毕业学生数－留入学生数）/（起始年级学生数＋转入数－转出数） 方法：查阅资料
	B12 体能状况	★C27 体育成绩	合格率 参加运动会人数	标准：体育课成绩合格率95%以上（95%、93%、90%），参加各级运动会人数多 方法：查阅资料
		★C28 体卫达标	体锻达标率、近视眼新发病率、常见病防治	标准：体锻达标率90%以上（90%、88%、86%），近视眼新发病率低于5%（5%、10%、15%），六种常见病的防治目标分别达标 方法：查阅资料
	B13 美育水平	C29 音美成绩	合格率	标准：音乐、美术课成绩合格率各达95%以上（95%、93%、90%） 方法：查阅资料
		C30 艺术活动	参加人数的比例、活动小组的比例	标准：参加校级艺术兴趣小组人数占全校学生数的比例占20%以上（20%、15%、10%），校级艺术类活动小组占课外兴趣活动小组的比例达25%以上（25%、20%、15%） 方法：查阅资料、学生问卷、学生座谈
	B14 劳动生活	C31 劳技成绩	合格率	标准：劳技课成绩合格率达95%以上（95%、93%、90%） 方法：查阅资料
		C32 劳动习惯	校内劳动、社会公益劳动、家务劳动	标准：积极参加校内劳动、公益劳动和社会服务，时间达到市规定，初中每年30小时（30、25、20），高中每年40小时（40、35、30）；自觉承担家务劳动 方法：查阅资料、学生问卷、家长问卷、社区调查

（二）浦东新区中学整体性教育督导评估指标体系

评估层 （A）	测评区域 （B）	主因素 （C）	检测点	参照标准与信息搜集方法
A1 教育 资源 优化	B1 经费筹措	C1 经费来源	筹措渠道、经费使用	标准：除财政预算内拨款外，按规定积极地多渠道筹措教育经费，自筹经费主要用于改善办学条件 方法：查阅资料、个别访谈
	B2 设施利用	C2 合理配置	校舍与设备的利用	标准：校舍与设备用于教育教学，优先保证义务教育 方法：现场观察、个别访谈
	B3 装备使用	C3 使用效率	专用教室使用率、年生均外借图书册次与阅览人次	标准：专用教室、图书资料等使用效率高。电脑房每间每周使用18～20节（18、16、14），语言室每周使用20～24节（20、18、16），或每班每周至少进语言室一次 图书年生均外借册次：初中5册（5、4、3），一般高中6册（6、5、4），重点高中7册（7、6、5），年生均到阅览室阅览人次达15（15、13、11） 方法：查阅资料、个别访谈、现场观察
	B4 师资结构	C4 年龄结构	老、中、青教师比例	标准：老、中、青教师比例合理，无明显断层现象 方法：查阅资料
		C5 能力结构	骨干教师数量、一专多能教师比例	标准：各学科有一定数量的骨干教师，教师一专多能，80%教师在上好必修课同时还能胜任选修课或课外活动课（80%、60%、40%） 方法：查阅资料、个别访谈、教师座谈
	B5 环境优化	C6 社区教育	教育基地利用、周边环境净化	标准：充分利用校外教育基地，组织学生参加社区服务和社会实践活动，积极主动与街镇、文化、工商、公安等部门配合，净化学校周边环境 方法：查阅资料、现场观察、社区调查
		C7 家庭教育	家校联系形式、家庭教育的科学指导	标准：通过家访等多种方式主动加强与家长的联系，指导家庭教育，通报学校教育教学情况，积极争取家长对学校工作的支持与配合 方法：查阅资料、家长问卷

评估层 （A）	测评区域 （B）	主因素 （C）	检测点	参照标准与信息搜集方法
A2 学校 系统 管理	B6 行政工 作管理	C8 办学目标	目标的方向性、目标的针对性、目标管理机制	标准:办学目标能全面贯彻党和国家的教育方针,目标适切,针对性强,形成目标制订、分解、监控、评价的管理机制 方法:查阅资料、个别访谈、教师问卷
		C9 权力制衡	党组织政治核心作用、教代会民主监督作用、重大问题决策程序	标准:校长能自觉接受党组织和教代会的监督,重大问题能按规定程序决策,接受上级教育部门的任期考核、审计及教育督导部门的督导评估 方法:查阅资料、教师问卷、个别访谈
		C10 全员激励	激励手段与方法、教职工积极性	标准:坚持群体激励与个体激励相结合,采取多种手段与方法充分调动教职工的积极性 方法:查阅资料、教师问卷、个别访谈
		C11 反馈调控	反馈渠道与形式、问题研究与目标调控	标准:多渠道、多形式、多角度搜集信息,重视问题的分析研究,不断调整办学目标 方法:查阅资料、个别访谈、教师问卷、师生座谈
	B7 师资队 伍建设	C12 师德教育	教育内容与形式、先进典型、敬业精神	标准:采取多种形式有针对性地加强师德教育,树立典型,发扬先进,教师爱岗敬业,严谨治学,为人师表 方法:查阅资料、师生问卷、家长问卷、个别访谈、社区调查
		C13 专业发展	理论学习、知识与技能拓展、教科研能力	标准:坚持校本培训,突出教师教育理论水平的提高,知识和技能的拓展,教科研能力的培养 方法:查阅资料、教师座谈、师生问卷、个别访谈
		C14 骨干培养	培养目标与措施、效果	标准:骨干教师(包括后备干部、班主任、科任教师)培养目标明确,措施落实,新培养的骨干教师有一定数量和质量 方法:查阅资料、教师座谈、教师问卷、个别访谈

评估层 （A）	测评区域 （B）	主因素 （C）	检测点	参照标准与信息搜集方法
A2 学校 系统 管理	B8 教育教学工作	C15 德育工作管理	德育机构与队伍、德育目标与途径、针对性与实效性	标准：重视德育机构与队伍建设。坚持从实际出发，制订有递进层次的德育工作目标，并科学规划各教育阶段的具体内容、实施途径和方法，针对性强，成效显著 方法：查阅资料、师生座谈及问卷、个别访谈
		C16 课堂教学优化	课堂教学阶段性目标、措施与效果	标准：重视课堂教学优化，有阶段性目标和措施，教学效果明显提高 方法：查阅资料、课堂观察、师生问卷、个别访谈
		C17 教育媒体应用	媒体种类、应用面、效果	标准：从实际出发使用各类媒体进行教育教学，各类教育媒体应用面广，效果明显 方法：查阅资料、课堂观察
		C18 教育科研开展	机构、队伍、课题及成果	标准：教科研机构健全，骨干队伍稳定，教师参与面广，有各级课题并取得一定成果 方法：查阅资料、教师座谈、个别访谈
		C19 教学质量监控	监控体系、监控效果	标准：健全学校教与学的动态与静态相结合的全面质量监控体系，取得较好的效果 方法：查阅资料、个别访谈、教师座谈、师生问卷
	B9 后勤服务工作	C20 勤俭办学	办学条件、经费安排	标准：有计划改善学校设施，合理安排经费，确保教育教学需要，提高经费使用效益 方法：查阅资料、现场观察、个别访谈
		C21 校园建设	规划布局、人文环境、服务育人	标准：校园建设体现以学生发展为本。规划布局合理，能以教学为中心，校园人文环境具有思想性、科学性和艺术性。后勤工作坚持为教育教学服务，注重服务育人 方法：查阅规划、现场观察
A3 学生 整体 发展 水平	B10 思想品德	C22 道德品质	道德行为、法制意识	标准：具有良好的道德行为，遵纪守法，行为规范达区示范校水平 方法：查阅资料、现场观察、社区调查、师生问卷、家长问卷

评估层（A）	测评区域（B）	主因素（C）	检测点	参照标准与信息搜集方法
A3 学生整体发展水平	B10 思想品德	C23 理想信念	民族自尊心、自信心、责任心	标准:初步形成科学的世界观、正确的价值观和人生观,具有较强烈的民族自尊心、自信心和责任感 方法:查阅资料、个案调查、学生问卷、师生座谈
	B11 科学文化	C24 学习品质	学习态度、兴趣、习惯和方法	标准:学习兴趣浓厚,态度端正,习惯良好,方法得当。学习困难学生有显著进步 方法:查阅资料、师生座谈、学生问卷、家长问卷
		C25 基础知识	全科合格率、实验合格率	标准:各年级全科合格率达85%（85%、75%、65%）或在原有基础上有提高,学生实验合格率达95%以上(95%、93%、90%) 方法:查阅资料
	B12 身体素质	C26 体质状况	抗病能力、身体发展	标准:传染病发病人数、病休人数较少,身高、体重、胸围、脉搏、肺活量等指标达市颁常模 方法:查阅资料
		C27 体卫习惯	习惯养成	标准:具有良好的生活、卫生、饮食、健身等习惯 方法:查阅资料、现场观察、学生问卷、家长问卷
	B13 审美素养	C28 艺术修养	审美意识、艺术特长	标准:具有广泛的艺术兴趣爱好和审美意识,有一定数量的艺术特长学生 方法:查阅资料、现场观察、学生问卷、家长问卷
	B14 劳动实践	C29 劳动技能	知识与技能、科技作品	标准:热爱劳动,珍惜劳动成果,并掌握一定的生活、劳动与科技的基本知识和技能,有科技作品 方法:现场观察、学生问卷、家长问卷
		C30 社会实践	工农业生产劳动、公益劳动、社区服务、社会考察、军事训练	标准:积极参加工农业生产劳动、公益劳动、社区服务、社会考察及军事训练等社会实践活动,社区反映好 方法:查阅资料、学生问卷、社区调查
	B15 个性发展	C31 自主意识	自我保护、自我约束	标准:具有自尊自爱自强、积极进取、自我保护与自我约束的意识和能力 方法:查阅资料、个案调查、学生问卷、学生座谈、家长问卷

评估层（A）	测评区域（B）	主因素（C）	检测点	参照标准与信息搜集方法
A3 学生整体发展水平	B15 个性发展	C32 意志品质	心理品质和意志	标准:具有谦虚谨慎、坚毅勇敢、吃苦耐劳、承受挫折的心理品质和意志 方法:查阅资料、个案调查、学生问卷、家长问卷
		C33 个性特长	具有个性特长或兴趣爱好学生所占比例	标准:学生个性特长能充分发展 方法:查阅资料、学生问卷、学生座谈、家长问卷

（三）浦东新区中学主体性教育督导评估指标体系

评估层（A）	测评区域（B）	主因素（C）	检测点	参照标准与信息搜集方法
A1 教育资源开发	B1 人力资源	C1 专家顾问	参与程度、参与效果	标准:有专职或兼职专家顾问,参与学校管理和教育教学工作的研究,对推进学校工作有显著成效 方法:查阅资料、个别访谈、教师座谈
		C2 名特教师	作用发挥	标准:有市级优秀校长、骨干教师、优秀班主任或特级教师,充分发挥示范作用 方法:个别访谈、查阅资料、教师座谈
		C3 骨干群体	人数、分布面、骨干核心作用	标准:有以区学科带头人、骨干教师、中心组成员为核心的骨干群体,学科分布面广。中层以上干部富有朝气,具有务实、创新精神 方法:查阅资料、教师座谈、个别访谈
	B2 信息技术	C4 校园网络	电脑化管理、课堂教学模式	标准:建立计算机校园网,学校管理实现电脑化。课堂教学模式多样化,有主从型的信息化、交互型的网络化与资源型个别化研究性教学 方法:现场观察课堂观察、教师座谈、师生问卷、查阅资料
		C5 软件开发	制作数量、参与人数、运用效果	标准:重视多媒体软件开发,极大部分中青年教师能利用计算机制作课件、插件,大多数教师能用计算机设计教学方案,指导学生 方法:现场观察、查阅资料、课堂观察

评估层 (A)	测评区域 (B)	主因素 (C)	检测点	参照标准与信息搜集方法
A1 教育 资源 开发	B2 信息技术	C6 信息应用	信息量、应用效果	标准:重视国内外教育改革与发展动态信息的收集、交流、整理与应用 方法:查阅资料、教师问卷、个别访谈
	B3 环境创设	C7 社会参与	运作机制、参与效果	标准:形成社区与家庭参与学校管理的运作机制,有组织机构、有制度、有计划、有措施、有评价,效果好 方法:社区调查、家长问卷、个别访谈、查阅资料
		C8 服务社会	参与程度、整体形象	标准:积极参与社会两个文明建设,服务社会,树立学校整体形象,创设良好的学校外部环境 方法:社区调查、家长问卷、个别访谈、查阅资料
A2 学校 创新 管理	B4 管理机制	C9 办学理念	办学理念的时代性、独特性	标准:对教育改革与发展的本质有较深刻的理性思考,形成了能促进人与环境及社会协调发展的、独特的办学理念 方法:个别访谈、查阅资料、教师问卷
		C10 运行模式	管理人员主动性与创造性、机构运作高效性	标准:形成思想先进、体制合理、运作规范、决策民主、管理高效的运行模式 方法:个别访谈、教师问卷、查阅资料
		C11 评价体系	体系的科学性、对象的广泛性、操作的规范性	标准:形成师生、家长、社区共同参与、能促进学校各项工作和各类人员发展的科学评价体系 方法:查阅资料、个别访谈、师生问卷
	B5 校园文化	C12 校园物质文化	人文景观	标准:通过校园不同区域(行政区、教学区、生活区、活动区)的文化设计,营造浓郁的文化氛围,并具有鲜明的文化个性 方法:现场观察、查阅资料
		C13 校园活动文化	活动的广泛性、多样性	标准:通过群体活动、社团活动与主题活动等形式(包括校园活动延伸的社会活动)陶冶师生情操,促进师生身心发展 方法:查阅资料、个别访谈、师生问卷

评估层 （A）	测评区域 （B）	主因素 （C）	检测点	参照标准与信息搜集方法
A2 学校 创新 管理	B5 校园文化	C14 校园观念文化	精神风貌、价值观	标准：加强舆论导向、制度建设，形成良好的校风、教风、学风；师生具有团结、合作、开拓、进取的精神，能将学校的发展目标内化为自身的发展目标，实现自身价值 方法：查阅资料、个别访谈、师生问卷、家长问卷、社区调查
	B6 教师发展	C15 学术研究	研究范围、科研成果、学术专著	标准：教师中形成学术研究氛围，多数学科取得区级以上科研成果，教师中有学术专著发表 方法：查阅资料、个别访谈、教师座谈
		C16 教学风格	教学特色、影响力	标准：形成独树一帜的教学风格与特色，在全市乃至全国有一定影响 方法：查阅资料、课堂观察、个别访谈
	B7 教学改革	C17 课程教材改革	课改计划实施、学校教材编写、校本课程开设	标准：确立现代的课程观和教材观，认真实施市课程与教材改革计划，积极编写能体现区域特点、学校特色的教材，校本课程设置能充分反映素质教育要求 方法：查阅资料、课堂观察
		C18 课堂教学改革	教学策略、教学模式、示范作用	标准：重视课堂教学整体策略和教学模式的研究，课堂教学改革有重大突破，成果显著。在全区有示范作用 方法：课堂观察、查阅资料、教师问卷
A3 学生 主动 发展 水平	B8 主动参与	C19 参与教育教学	参与面（对象与范围）、主体作用发挥	标准：主动参与班级建设、团队活动、社会实践、课堂教学等，参与面广，主体作用发挥好 方法：查阅资料、学生座谈、学生问卷、课堂观察
		C20 参与学校管理	参与形式、参与能力	标准：有自主管理与参与管理的意识和能力，能通过少代会、学代会、团代会等途径参与学校各项管理活动 方法：查阅资料、师生座谈、学生问卷
	B9 自主发展	C21 自主学习	自主学习意识、能力	标准：有较强的自主学习意识，会选择性学习，自主学习能力强 方法：查阅资料、师生问卷、学生座谈、家长问卷

评估层 (A)	测评区域 (B)	主因素 (C)	检测点	参照标准与信息搜集方法
A3 学生 主动 发展 水平	B9 自主发展	C22 自我设计	价值取向、自我评价、调控能力	标准:根据目标设计自我,价值取向正确,具有自我评价与调控的能力 方法:查阅资料、师生问卷、学生座谈、家长问卷
		C23 实践能力	解决问题的能力	标准:有较强的解决生活、工作与社会实践中各种实际问题的能力 方法:查阅资料、师生问卷、学生座谈、家长问卷
		C24 创新精神	探究意识、创新成果	标准:有良好的人文和科学素养,有较强的质疑、求异、反思的意识,学会探究,在学生中有一定数量的小创造、小发明和小论文 方法:查阅资料、课堂观察、师生问卷、学生座谈、家长问卷

二、浦东新区小学发展性教育督导评估指标体系

（一）浦东新区小学基础性教育督导评估指标体系

评估层 (A)	测评区域 (B)	主因素 (C)	检测点	参照标准	信息搜集方法
A1 教育 资源 配置	B1 教育经费	▲C1 上级拨款	生均经费、生均公用经费	生均经费逐步增长,生均公用经费达规定要求	查阅账册、个别访谈
	B2 校舍面积	▲C2 专用教室	数量、面积	图书室、音乐室、自然实验室、卫生保健室、少先队室、语言室、美术室、教师学生阅览室、科技活动室、生活与劳动室、电化教室面积达市有关规定	现场观察、查阅资料
		▲C3 生均面积	生均用地、建筑、体育、绿化面积	参照《1990年上海市中小学校建设标准》	现场观察、查阅资料
	B3 技术装备	▲C4 教学设备	两机一幕、专用教室设备	每间普通教室配备两机一幕,专用教室配齐设施设备	现场观察、查阅资料
		★C5 图书报刊	生均图书册数、报刊种类	参照沪教委基〔1999〕61号文,生均图书:20册(20、15、10);报刊种类:60种(60、50、40)	查阅资料
	B4 师资配备	★C6 任职资格	任职资格符合率、学历达标率、高一层次学历达标率、干部岗位培训	在岗教师任职资格符合率100%;学历达标率100%;高一层次学历(含在读)达标率65%(65%、55%、45%);中层以上干部持证上岗	查阅资料

评估层 (A)	测评区域 (B)	主因素 (C)	检测点	参照标准	信息搜集方法
A1 教育 资源 配置	B5 社区环境	C7 校外基地	教育基地、周边环境	有稳定的校外教育基地和良好的学校周边环境	查阅资料、社区调查
		C8 家庭支持	家长委员会、家长学校、校长接待日、家访、家长会	成立家长委员会,举办家长学校,建立校长接待日、定期家访和家长会制度	查阅资料、家长问卷
A2 学校 常规 管理	B6 行政工作	C9 办学计划	办学目标与三年发展计划、学校与各部门学年度计划	办学目标明确,三年发展计划切合实际,能围绕办学目标制订学校与各部门工作计划,并有步骤地贯彻落实	个别访谈、查阅资料、教师问卷
		C10 机构运作	层级管理、运转秩序	机构设置合理,职责明确,层级管理清晰,管理渠道畅通,运转秩序正常	查阅资料、个别访谈、教师问卷
		C11 规章制度	岗位责任制、人员聘任制、校内结构工资制	建立符合学校实际的规章制度,并贯彻落实	个别访谈、教师问卷、查阅资料
	B7 师资队伍	★C12 职业道德	师德规范、师德师风	重视师德教育,制订师德规范,无以教谋私、体罚或变相体罚现象	师生问卷、家长问卷、社区调查、查阅资料
		C13 业务培训	职务培训、学历进修、新任教师与青年教师培养	有教师业务培训计划,按规定完成职务培训与学历进修,从实际出发,培养新任教师和青年教师	查阅资料、个别访谈
	B8 教育教学	C14 学校德育工作	德育常规制度、班集体建设、德育活动、德育渗透	重视德育(含校外教育)工作常规制度与班集体建设,积极开展德育活动,注意德育渗透	查阅资料、师生问卷、个别访谈
		★C15 教育教学秩序	学生课业与心理负担、课程计划	严格执行"减负"有关规定,按教学计划开齐课程,不随意增减课时,专课专用	查阅资料、学生问卷、家长问卷
		C16 教学过程	教学工作目标、教研组建设、流程管理	教学工作(含课外活动)有明确的阶段性目标与要求。教研组制度健全,活动落实。流程管理规范	查阅资料、个别访谈、教师问卷
		★C17 电教与实验	电教覆盖率、学生实验开设率	电教覆盖率 30%(30%、28%、26%),学生实验开设率 95%(95%、90%、85%)	查阅资料、个别访谈

评估层（A）	测评区域（B）	主因素（C）	检测点	参照标准	信息搜集方法
A2 学校常规管理	B8 教育教学	C18 教育教学研究	专题研究计划、措施、总结、交流	根据课堂教学实际开展专题研究活动，有计划、有措施、有总结、有交流	查阅资料、教师座谈
		★C19 语言文字规范	师生普通话、规范字使用	语言文字工作列入学校工作计划，有明确的目标和要求，建立相应的工作制度，语言文字工作达合格水平	现场观察、查阅资料、学生问卷、课堂观察
	B9 总务工作	★C20 经费使用	公用经费使用、体育维持费、图书经费	经费使用合理、有效，保证教育教学需要，体育维持费不低于公用经费的4.8%（4.8%、3.2%、1.6%），图书经费不低于公用经费的10%（10%、8%、6%）	查阅资料、个别访谈
		★C21 财产管理	财务与资产管理制度、收费情况、校产完好率	财务制度和资产管理制度健全。收费项目与收费标准按规定执行，无乱收费。校舍、设备、设施及时维修，完好率高	师生问卷、家长问卷、查阅资料、现场观察
		C22 校园环境	环境创设、环境卫生	校园环境符合国家教委〔1992〕19号关于《中小学校园环境管理的暂行规定》，并做到绿化、净化、美化，创设文明的校园环境	现场观察
A3 学生基础发展水平	B10 道德行为	C23 行为规范	文明礼貌、行为习惯	能自觉遵守行为规范和规章制度，有良好的校风、学风，达到区行为规范合格校水平	现场观察、查阅资料、教师、学生、家长问卷、社区调查
		★C24 刑事案发	刑事案发率、行为偏差学生转化	行为偏差学生转化较好，无刑事案发	查阅资料、访谈、社区调查
	B11 文化知识	★C25 普及程度	入学率、巩固率、年级留级率、毕业率	入学率100%，残疾儿童随班就读；巩固率100%；各年级留级率小于1%；毕业率大于99%	查阅资料
		★C26 知识能力	各科合格率、实验操作能力	各年级各学科合格率高，学生具有一定的动手实验能力	查阅资料、学生座谈、课堂观察、学生问卷
	B12 体能状况	★C27 体育保健	体育课合格率、近视眼新发病率、常见病防治	体育课合格率95%以上（95%、93%、90%）；学生卫生习惯良好，近视眼新发病率控制在3%以下（3%、6%、9%）；六种常见病的防治目标分别达标	查阅资料

评估层 （A）	测评区域 （B）	主因素 （C）	检测点	参照标准	信息搜集方法
A3 学生 基础 发展 水平	B12 体能状况	★C28 体锻达标	体锻达标率、运动会参与面、运动队训练	体锻达标率 90% 以上（90%、88%、86%），校运会参与面广，运动队训练有计划、有记录	查阅资料、学生问卷
	B13 美育水平	C29 音美成绩	合格率	音乐、美术课成绩合格率达 95% 以上（95%、93%、90%）	查阅资料
		C30 艺术活动	参加艺术类活动人数比例、活动效果	各级各类艺术活动开展正常，效果较好	查阅资料、学生问卷
	B14 劳动生活	C31 劳技科技	参加科技类活动人数比例、劳技作品	在老师的指导下能积极参加科技活动，并能较好完成劳技作品	查阅资料、学生问卷
		C32 劳动态度	参加劳动自觉性、参加劳动时间	能自觉参加力所能及的学校、社会公益劳动和家务劳动，高年级学生参加公益劳动或社会服务时间每年不少于 20 小时	现场观察、学生、家长问卷、社区调查

（二）浦东新区小学整体性教育督导评估指标体系

评估层 （A）	测评区域 （B）	主因素 （C）	检测点	参照标准	信息搜集方法
A1 教育 资源 优化	B1 经费筹措	C1 经费来源	自筹渠道、使用情况	按规定多渠道筹措教育经费，自筹经费主要用于改善办学条件	查阅账册
	B2 设施利用	C2 合理配置	校舍与设备的利用	校舍与设备要优先保证义务教育阶段教育教学的需要	现场观察、个别访谈
	B3 装备使用	C3 使用效率	专用教室使用率、年生均外借图书册次与阅览人次	专用教室使用率高，设备和图书资料等使用达到有关要求，效率高。年生均外借册次：中年级 3 册、高年级 5 册	查阅资料、现场观察
	B4 师资结构	C4 年龄结构	老、中、青教师比例	老、中、青教师比例较合理，无明显断层现象	查阅资料
		C5 能力结构	骨干教师数量、一专多能教师比例	各学科有一定数量的骨干教师，一专多能教师占一定比例	查阅资料、个别访谈

评估层 （A）	测评区域 （B）	主因素 （C）	检测点	参照标准	信息搜集方法
A1 教育 资源 优化	B5 环境优化	C6 社区教育	教育基地利用	重视校外教育基地、实践基地、共建单位的开发和利用，功能发挥良好	查阅资料、学生问卷、社区调查
		C7 家庭教育	家校联系形式、家庭教育指导	通过多种方式主动加强与家长的联系。家庭教育科学指导有明显成效	查阅资料、家长问卷
A2 学校 系统 管理	B6 行政工作管理	C8 目标管理	目标制订、目标分解、目标监控、目标评价	学校办学目标明确，形成目标管理体系，并实施目标科学管理	查阅资料、个别访谈、教师问卷
		C9 权力制衡	党组织政治核心作用、教代会民主监督作用、议事规则	实行校长负责制，充分发挥党组织的政治核心作用和教代会的民主监督作用，重大问题按规定程序决策	查阅资料、教师问卷、个别访谈
		C10 全员激励	激励手段与方法、教职工积极性	坚持群体激励与个体激励相结合，采取多种手段与方法充分调动教职工的积极性	查阅资料、个别访谈、教师问卷
		C11 反馈调控	反馈渠道与形式、问题研究与目标调控	多渠道、全过程获取信息，重视对目标实施过程的调控	查阅资料、个别访谈、教师问卷
	B7 师资队伍建设	C12 师德教育	教育内容、师德考评、先进典型	有针对性地加强师德教育，定期进行师德考评，树立典型、弘扬先进，教师有良好的师德修养	查阅资料、学生问卷、教师座谈、社区调查
		C13 专业发展	理论学习、知识与技能的拓展、教科研能力	坚持校本培训，注重教师教育教学理论水平的提高，知识和技能的拓展及教科研能力的培养，教师教育教学的整体水平有较大提高	查阅资料、教师座谈、教师问卷、个别访谈
		C14 骨干培养	目标、措施与效果	骨干（干部、教师）培养目标明确，措施落实，有明显成效	查阅资料、个别访谈、教师问卷
	B8 教育教学工作	C15 德育工作管理	德育机构与队伍、德育目标与途径、针对性和实效性	重视德育机构与队伍建设。坚持从实际出发，制订有递进层次的德育工作目标，针对性强，措施落实，成效明显	查阅资料、个别访谈、师生问卷

评估层 （A）	测评区域 （B）	主因素 （C）	检测点	参照标准	信息搜集方法
A2 学校 系统 管理	B8 教育教 学工作	C16 课堂教 学优化	目标与途径、措 施与效果	重视课堂教学优化，有阶 段性目标和措施，效果 明显	查阅资料、课堂 观察、教师座 谈、师生问卷
		C17 教育技 术应用	媒体种类、应用 面、使用率和 效果	重视现代教育技术应用， 教师能熟练使用现有设 备，应用面广，使用率高， 效果明显	查阅资料、课堂 观察、现场观察
		C18 教育科 研开展	机构、队伍、课题 及成果	教科研机构健全，骨干队 伍稳定，教师参与面广，各 级课题取得一定成果	查阅资料、个别 访谈、教师讨论
		C19 教学质 量监控	监控体系、监控 效果	健全学校教与学的动态与 静态相结合的全面质量监 控体系，取得较好的效果	查阅资料、师生 问卷、个别访谈
	B9 后勤服 务工作	C20 勤俭办学	办学条件改善、 经费合理安排	有计划改善学校设施，确 保教育教学需要，开源节 流，合理安排经费，努力提 高经费使用效益	个别访谈、教师 问卷、查阅资料
		C21 校园建设	规划布局、人文 环境、服务育人	营造以人发展为本的校园 环境，规划布局合理，人文 环境体现思想性和艺术 性。后勤工作坚持为教育 教学服务，注重服务育人	查阅资料、现场 观察、师生问 卷、个别访谈
A3 学生 整体 发展 水平	B10 思想道德	C22 道德品质	行为习惯、是非 观念、法制意识	遵纪守法，明辨是非，道德 行为良好，达到区级行为 规范示范校水平	查阅资料、学生 座谈、社区调查
		C23 理想信念	民族自尊心、自 信心、责任感	具有热爱祖国的民族自尊 心、自信心和责任感，树立 为振兴中华而发奋学习的 信念	查阅资料、学生 座谈、师生问卷
	B11 科学文化	C24 学习品质	学习兴趣、态度、 习惯、方法	有浓厚的学习兴趣、端正 的学习态度、强烈的求知 欲望、正确的学习方法和 良好的学习习惯	课堂观察、查阅 作业、师生问卷
	B12 身体素质	C25 体育锻炼	群体活动的开展 和效果、参加运 动会的成绩	能自觉参加体育锻炼和各 项体育活动，体质有明显 增强，部分学生有体育 特长	查阅资料
		C26 卫生健康	卫生习惯、常见 病发病率	具有良好的卫生习惯和较 强的抗病能力，发育状况 良好，常见病发病率低	查阅资料、学生 问卷、家长问卷

评估层 （A）	测评区域 （B）	主因素 （C）	检测点	参照标准	信息搜集方法
A3 学生 整体 发展 水平	B13 审美素养	C27 艺术技能	艺术类兴趣组活动情况、艺术特长生人数	参加艺术类活动和艺术小组的人数多，部分学生具有艺术特长	查阅资料、现场观察
	B14 劳动实践	C28 劳动习惯	态度、习惯、自理能力	热爱劳动，珍惜劳动成果，积极参加校内外各项劳动，具有一定的生活自理能力	学生问卷、家长问卷
		C29 科技制作	参加科技类活动人数、科技作品	参加科技活动人数较多，部分科技作品有创意	查阅资料
	B14 劳动实践	C30 社会实践	社会调查、社会服务	接触社会，了解社会；中、高年级每班成立为民服务队，经常为社区进行力所能及的服务	学生问卷、社区调查
	B15 个性心理	C31 自主意识	自我认识、自我保护	具有自信、自立、自强的意识和一定的自我保护能力	学生问卷、个别访谈
		C32 意志品质	毅力、承受挫折的心理品质	初步具有坚毅勇敢的心理品质和承受挫折的能力	个别访谈、学生讲座

（三）浦东新区小学主体性教育督导评估指标体系

评估层 （A）	测评区域 （B）	主因素 （C）	检测点	参照标准	信息搜集方法
A1 教育 资源 开发	B1 人才资源	C1 专家顾问	指导作用	学校的专职或兼职专家顾问能对学校发展规划、师资培养、教育教学、教科研等方面进行指导，推进学校工作	查阅资料、个别访谈
		C2 骨干群体	结构、影响及作用	有市（区）级优秀校长、骨干教师和学科带头人，形成骨干群体，发挥他们在教育教学中的作用。中层以上干部富有朝气，具有务实、创新精神	查阅资料、教师座谈、教师问卷、个别访谈
		C3 外聘老师	兼职教师数量、教育教学效果	有各类专门人才来校兼课，参与教育教学，推进素质教育的全面实施	查阅资料、个别访谈
	B2 信息技术	C4 网络设施	校园网、多媒体设施	计算机校园网初具规模，多媒体设施较齐全	查阅资料、课堂观察

评估层 (A)	测评区域 (B)	主因素 (C)	检测点	参照标准	信息搜集方法
A1 教育 资源 开发	B2 信息技术	C5 课件开发	课件的制作与使用	教师积极制作与使用各类课件,参与面广,效果好	现场观察、课堂观察、教师问卷
		C6 信息应用	信息的渠道、信息量及其应用	多渠道摄取各类信息,能结合本校实际加以整理、借鉴、应用,取得实效	查阅资料
	B3 环境创设	C7 服务社区	参与程度、整体形象	积极参与社区文明建设,树立学校整体形象,创设良好的外部教育环境	查阅资料、家长问卷、社区调查
		C8 社区参与	参与机制与效果	社区、家庭参与学校管理,有组织、有制度、有计划、有措施、有总结、效果好	查阅资料、社区调查、家长问卷
A2 学校 管理 创新	B4 管理机制	C9 办学理念	办学理念的时代性与独特性	对教育改革和发展的本质有较深刻的理性思考,形成了能促进人与环境及社会协调发展的、独特的办学思路	个别访谈、查阅资料、教师问卷
		C10 运行模式	管理人员主动性与创造性、机构运作的高效性	形成思想先进、体制合理、运作规范、决策民主、优质高效的运行模式和监控机制	查阅资料、个别访谈、教师问卷
		C11 评价体系	体系的科学性、对象的广泛性、操作的规范性	形成师生、家长、社区共同参与、符合素质教育要求、能促进学校各项工作和各类人员发展的评价体系,并能体现在学校的各项工作中	查阅资料、个别访谈、师生问卷
	B5 校园文化	C12 文化建设	物质文化、制度文化、精神文化	校舍设施布局、校园环境具有浓厚文化氛围和鲜明的文化个性;群体活动、社团活动与主题活动能陶冶师生情操;师生能把学校各项制度化为自己的自觉行动;师生具有团结、合作、开拓、进取的精神,能将学校发展目标内化为自身的发展目标,实现自身价值	现场观察、查阅资料、师生问卷、师生访谈
	B6 教师发展	C13 学术研究	研究氛围、科研成果、专著发表	教师中形成学术研究氛围,多数学科取得区级以上科研成果,教师中有学术专著发表	查阅资料
		C14 教学风格	特色与影响力	在一些学科领域里有独特教学风格与专长,在区、市乃至全国有一定知名度	课堂观察、查阅资料

评估层（A）	测评区域（B）	主因素（C）	检测点	参照标准	信息搜集方法
A2 学校 管理 创新	B7 教学改革	C15 课程教材改革	课改计划实施、学校教材编写、校本课程开设	确立现代的课程观和教材观，认真实施市课程与教材改革计划，积极编写能体现区域特点、学校特色的教材，校本课程设置能充分反映素质教育要求	查阅资料、课堂观察
		C16 课堂教学改革	教学策略、教学模式、示范作用	重视课堂教学整体策略和教学模式的研究。课堂教学改革有重大突破，成果显著，在全区有示范作用	课堂观察、查阅资料、教师问卷
A3 学生 主动 发展 水平	B8 主动参与	C17 参与教育教学	参与程度、参与面（对象与范围）	在班队活动、课堂教学及社会实践中充分发挥主体作用	课堂观察、查阅资料、教师问卷
		C18 参与学校管理	主动性、少代会作用	有自主管理与参与管理的意识和能力，能通过少代会等形式参与学校各项管理活动	查阅资料、学生问卷、学生座谈
	B9 自主发展	C19 自主学习	自学习惯、自学能力	有良好的自学习惯，具有较强的自学能力	师生问卷、师生座谈、家长问卷
		C20 自我设计	自我评价、自我调控	具有健康的心理素质。能进行一定的自我评价与调控，初步具有正确的价值取向	学生问卷、师生座谈、查阅资料、家长问卷
		C21 实践能力	解决问题的能力	能把学到的知识运用于学习、工作、生活实践中	家长问卷、师生问卷
		C22 创新意识	质疑能力、创新成果	初步具有创新意识，求知欲望强，能独立思考，能质疑问难；在学生中有小创造、小发明和小论文	课堂观察、师生问卷、查阅资料、家长问卷

三、浦东新区幼儿园发展性教育督导评估指标体系

（一）浦东新区幼儿园基础性教育督导评估指标体系

评估层（A）	测评区域（B）	主因素（C）	检测点	参照标准	信息搜集方法
A1 教育 资源	B1 园舍条件	▲C1 园舍面积	用地、建筑、绿地及活动室面积	参照《幼儿园建设标准》沪建〔95〕第 0560 号	听取介绍、查阅资料、个别访谈、现场观察、问卷调查
		▲C2 专室配备	保健观察隔离室、专用活动室、音体活动室、主辅食加工间（包括备菜间）、卧室等面积	符合《上海市托幼机构合格保健室标准》（以下简称《保健室标准》）、《幼儿园建设标准》的要求	

评估层 （A）	测评区域 （B）	主因素 （C）	检测点	参照标准	信息搜集方法
A1 教育 资源	B2 装备配置	★C3 保健设备	设备、药品	达到《保健室标准》的配备要求	听取介绍、查阅资料、个别访谈、现场观察、问卷调查
		★C4 教学设备	体育、游戏、艺术、视听与图书、科学、生活与劳动电教设备	《上海市幼儿园装备标准》必配部分均达标（100%、85%、70%），选配部分配置率高（80%、60%、40%）	
		C5 辅助设备	生活用品、行政设备	《上海市幼儿园装备标准》必配部分达标（100%、85%、70%），选配部分配置率高（80%、60%、40%）	
	B3 人员配备	★C6 任职资格	任职资格符合率、学历达标率、高一层次学历达标率	园领导持证上岗，教师的任职资格率达100%；三大员任职资格符合率100%（100%、90%、80%），学历达标率100%，高一层次学历达标率70%，其他人员符合《上海市幼儿园分等定级标准》	
	B4 家园环境	★C7 园区安全	设施、制度、效果	符合《上海市中小学校学生伤害事故处理条例》的要求	
		C8 家园联系	联系形式、指导内容	建立家委会，开展多种形式的家园联系工作；能经常开展家庭教育指导工作	
A2 园务 管理	B5 发展计划	C9 办园目标	三年发展计划、学期工作计划	有明确的办园总目标和分目标，有配套的园所与部门学期工作计划，并认真执行	听取介绍、查阅资料、个别访谈、现场观察、问卷调查
		C10 规章制度	完备性、适切性、有效性	能根据实际制订切实有效的规章制度，并认真实施	
	B6 队伍建设	★C11 师德教育	措施、效果	采取多种措施加强师德教育，不以教谋私，无体罚与变相体罚现象，教师具有敬业精神和较强的责任心	
		C12 业务培训	计划、措施、效果	有计划地组织各类人员参加相关的业务培训，自培措施落实，效果较好	
	B7 保教常规	★C13 班额控制	班级人数	各年龄段的班额符合《幼儿园工作规程》的要求（0，3，5）	
		★C14 卫生保健	制度的建立与执行	卫生保健制度健全，各项常规工作达到《保健室标准》的有关要求	

评估层 （A）	测评区域 （B）	主因素 （C）	检测点	参照标准	信息搜集方法
A2 园务 管理	B7 保教常规	C15 一日活动	作息制度、活动目标、组织形式	一日生活作息制度合理，各类活动目标明确，组织形式符合幼儿年龄特点	听取介绍、查阅资料、个别访谈、现场观察、问卷调查
		★C16 教研活动	制度、内容、效果	建立两级教研网络，教研活动做到定时间、定内容、定中心发言人，效果较好	
	B8 后勤工作	★C17 经费管理	财务制度、经费使用	有经费预决算审核等制度，按有关文件规定收取合理使用各类经费（开办费、管理费、伙食费、代办费等）	
		C18 财产保管	建立制度、管理状况	有物品登记和保管制度，管理状况良好	
A3 幼儿 发展	B9 共同生活	★C19 身体素质	身高、体重、血色素、适应气候与抗病的能力	身高、体重超均值 P≥50%，血色素达到《上海市儿童保健条例》所规定的要求。适应气候环境的变化，对疾病能配合预防和治疗，发病少	观摩活动、问卷调查、个别访谈、查阅资料、听取介绍
		C20 自主意识	自我意识、规则意识、合作意识	有较强的自我意识，能对自己和同伴做出评价；有初步的规则意识和一定的自控能力；有较强的合作意识，与同伴友好相处，能与他人合作完成一件事	
		★C21 自理能力	生活卫生习惯、自我服务能力	形成良好的生活卫生习惯，能根据实际需要进行生活活动。具有一定的自我服务能力，独立地做一些力所能及的事	
		C22 关爱情感	礼貌助人	尊敬师长，礼貌待人，关心他人，乐意助人	
	B10 认识世界	★C23 求知欲望	好奇心、观察力	对各种事物和现象充满好奇心，具有一定的观察能力。对教师预设的各项活动有认识和探索的兴趣	听取介绍、查阅资料、个别访谈、现场观察、问卷调查
		C24 认知体验	知识经验、环保意识、实践操作	了解人与自然、社会的简单关系，掌握其主要特征，形成初步概念，具有热爱自然和保护自然的意识。对操作活动兴趣浓厚，能借助各种工具和材料按一定方法动手操作	

评估层 (A)	测评区域 (B)	主因素 (C)	检测点	参照标准	信息搜集方法
A3 幼儿 发展	B10 认识世界	★C25 活动能力	灵敏度、协调性、自我保护	积极参加活动,掌握基本技能,动作灵敏协调。有一定的安全意识和自我保护能力	听取介绍、查阅资料、个别访谈、现场观察、问卷调查
	B11 表达表现	★C26 倾听表达	注意力、表达力	能认真倾听别人的讲话。能围绕一个话题与人交流,能清楚地用普通话表达自己的想法	
		C27 艺术爱好	兴趣、感受力、表现能力	喜欢参加艺术活动,有一定的艺术感受力和艺术表现能力	

（二）浦东新区幼儿园整体性教育督导评估指标体系

评估层 (A)	测评区域 (B)	主因素 (C)	检测点	参照标准	信息搜集方法
A1 教育 资源	B1 园区建设	C1 整体布局	安全性、合理性	布局安全、合理,有利于幼儿的生活、学习、体育、游戏活动	听取介绍、查阅资料、现场观察、个别访谈、问卷调查
		C2 环境优化	艺术性、教育性	园内环境具有童趣和艺术性,能体现时代特点,有较高的文化品位,富有教育意义	
	B2 设施设备	C3 设施利用	专用活动室的使用率、场地的利用率	有充分利用设施的措施,利用率高	
		C4 设备使用	教育七大类设备使用率	教玩具(含自制教玩具)使用率高	
	B3 人员结构	C5 年龄结构	老、中、青比例	教师队伍年龄结构合理,后勤队伍年轻化	
		C6 能力结构	知识面、教育与研究能力	一定数量的教师具有使用外语、计算机的能力,教师知识面宽,教育与研究能力强	
	B4 育儿环境	C7 家庭教育	家委会作用、家教指导实效	家委会参与幼儿园的管理;家教指导工作有针对性,有实效	
		C8 社区教育	争取社会支持、参与社区活动	积极争取社会各界的支持,与社会共同优化幼儿园环境;努力为幼儿创设参与社区活动的机会与条件	

评估层（A）	测评区域（B）	主因素（C）	检测点	参照标准	信息搜集方法
A2 园务管理	B5 管理运作	C9 目标管理	目标、实施、监控、评价	园领导具有以人发展为本的教育观，形成目标管理体系，有目标实施的保障措施，目标达成度高	听取介绍、查阅资料、个别访谈、现场观察、问卷调查
		C10 权力制衡	党组织与教代会作用、议事规则	充分发挥党组织的政治核心作用和教代会的民主监督作用，重大问题按规定程序决策	
		C11 全员激励	激励手段、方法、效果	坚持群体激励与个体激励相结合，激励手段与方法灵活多样，教职工积极性高	
		C12 反馈调控	反馈渠道、改进效果	多渠道搜集信息，重视问题的分析研究与反馈，不断改进园务工作	
	B6 队伍优化	C13 专业发展	观念转变、知识更新、技能拓展	采用多种途径和方法，促进教师树立以幼儿发展为本的教育观，形成良好的思维方法，提高教育教学能力	
		C14 骨干培养	目标、措施、效果	制订骨干培养计划，有明确的培养目标，有具体的培养措施，取得良好效果	
		C15 合作交流	合作意识、人际氛围	运用各种方式进行交流与合作，形成良好的人际氛围	
	B7 保教研究	C16 活动优化	生活、游戏、运动、学习活动	一日活动方案设计合理科学，实施效果好	
		C17 幼儿评价	评价制度、实施效果	建立幼儿身心发展评价制度，实施效果好	
		C18 教育科研	队伍、课题、成果	形成教科研队伍，设立各级课题，有成果	
	B8 后勤服务	C19 勤俭办园	经费安排、使用效益	经费安排确保保教工作需要，提高经费使用效益，努力改善办园条件	
		C20 服务意识	服务意识、工作效率	后勤人员为幼儿、教学、教师、家长服务的意识强；供物、维修及时，保质保量	

评估层 (A)	测评区域 (B)	主因素 (C)	检测点	参照标准	信息搜集方法
A3 幼儿 发展	B9 合作互助	C21 热爱集体	同情心、责任感	具有热爱集体、热爱家乡、热爱祖国、关爱人类的良好情感与责任心	观摩活动、问卷调查、个别访谈、查阅资料、听取介绍
		C22 合作交往	交往方式、合作能力	善于运用各种方式与同伴交往,合作能力强	
	B10 表现能力	C23 阅读理解	阅读习惯、理解能力	阅读兴趣浓厚,阅读习惯良好,理解能力强	
		C24 艺术水平	审美意识、表现方式	在艺术活动中能感受美、欣赏美,并以一定的方式自然地表达情感,艺术表现水平较高	

（三）浦东新区幼儿园主体性教育督导评估指标体系

评估层 (A)	测评区域 (B)	主因素 (C)	检测点	参照标准	信息搜集方法
A1 教育 资源	B1 人力资源	C1 专家顾问	参与管理、指导研究	参与幼儿园管理和幼儿园保教工作的研究、指导,有显著成效	听取介绍、查阅资料、现场观察、个别访谈、问卷调查
		C2 骨干群体	市、区、学区骨干教师的数量、结构	形成以区骨干教师(或学科带头人)为核心的骨干教师群体,结构合理	
	B2 信息技术	C3 网络设施	校园网、多媒体设备	计算机校园网初具规模,现代教育媒体设备齐全,初步实行电脑化管理	
		C4 课件运用	运用能力、运用范围	教师善于运用各种教学课件,运用面广,效果好,并重视课件的开发	
		C5 信息运用	信息交流与应用	重视国内外学前教育改革与发展信息的搜集、交流与应用	
	B3 社区环境	C6 社区参与	参与程度、实施效果	充分发挥社会与家庭参与幼儿园管理的功能,效果显著	
		C7 服务社会	整体形象、优质服务	重视幼儿园文化建设,树立良好的整体形象,为社区、家长提供优质服务	

评估层 (A)	测评区域 (B)	主因素 (C)	检测点	参照标准	信息搜集方法
A2 园务 管理	B4 管理机制	C8 办园理念	前瞻性、时代性、可行性	园长对教育发展与改革的本质有较深刻的理性思考,形成新颖、清晰、独特的办园思路	听取介绍、查阅资料、个别访谈、现场观察、问卷调查
		C9 管理模式	规范、民主、高效	逐步形成运行规范、决策民主、优质高效的管理模式	
		C10 评价体系	教材评价、人员评价、保教质量评价	建立教材、人员、保教质量评价体系,形成教师、家长、社区共同参与的评价机制,并有实效	
	B5 教师发展	C11 教学风格	特色、影响力	形成独特的教学风格与特色,能发挥示范辐射作用,在区、市或全国有一定的知名度	
		C12 学术研究	研究成果、推广运用	教师在保教研究中取得区级以上科研成果或有专著发表,并重视成果的推广、运用	
	B6 保教改革	C13 园本课程	课程目标、内容、实施、评价	园本课程目标明确,能体现区域特点、办园特色,并适合幼儿发展的需要,能有效地组织实施和评价	
		C14 保教特色	特色、影响力	保教工作有创新并形成特色,在区、市乃至全国有较大的影响	
	B7 文化建设	C15 文化气氛	物质文化、制度文化、精神文化	园内环境具有浓厚的文化氛围和鲜明的文化个性;教工能把幼儿园各项制度化为自己的自觉行动;办园理念渗透于各项工作,教工将幼儿园的发展目标内化为自身的发展目标	
A3 幼儿 发展	B8 自主发展	C16 主动参与	主体意识、竞争意识	幼儿在各类活动中表现出较强的主体性和积极性,活动过程中充分表现自己的能力,有较强的竞争意识和进取意识	观摩活动、问卷调查、个别访谈、查阅资料、听取介绍

评估层 （A）	测评区域 （B）	主因素 （C）	检测点	参照标准	信息搜集方法
A3 幼儿 发展	B8 自主发展	C17 实践能力	探究意识、尝试能力	幼儿会自发生成对周围事物的兴趣。能进行分类、测量、排序、比较、推理等智力活动。能使用材料进行多种操作，能尝试接触和运用多种媒体	观摩活动、问卷调查、个别访谈、查阅资料、听取介绍
	B9 探索精神	C18 质疑求异	主动性、敏感性、独特性	好学好问，积极思考，能捕捉和处理信息，思维具有独特性	
		C19 想象创造	想象力、创造力	能在各类活动中产生丰富的想象，萌发创造欲望，积极进行创造实践	

区域教育督导队伍建设探究 *

要全面提高教育督导的质量与水平，充分发挥教育督导在实施素质教育中的保障作用，就必须切实加强教育督导队伍建设。教育部在《关于加强教育督导与评估工作的意见》（教督〔1999〕6 号）中指出："要进一步加强教育督导评估工作机构和队伍建设""努力建立一支行政管理型和专家型相结合、专职和兼职相结合、数量足够、素质较高、年龄和知识结构合理的督学队伍"。可见，建立一支适应新世纪教育督导需要的高素质的教育督导队伍，是摆在我们面前的一项十分重要而紧迫的、实践性很强的研究课题。

基础教育实行"分级管理、地方负责"以后，不仅大大调动了地方政府办教育的积极性，而且大大拓宽了地方政府根据区域特点整体推进素质教育的时间和空间。与此同时，地方政府承担的发展教育的责任也越来越大了。为了提高区域教育的整体质量与水平，充分满足区域社会经济发展和人的发展需要，地方政府不仅要重视和加强教育行政管理，而且要重视和加强教育行政监督。由此，地方政府必然要进一步加强区域教育督导机构和队伍建设。长期以来，由于诸种原因，地方教育行政监督的功能一直处于相对弱化状态，随着地方政府全面推进素质教育责任的明确，地方教育督导部门的地位得到了迅速提升，其功能也随之强化，对从事此项工作的人员的要求也随之提高。在我们对加强区域教育督导队伍建设还缺乏足够的思想、经验和技术等准备的情况下，如何去面对这种急剧变化的形势，在教育督导实践过程中，大胆探索，努力建设一支高素质的区域教育督导队伍，是需要我们认真思考的重要问题。现谈几点看法。

一、区域教育督导队伍的构成与职责

区域教育督导队伍应围绕区域教育督导的目标与任务来组建。区域教育督导承担着督政与督学两大任务。因为两大任务在不同的层面、不同的阶段完成的目

---

* 此文发表于《教育督导》2002 年第 1 期。

标和要求是不同的，所以组建区域教育督导队伍，除了要体现权威性外，还应注意层次性和发展性。这不仅有助于保证区域教育督导队伍的数量和质量，而且有助于从不同层面上发挥区域教育督导队伍的作用。下面以浦东新区为例，具体探讨区域教育督导队伍的构成与职责。

浦东新区是一个正在迅速向国际化大都市迈进的城郊结合型地区，地域广阔，学校众多，区内现有中小幼、职校近 500 所。特别是新区提出了区域整体推进素质教育，创建与现代化新城区相匹配的一流教育目标。要确保这一目标的实现，教育督导具有不可替代的作用。为了充分发挥教育督导的监督、检查、评估和指导作用，新区一方面积极探索适合新区教育改革与发展需要的教育督导模式，一方面努力建设一支适应新区高标准、高质量教育督导要求的教育督导队伍。

新区组建教育督导队伍的基本思路是：主动参与、多层组合、整体协调、动态发展。所谓主动参与，就是一旦成为新区教育督导队伍中一员，就应热心教育督导事业，以高度的历史责任感主动参加教育督导。所谓多层组合，就是为了完成教育督导任务，需要聘请各方面的专家、学者、领导、理论工作者和实际工作者来从事教育督导工作，并根据不同的教育督导任务和每个人的特长来确定有助于每个人充分发挥才能的具体工作。所谓整体协调，就是围绕教育督导目标，从整体上协调教育督导力量，充分发挥每一个教育督导人员的积极性和主动性。所谓动态发展，就是注重教育督导队伍的优化组合，不断提高整体素质。

根据上述基本思路，新区建立了教育督导团，主要由专职督学和非专职督学两部分构成。按照不同的职责，专职督学分为正副主任、主管督学、督学三个层次；非专职督学分为咨询督学（特约督学）、兼职督学、轮值督学、视导员四个层次。其队伍组成的基本结构见图 1 所示。

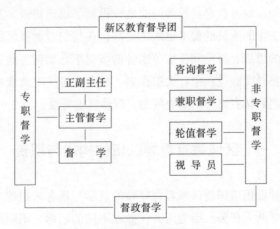

图 1　督学队伍组成的基本结构

要组建一支能充分发挥作用的区域教育督导队伍，除了在队伍的层次上进行准确定位外，还要明确各自的职责。为此，新区对各层面的专职和非专职督学的职责做了规定。

由专职督学组成的新区教育督导室是新区教育督学导团的常设机构，各层面的职责是：

正副主任的主要职责是根据国家的有关法律、法规、政策，组织督学开展督政、督学工作。以更新督学的教育督导观念和教育督导技术与方法为抓手，积极开展教育督导的研究和实践，不断提高教育督导的质量与水平。

主管督学是由督导室主任聘任的教育督导小区负责人，其主要职责是根据教育督导室工作计划，结合本小区实际，制订执行方案，组织实施小区内的教育督导工作。积极探索教育督导小区的工作模式。结合教育督导实践，组织开展教育督导课题研究。认真总结经验，努力创建教育督导小区的督导特色。

专职督学的主要职责是认真学习国家有关法律、法规和政策，坚持依法督导。熟悉和掌握教育督导与评估的理论、技术和方法，勇于实践，敢于创新，不断提高教育督导工作的科学性和有效性。认真钻研教育理论，探求教育督导规律，争取成为教育督导的研究者、设计者和组织者。

非专职督学是新区教育督导的重要力量，其各个层面的职责是：

咨询督学主要由资深专家、委办局的领导、名校长和名教师组成。其主要职责是依据国家和地方的有关法律、法规和政策，开展区域教育督导调研，参与制订新区教育督导规划，为新区教育督导的方针、政策和规章提供咨询，宏观指导新区的教育督导与评估工作。

特约督学主要由民主党派和无党派人士组成。其主要职责与咨询督学基本相同。

兼职督学主要由理论工作者、有一定名望的学校管理工作者组成。其主要职责是与专职督学一起直接参与制订新区教育督导的指导性文件和教育督导评估方案，直接参加对新区政府部门和学校实施素质教育情况的督导评估和检查验收。

轮值督学主要由在职校（园）长和分管教育的镇长组成。校（园）长和分管教育的镇长在任职期间，每三年中要脱产半个月或一个月到新区教育督导室担任轮值督学。其主要职责是在接受了教育督导理论、技术和方法的基本培训以后，参加某个教育督导项目的工作。在教育督导实践中，边学习、边研究、边交流、边总结，既要完成所承担的某项督导工作，更要在对政府抓教育、学校办学情况的分析比较中进行反思，从而进一步更新教育观念，提高管理的能力和水平。

视导员主要由学区主任和学校的代表组成。其主要职责是根据新区教育督导的任务和要求，在新区教育督导室的统一安排下，参与教育督导工作。要经常深入基层学校，检查素质教育的实施情况，对发现的新问题、新情况、新经验进行及时反馈，增强教育督导的针对性和有效性。

从浦东新区教育督导队伍的构成和其对教育督导队伍职责的确定来看，区域教育督导队伍具有很强的专业性，其专业水准不仅决定着教育督导的质量，而且影响着教育督导的权威。要在区域内实现教育督导理论与教育督导实践的结合，取得教育督导的成功，就必须提高区域教育督导队伍的专业素养。因此，我们应该把专业素养作为区域教育督导队伍建设的核心问题来加以思考与研究。

二、区域教育督导队伍专业素养的基本要义

要建设一支能胜任新世纪区域教育督导重任的新型教育督导队伍，必须深入研究教育督导队伍专业素养的内涵，加快教育督导队伍专业化的进程。我们认为，区域教育督导队伍的专业素养主要应包括以下三个方面。

第一，教育督导者应该具有与时代精神相通的教育督导理念，并以此作为教育督导行为的基本理性支点。教育督导理念是指教育督导者在对教育督导本质理解基础上形成的关于教育督导的观念。有没有对自己所从事的职业的理念，是专业人员和非专业人员的重要差别。教育督导在保证教育事业在 21 世纪对人类社会、时代发展产生前所未有的普遍、持久、深刻的基础性、全局性和先导性价值方面具有至关重要的作用，因此它要求从事教育督导工作的人有高度的自觉性、责任感，进行创造性的工作，尤其要求教育督导者具有明晰和正确的教育督导理念。

笔者认为，教育督导者的督导理念，主要是在充分认识教育督导在实施素质教育中的保障作用的基础上，形成政府、学校的主体责任和主体发展观。

教育督导者对什么是政府和学校的主体责任要有正确的认识。就政府而言，我们不能仅从经费投入上去考察政府抓教育的行为和承担的责任，而应站在当今世界教育和人才竞争的战略高度，考察政府是否将教育纳入现代化建设的整体布局之中，切实把教育作为先导性、全局性、战略性的知识产业和关键的基础设施，摆到优先发展的战略重点地位，对教育的改革和发展全面负责。就学校而言，我们要摆脱应试教育对教育督导的影响，依法考察学校的办学行为，紧紧围绕学校实施以德育为核心，以培养学生的创新精神和实践能力为重点的素质教育的主体责任进行督导评估。

教育督导者在以主体责任观对政府在管教育、学校在办学过程中的主体责任进行督导评估时，还应以主体发展观督导评估政府与学校主体发展的层次与水平，因为督导评估的目的在于促进政府与学校的可持续发展。教育督导者应把督导评估的重点放在政府与学校根据社会经济的发展和人的发展需要，主动进行教

育改革的探索与实践，努力实现教育发展目标上。对政府部门，要着重督导评估全面深化以体制、机制、投资三位一体的教育改革，构建与社会主义市场经济相适应的、符合教育发展规律的新体制、新机制、新投资体系的情况。对学校，要着重从办学规划设计、组织结构变革、师资队伍建设、教育教学改革、现代教育技术开发运用、校园文化建设、学校特色创建等方面督导评估学校实施素质教育的情况。总之，"发展"作为一个中心词，在教育督导者的教育督导价值定向中应得到充分具体的体现。

第二，教育督导者应该具有与现代教育督导要求相适应的专业知识结构。教育督导者的专业知识结构主要有两个层面构成：第一层面是有关当代科学和人文两方面的基本知识，以及工具性学科的扎实基础和熟练运用的技能、技巧。在一个学习型社会里，第一层面的专业知识，既是教育督导者从事教育督导工作的基础，更是随着时代发展而不断学习、不断自我完善和发展的基础，教育督导者只有具备了第一层面的专业知识，才能在自己的学习、工作和生活体验中懂得终身学习的价值。第二层面是有关教育督导类的知识，它主要由帮助教育督导者认识教育督导对象、教育督导活动和开展教育督导研究的专门知识构成。过去，教育督导者大多来自教学和管理第一线，他们具有某一学科的专门知识或学校管理方面的丰富经验。虽然他们能凭借这些知识从事教育督导，但毕竟带有很大的局限性。教育督导作为一门专业，有其相应的专业知识。要胜任教育督导工作，就应掌握教育督导所必备的知识。在这方面，教育督导者要加强教育督导理论、教育督导制度、教育督导与评估的技术方法、教育督导策略、现代教育技术手段及教育督导研究等方面的知识与技能。教育督导者的专业知识结构越完善，就越能准确地扮演教育督导的角色，充分发挥其在教育督导理论与教育督导实践相结合中的中介作用。

还必须指出的是，由上述两个层面构成的教育督导专业知识结构是相互支撑、渗透与有机整合的，这种整合了的专业知识表现为教育督导者的督导行为的科学性、导向性和权威性，它充分显示出教育督导作为一个专门职业有其丰厚而独特的专业知识要求。

第三，教育督导者应该具有胜任现代教育督导工作的能力。这种能力主要应体现在以下三个方面：

其一是交往能力。教育督导者不仅要与政府有关部门交往，而且要与学校的校长、教师和学生交往。教育督导活动中，教育督导者一方面要保持教育督导的严肃性、公正性和权威性，一方面要尊重、理解督导对象，千万不能以督导者自居，忽视与督导对象的沟通与交流，忽视自身的人格影响力。其实，无论是终结性的督导评估，还是形成性的督导评估，都离不开督导对象的主动参与。教育督导者只有与教育督导对象建立真诚的合作关系，共同来总结经验，探究问题，寻找对策，才能取得积极而良好的督导效果。所以，交往能力是教育督导者的最基本的能力。

其二是评估与指导能力。首先，教育督导者根据国家的法律、法规和政策开展教育督导工作，必须具有评估能力。教育督导者不仅要注意学习和掌握评估的技术与方法，而且要善于选择和运用评估的技术与方法。这种能力对教育督导的有效性具有重要影响。其次是教育督导者的指导能力。教育督导，不只在"督"，更重于"导"。教育督导的导向功能的发挥，与教育督导者的指导能力密切相关。正确的指导有助于教育督导对象进一步明确发展的方向。因此，教育督导者应在教育督导实践中，不断提高自己的指导能力。

其三是教育督导研究能力。具有科研的意识、知识与能力，是所有专业人员的共同特征。因此，提高教育督导者专业化水平，必须强调有关研究能力的要求。教育督导者的研究能力，首先表现为对自己的教育督导实践和周围发生的教育现象的反思能力，善于从中发现问题，对教育督导保持探索的习惯，敏锐感受、准确判断教育督导实践中可能出现的新情况和新问题，不断地改进自己的工作，并形成理性的认识。其次，教育督导者研究能力的进一步发展则是对新的教育问题、思想、方法等多方面的探索和创造能力，运用多方面的经验和知识，综合地创造性地研究和设计教育督导方案的能力。

对区域教育督导队伍专业素养的分析，既有助于我们进一步明确区域教育督导队伍建设的方向，又有助于我们找到区域教育督导队伍建设的有效对策。

三、区域教育督导队伍建设的主要对策

笔者认为，我们可以从以下三方面来思考区域教育督导队伍建设的对策。

第一，构建区域教育督导队伍建设的良好机制。吸引和激励是这一机制的主要特点。

首先，要使教育督导职业具有很强的吸引力，使优秀的人才能主动地投身到区域教育督导事业中来。要做到这一点，就要大力提升教育督导职业的社会地位和经济地位。因为教育督导职业的地位越高，吸引力越强，职业要求也越严，教育督导的权威性也越大，教育督导的质量与水平也更高。若能形成这样的吸引机制，既可以吸引具有相当理论水平的优秀的学校管理工作者来从事教育督导工作，又可以吸引有一定教育管理实践经验的学术造诣颇深的理论工作者来从事教育督导工作。这两方面优秀人才的融合，将会释放出无穷的教育督导能量。由于我国建立教育督导制度的时间较短，其间又经历了不少曲折，尤其是因"文革"

而中断了十年。尽管"文革"后恢复了教育督导制度，但是对教育督导的地位和作用的重要性的认识还是不够充分的，故而它的发展起点不高。有些地方甚至把教育督导部门变成了"安置所"。这在很大程度上影响了教育督导的权威性。因此，要增强教育督导职业的吸引力，提高教育督导的专业化水平，就必须从根本上提高教育督导的地位。

其次，要对教育督导者进行物质和精神激励，不仅要使教育督导者具有责任感，而且要使教育督导者具有成就感。这种激励机制，旨在使每一个教育督导者都把教育督导作为一项事业进行不懈的追求，在教育督导的实践中，实现人生的价值。若能形成这样的激励机制，教育督导者就会自觉地进行学习和研究，不断地提高专业素养；就会大胆实践，勇于创新，全面提高教育督导的质量。

第二，加强区域教育督导队伍培训。我们应围绕提高区域教育督导者的专业素养去思考培训的内容，选择培训的形式。

根据教育督导者专业素养的要求，培训主要应解决以下三个问题：一是教育督导理念问题。教育督导理念支配着教育督导者的督导行为。一个有教育督导理念的教育督导者善于学习各种教育思想和管理理论，在批判性吸收的基础上，形成一个又一个正确的教育观念，逐步构筑起全新的且相对稳定的教育观念群，从而不断丰富和拓展自己的教育督导理念，在这样的督导理念支撑下，教育督导者始终能以创新的精神去从事教育督导工作。二是思维方法问题。无论是人类群体还是个体，在认识能力上的重大突破都与思维方法的变化直接相关。当今变化、多元的时代要求教育督导者的思维方法也要相应发生变化。立体的思维空间、认识事物整体的能力、动态把握事物的思维方法能使教育督导者更为深入、全面地观察问题，并进行批判性反思，进而找到解决问题的最佳方法。三是研究能力。教育督导者不仅要善于督导，而且善于研究。只有这样，才能形成并实现自己的教育督导理念。

教育督导理念促使教育督导者积极地思考问题，而良好的思维方法能使教育督导者更为全面地观察问题，并自觉地进行研究。研究能力的提高又会进一步优化教育督导者的思维方法，进而不断地完善教育督导者的教育督导理念。因此，教育督导者的培训应以课题研究为抓手，以思维方法训练为主线，帮助教育督导者达到更新教育督导观念，完善知识结构，提高研究能力的目的。

教育督导者的培训组织形式要着眼于发挥教育督导者参训的能动性。除了系统的授课式培训外，还可采用课题研究式培训、专题讲座式培训、考察调研式培训、个案研究式培训、情景模拟式培训等形式。培训组织形式多样化可以扩大单位时间内教育督导者主动参训的空间，满足他们参训的需求。

总之，教育督导者的培训内容与形式要体现开放性、灵活性和实效性。它不是纯理论的培训，而是要让教育督导者掌握理论的武器去分析、研究、解决教育督导实践中的问题。这就需要教育督导者在学习中实践，在实践中学习。这一培训过程，既是教育督导者综合运用理论知识的过程，又是思维训练的过程，能力提高的过程。

第三，加强教育督导者的实践锻炼，不断提高教育督导队伍的专业素养。无论是构建教育督导队伍建设的有效机制，还是增强教育督导者培训的实效性，其目的都是为了提高教育督导队伍的专业素养和专业化水平。而教育督导队伍的专业素养和专业化水平究竟达到了怎样一个状态，还有赖于教育督导实践来检验、来促进。因为实践锻炼是提高教育督导队伍专业素养和专业化水平的最有效途径。特别是区域教育督导要实现理论与实践的结合，不仅要在教育督导实践中了解和掌握教育督导者专业素养的发展水平，更要在教育督导实践中，积极创造条件，促进教育督导者专业素养的发展。

怎样开展实践锻炼呢？首先，要使教育督导者能对自己的发展状况进行反思，并提出明确的适合自身发展的计划。其中要突出两点：一是个人读书计划；二是课题研究计划。如果一个教育督导者对自己的发展有了清醒的认识、明确的目标，就会自觉地结合教育督导实践，进行学习、研究，不断提高专业素养。其次，要把实践锻炼的重点放在提高教育督导者的督导能力上。既要让每一个教育督导者明确每一次督导的任务和要求，更要让每一个教育督导者提出督导的思路和方案。可以实行责任督学制，即有一位督学领衔，承担某项教育督导任务，从教育督导方案的设计、教育督导活动的组织，到教育督导报告的撰写、教育督导结果的反馈都由该督学负责。这样做，有利于综合提高督学的专业素养。第三，是组织课题研究。在教育督导实践中，既要让督学善于发现问题，又要使督学善于把问题转变为研究课题。通过课题研究来透过现象看本质，找到解决问题的有效对策。因此，教育督导要注重研究与督导的结合，以研究来促进督导。教育督导者的研究课题可以是推荐的，也可以是自选的；可以独自研究，也可以合作研究。但是，所研究的课题要体现前瞻性、实践性和指导性。为了确保课题研究的质量，最好是实行课题研究目标责任制，在规定的时限内，拿出有相当分量的研究成果。这样做，不只在于出成果，更重要的是出教育督导的人才。最后，要为教育督导者提高专业素养创造机会和条件。要大力支持教育督导者参加各类进修。积极鼓励教育督导者在教育督导实践中大胆探索，不断进取。要努力为教育督导者搭建走向成功的舞台，真正使他们在为教育督导事业的奉献中实现自身的价值。

六、教育改革借鉴

他山之石，可以攻玉。

在社会转型的过程中，如何顺应人与社会的发展，培养社会所需的人才，是各国学校教育改革发展中面临的共同课题。

各国正在对学校教育改革与发展进行积极而富有成效的探索，所取得的理论成果和实践经验值得借鉴。

在借鉴中学会比较、反思及选择，可以清醒地认识自身的优势与不足，清晰地找到解决问题的策略与方法，有助于推进学校教育改革与发展。

在借鉴中加强对话与分享、合作与交流，有益于尊重多元文化，增进国际理解，既促进学校教育文化的更新，也为人类命运共同体建设注入教育文化的内涵。

教育信息化是实现基础教育现代化的根本途径

——浦东新区教育信息化考察团赴美考察报告*

到 2010 年率先实现基础教育现代化是市、新区两级基础教育工作会议确定的目标，教育信息化则是实现这一目标的重要任务之一。正当浦东新区全面启动教育信息化项目之际，以国际视野观察和认识世界基础教育信息化的状态是至关重要的。美国在基础教育信息化方面走在世界前列，通过考察、研究、合作及交流等方式，瞄准美国基础教育信息化的发展进程，有助于提升新区基础教育信息化的质量与水平。这是社发局组团考察美国基础教育信息化情况的重要原因。

一、本次考察活动概况

在社发局局长率领下，浦东新区教育信息化考察团一行 7 人自 2002 年 7 月 10 日至 19 日对美国苹果公司（Apple Computer，Inc.）、斯坦福大学学习创新中心（Stanford Center for Innovations in Learning）、犹他大学犹他教育网、部分州、郡教育行政部门及中小学开发与应用教育信息技术的情况进行了考察。会见了一批教育信息化方面的重要人物，如苹果公司副总裁约翰·布兰顿（John Brandon）、苹果公司教育信息技术研究中心主任戴维·德怀尔（David Dwyer）博士、美国教育部前全国教育信息技术发展总监、苹果公司杰出的教育专家琳达·罗伯茨（Linda Roberts）女士、斯坦福大学创新中心主任罗伊·皮（Roy Pea）教授等。

在加利福尼亚州，考察团首先到硅谷考察苹果公司总部。苹果公司在全球 IT 行业中颇具影响，且实力雄厚。尤其是在教育信息技术的硬件与软件开发方面成效卓著，已形成了一套成熟的产品。了解苹果公司教育软件开发与应用的情况是本次考察活动的重点。

考察团听取了苹果公司分管美洲与亚太地区的副总裁约翰·布兰顿关于苹果公司教育信息技术开发情况的介绍，苹果公司信息技术顾问工程师迈克尔·扬

---

* 此考察报告由本人撰写。

（Michael Young）和史蒂夫·沙利文（Steve Sullivan）关于教育信息技术的介绍，苹果公司教育信息技术研究中心主任戴维·德怀尔博士关于为了 21 世纪学习者而教育的报告，弗吉尼亚州亨利科郡（Henrico County）聪明学校发展中心主任查尔斯·金·斯托拉德（Charles K. Stallard）关于亨利科郡教与学创新的报告，美国教育部前全国教育信息技术发展总监、苹果公司杰出的教育专家琳达·罗伯茨女士关于教育信息技术的价值和需商讨的问题的报告。

考察团赴紧靠硅谷的斯坦福大学考察"学习创新中心"，听取了创新中心主任罗伊·皮教授关于学习创新研究方面的情况介绍，并到中心智能房（iRoom）观摩研究人员开发的教学软件演示。

考察团参观了硅谷附近的弗里蒙特（Fremont）高级中学，听取了校长关于以教育信息技术促进教师专业发展，提高教师教学能力的情况介绍，并观摩了学生利用计算机设计图书封面的课。

在犹他州，拜会了州教育委员会总监史蒂文·欧·莱恩（Steven O.Laing），听取了他关于该州教育信息技术发展情况的介绍。考察团还听取了州教育委员会教育信息技术指导服务部教育信息技术专家里克·盖斯福德（Rick Gaisford）关于教育软件应用、多媒体工具使用以及教师培训方面情况的介绍。

考察团考察了设在犹他大学内的犹他教育网（Utah Education Network），听取了比尔·库塞拉（Bill Kucera）经理关于网站运作情况的介绍。

考察团参观了犹他州盐湖城高级中学（Salt Lake High School），迈克·萨德勒（Mike Sadler）副校长向考察团介绍了学校教育信息技术设备配置、运作，以及对教师使用计算机能力进行评价的情况。

在内华达州，考察团到克拉克郡（Clark County）进行考察。郡教育委员会总监卡洛斯·阿图罗·加西亚（Carlos Arturo Garcia）介绍了该郡教育信息技术与课程整合的情况。

考察团还参观了克拉克郡海斯小学（Hayes Elementary School），听取了校长关于教育信息技术在课堂教学中运用的情况介绍。

二、我们视野中的美国基础教育信息化理念与行动

尽管考察时间短暂，只能对苹果公司、部分州、郡及中小学校推进基础教育信息化的情况做一个大致的了解，但美国基础教育信息化理念、行动策略和具体做法还是给考察团留下了深刻印象，得到了不少有益的启示。

（一）创新学习理念是美国基础教育信息化快速发展的内在动因
教育信息化是实现工业时代的学校教育模式向知识时代的学校教育模式转变

的助推器，它正在使学校的管理方式、教学方式和学习方式发生根本性的变革。在信息技术发展给基础教育现代化带来机遇的时候，首要的是要实现人的观念的更新。因为信息技术本身不会孤立地在教育中必然地发挥作用，只有在先进的教育思想和教育价值观的指导下，信息技术才能对培养面向未来的人才发挥积极的作用。

学校要为信息社会的到来做好准备，充分利用教育信息技术开展创新教育，为 21 世纪培养具有创新意识和创新能力的人才。为此，要重新认识学业成绩的内涵。苹果公司教育信息技术研究中心主任戴维·德怀尔博士认为，学业成绩仅指听、说、写、算是远远不够的，而应包括基本技能（听、说、写、算）、技术掌握（Technology Proficiency，主要是指学生能应用数据、软件、表格解决学习中的问题）、新世纪的综合能力（21st Century Literacy）以及自我认识（Sense of Self）四个方面。

教育者和受教育者是教育信息技术的主人，而不是奴隶，使用教育信息技术的根本目的是改变教育环境与条件，改变教和学的方式，提高教育的质量与效率。因此，要特别注重教育信息技术与课程、教学的整合，让每一位学生、每一位教师有更多的机会接触教育信息技术，真正发挥其效用。

教育信息技术设备的配置与人员培训，应同步进行。教育专家琳达·罗伯茨认为，那种先购置电脑，再考虑如何使用的做法是一个"经典的错误"。要避免再犯这种错误，应十分重视对教育行政管理人员、校长和教师培训，帮助他们更新教育观念，掌握教育信息技术。

（二）明确目标、有效整合、加强培训、注重评估是美国教育行政部门推动基础教育信息化的行动策略

美国各级政府官员都十分重视基础教育信息化工作，并把此项工作作为其工作重点之一。全面规划基础教育信息化工作；加大对教育信息技术的投入力度；注重教育信息技术与课程、教学的整合；组织培训，帮助管理人员和教师更新教育观念，提高教育信息技术开发与应用的能力；开展合作研究，使教育软件的开发与应用能充分满足学校教育的需要；加强对教育信息化过程的质量与水平的评估。

1. 强化政府行为

在考察过程中，考察团每一位成员都强烈感受到美国各级政府都十分重视教育信息化工作，确实把实现教育信息化作为 21 世纪美国基础教育改革与发展的战略重点。为此，各级政府在规划制订、经费投入、设备配置、软件开发、人员培训、合作研究、质量评估等方面做了大量扎实的工作，成效十分显著。

2. 明确发展目标

美国教育部提出了教育信息技术发展的四大目标：一是每一个教室都连接到互联网；二是每一个学生都能使用计算机；三是给教师培训提供支持；四是鼓励教育软件开发与应用，并把它整合到课程中去。我们在考察中发现，州、郡和学校都能根据实际情况提出明确的发展目标，并采取了相应的举措。比如，弗吉尼亚州亨利科郡有 44 000 名学生，65 所学校。该郡为 3—12 年级每一个学生配了一台笔记本电脑（共 25 000 台）。该郡提出了利用信息技术，让学生发展得更好的总目标，具体目标是：（1）改善学生的学习；（2）消除电子鸿沟；（3）熟练掌握信息技术；（4）为新世纪开发教与学的新模式。

为此，该郡提出了实现目标的三大策略：一是重新分配郡教育经费，保证教育信息技术开发与应用；二是每所学校成立教育信息技术指导委员会，对教师进行指导；每一位教师要制订应用教育信息技术的计划，一年中要接受四次考核，考核优秀者，作为明星教师予以表彰；三是每一位校长要制订教育信息技术实施计划，每周组织校长研讨会，交流、研讨计划实施的情况。

又如，内华达州克拉克郡提出了教育信息技术发展的五大目标：（1）让所有的学生、教师都能在教室、学校与社区中接触到信息技术；（2）所有教师都要接受关于有效应用信息技术的培训；（3）每个学生都要具有信息技术素养，并成为评估的内容；（4）加强对硬件、软件、数字化教学与程序的研究与评价；（5）为教与学提供数字化教学内容和网络支持。

3. 与课程有机整合

课程是基础教育模式变革的关键，故而美国中小学校都十分重视教育信息技术与课程的整合研究，以期突破传统的课程模式，建立新的符合新世纪人才培养要求的课程框架。在州或郡的教育信息网上发现，其课程整合的基本结构是：背景资料与分析课程目标课程内容课程实施的技术与方法课程评价。在课程整合中用的较多的是网络技术与多媒体技术。这种整合的好处在于突破了课程内容线性的组合方式，实现了非线性组合，有利于教师根据教学的需要、学生的实际灵活地组织教学活动，充分发挥教师教学的想象力和创造力。此时，信息技术不仅是课程实施的工具，而且成了课程实施的资源。

4. 加强专业培训

据我们观察，为了避免再犯"经典的错误"，从州、郡到学校都十分重视培训工作。他们把教育信息化的过程视为学校教育文化改造的过程，而人的观念与行为在这一过程中起着至关重要的作用。首先是分层制订教育信息技术培训计划。其次是划分培训层次。专业培训的对象不仅仅是指教师，还应包括教育行政管理人员、校长。从某种意义上讲，培训应先从教育行政管理人员开始，因为教育行政管理人员对教育信息化的意识、观念、敏感性以及管理能力将对教育信息化的进程产生重要影响。第三是明确培训的要求。培训不仅仅是教受训者如何使用电脑，而是要让受训者实现信息技术与自己从事的工作的有机整合，对教师而言，就是要实现信息技术与教学的有机整合。最后是培训要以问题为导向。无论是理论培训，还是技术培训，都要从问题出发，以问题的解决为归宿，这样才能增强培训的针对性和实效性。

5. 实施绩效评估

评估是检测目标达成度的重要手段。我们发现，美国在推进基础教育信息化的过程中，各级政府、中小学校都十分重视运用评估手段保证教育信息化的质量与效益。其评估分为综合评估和专项评估。在综合评估方面，有对各级政府部门实施基础教育信息化规划情况的评估，有对中小学全面落实教育信息化计划情况的评估。在专项评估方面，有对教育信息技术与课程整合的评估，有对学校应用信息技术改进管理的评估，有对教师开发和应用教育信息技术能力的评估，有对教育信息技术设备配置的合理性、使用与维护的有效性的评估，等等。评估的着眼点是能否为21世纪的创新教育有效地利用教育信息技术，因此，评估不仅注重技术的掌握与使用，而且更注重观念的更新，传统教育文化的改造。特别需要指出的是，他们十分强调评估人员的专业化建设，主要通过实行技术专家和教育专家的有机结合以及专业培训来提升评估人员的专业水准，以增强评估的权威性和指导性。

(三) 苹果公司对美国教育信息技术的研究与贡献

1. 对教育的十二年研究

苹果公司早在20世纪70年代率先推出Apple-1个人电脑从而引发了全球个人电脑革命，到80年代又在世界最先推出图形界面操作系统的个人电脑Macintosh，使人们对电脑又有了一个全新的认识。

在1986年到1997年，苹果公司开展了为期十二年的"苹果明日教室"（ACOT）研究计划，主要研究当信息技术进入课堂及课外教学中时，怎样提高教师的教学效果和学生学习效率，进而研究了一系列相关的现代教育问题。加深了人们对"当强大的技术和有效的教学方法进入课堂时将会产生什么影响"这一问题的理解。

苹果公司在开展苹果明日教室研究项目过程中，也对参加项目的教师进行培训，并研究在信息技术和学科教学整合过程中的教育理论问题，总结出一套行之有效的方法，使教师和教育管理者积极主动地投入到教育教学的改革实践之中。

苹果明日教室项目是迄今为止全世界研究时间最长最著名的信息技术与教育

教学整合的研究项目，同时研究了一系列建构主义教育理论问题。这些研究成果为信息技术与学科教学整合提供了丰富的经验，对世界基础教育产生了重要的影响。

2. 苹果软件产品

（1）学科教学工具平台类软件——信息技术与学科教学整合平台。苹果公司在开展信息技术与学科教学整合研究项目的同时，与许多教学研究机构、软件开发公司合作，按不同的年级、学科开发出许多教学系列软件。例如：Math & Science 数学与自然科学系列。包括代数、几何、物理、化学、生物等课程。Web publishing 学生网站发布系列。包括互联网网页制作工具、网站制作素材库、学生网站制作平台。Multimedia 多媒体制作系列。包括多媒体制作平台类软件、学生非编系统软件、虚拟现实类制作软件等。Teacher Productivity 教师备课系列软件。包括教学过程辅助工具软件、学科教师工具平台类软件。

（2）数字媒体集成环境——改变传统教学模式。数字媒体集成环境进入到学习过程之后，改变了传统的教学模式，大大提高了教学效率。与数字媒体相关的苹果软件有：Quick time Pro（QT 软件）。该软件集"视频捕捉、编辑制作、压缩与分包、点播与直播"于一体。Final Cut Pro3.0（影片编辑软件）。该软件具有强大的数字视频剪辑功能和全新的实时编辑架构，并支持几乎所有的专业视频格式。此外还有 iMovic、iPhoto、iTunes、iDVD（i 系列软件）等。iMovic 是精彩易用的电影制作软件，iPhoto 是简单易用的数字照片编辑、管理、发布的应用软件。

3. 苹果硬件产品

苹果电脑使用的微处理器是 IBM，Apple 和 Motorla 联合研制的 Power PC 并行处理器，配合 Apple 公司的 Mac OS X 的 UNIX 操作系统平台，使数字多媒体和教育教学软件的性能得到了充分发挥。苹果公司面向教育的主要硬件产品有：

（1）iBook（移动笔记本），New iMac，EMac，Airport 无线网卡，Airport 基站，iPod 5G 容量 MP3 随身听。苹果电脑推出适合学生使用的笔记本电脑 iBook 和 New iMac，使学生们以最方便的形式上网寻找及检索信息，开展各种各样的分组教学和研究性学习。特别需要指出的是苹果公司的 Airport 无线基站和无线网卡，它使苹果电脑可以以无线方式上网。同时，苹果公司还推出针对艺术创作教育领域而设计的 EMac。

值得一提的是苹果公司推出的 iPod 移动随身听，它是一个具有 5G 硬盘的 MP3 随身听，配合苹果公司的 iTunes 音乐管理软件，可以把数千盘的语音教学磁带转换成数字音频格式，为外语教学构筑了新的学习平台。

（2）苹果无线移动教室。其优点是：其一，数字媒体集成环境，极大地方便了教师、教授和学生学习；其二，通过无线网络进行数据交流，使共享打印，访问校园网及互联网将变得更为方便、快捷；其三，电脑位置可以随意变动，不影响教学，摆脱了由于网线因素造成的位置固定，提高了教学投资的使用效率；其四，教室中不再需要综合布线，节省了大量固定资产投资；其五，大大减少了日常网络维护量；其六，网络教室的建立、移动、改造更为灵活方便。

三、对浦东新区推进基础教育信息化的思考与建议

美国基础教育信息化的理念和做法，值得借鉴。浦东新区正在积极推进基础教育信息化，据此，提出以下几点思考与建议：

（一）进一步明确教育信息化与基础教育现代化之间的内在关系

教育信息化是新区基础教育现代化的重要组成部分，也是实现新区基础教育现代化的根本途径。

教育信息化是传统教育向现代教育转变的催化剂，它将从根本上改变工业时代形成的学校教育模式，并按知识时代对人才培养的要求构建全新的学校教育模式。

教育信息化将带来学校教育的系统变革，人们的观念和行为将发生剧烈的冲突，从某种意义上说，教育信息化的过程，就是改造教育文化的过程。因此，教育信息化不仅仅是配备先进的教育信息技术设备，更重要的是要改变教育者和受教育者的学习方式、教学方式、管理方式以及思维方式，真正促进人的主动发展。

（二）进一步完善教育信息化规划

应对以"建网、建库、建队伍"为基本框架的新区基础教育信息化规划进行重新审视，并根据教育信息化发展的趋势，从指导思想、目标、主要任务、发展策略、经费投入、技术配备、人员培训、质量评估等方面全面修订新区基础教育信息化规划，并组织专家对规划进行论证。一旦规划成为新区的法规性文件后，就应以规划统领、指导、规范新区基础教育信息化工作。

（三）努力构建教育信息化服务平台，以整合各方面的资源

教育是一个系统。系统内某一要素的变化将引起其他要素的变化。因此，我们不能孤立地开展基础教育信息化工作，而应以系统整体地思考，把基础教育信息化工作与其他各项工作有机地整合起来。

管理整合。要研究基础教育信息化给学校管理模式带来的变化，使之生成出新的管理结构和功能，全面提升管理的效率。

课程整合。课程是教育活动的载体。所以，课程是教育变革的关键。若能对教育信息技术与课程改革和开发进行有机整合，不仅能拓宽课程改革的时空，丰富课程改革的内涵，而且能提高课程开发的质量，更好地满足学生发展的需要。

资源整合。首先是人力资源整合。应根据研究、开发或应用的项目要求，实现研究人员、专业技术人员、教育管理人员、教师乃至社区工作人员及家长有机结合，做到优势互补。其次是物质资源整合。开发和应用教育信息技术需要大量的投入，经费将始终处于紧张状态，因此，需要全面安排，分步实施，重点突破。同时，要实现教育系统内外信息技术方面的物质资源有机整合，充分发挥其在基础教育信息化中的作用。最后是信息技术设备整合。教育信息技术设备除了网络和计算机外，还包括录像、录音、投影、电视等设备。当然，网络和计算机已具备了传统的教育信息技术设备的功能，但在现阶段并不意味着要丢弃这些传统的设备。相反，我们应根据教育教学的需要，有机地整合、使用各种教育信息技术设备，使之发挥更大的效益。

(四) 积极开展教育信息化研究

教育信息化对新区基础教育既是机遇又是挑战，在基础教育信息化过程中，会碰到诸如规划、法规、政策、开发与应用、咨询、培训、评估等问题，因此，要组织理论工作者就不同层面、不同类型的问题开展研究。前瞻性研究将有助于推进基础教育信息化工作，研究成果不仅能为政府决策提供依据，而且能为学校和教师提供指导。

为了提高研究的质量与水平，可成立专门的研究机构，实行全新的管理体制和运作机制，集聚优秀的人才，集中力量攻克重点和难点问题，争取出一批高质量的研究成果。

积极开展国际交流和合作研究，使我们能始终以国际视野来审视和推进新区基础教育信息化工作。

(五) 组织教育信息技术教育的专业培训

教育信息化有赖于人们的专业素养。而提升人们专业素养的有效途径和方法是专业培训。

专业培训的内容。主要是解决教育信息技术观念和教育信息技术开发与应用能力两大问题。

专业培训的层次。专业培训可分为以下几个层次：一是教育行政管理人员；二是带有一定行政职能的业务人员；三是学校管理人员；四是教师。应根据不同层面的工作职责和要求组织培训，以提高培训的针对性和实效性。

专业培训的方式。可根据培训的内容和要求，采取专题报告、集体辅导、现场观摩、课题研究等方式。

(六) 加强教育信息技术教育督导评估

评估是保证新区基础教育信息化目标实现的重要手段。应制订新区基础教育信息技术教育评估方案，确立评估标准和指标体系，组织专业人员对新区基础教育信息化的质量和效益进行专项或综合评估。

以下两个方面应为评估的重点：一是教育信息技术设施设备配置的科学性、经费使用的合理性以及设施设备使用与维护的有效性；二是学校管理者、教师和学生的教育信息技术观，在教育信息技术与校长的管理、教师的教学以及学生的学习相整合的过程中的创新能力。

(七) 关于与苹果公司合作的建议

苹果公司可在提供计算机等硬件、教育教学软件、建立共享教育平台、组织教师培训、开发教育教学软件等方面为浦东新区教育信息技术开发和应用提供支持与服务。为此，双方可合作成立"教育软件开发研究中心"，共同研究和推进合作项目。

让每一个学生成功的教育发展战略

——浦东新区社会发展局教育赴美培训考察见闻＊

　　浦东新区社会发展局教育赴美培训组一行 6 人于 1997 年 6 月 27 日至 12 月 14 日在美国马里兰州蒙哥马利郡（以下简称"蒙郡"）教育委员会接受教育行政管理培训，并分成两组分别参与丘吉尔高级中学、威特曼高级中学学校管理的实践。值此机会，我们较为全面地考查了蒙郡的公立学校系统。下面着重介绍一下蒙郡的教育发展战略，并谈谈我们得到的启示。

　　1992 年 1 月 6 日，蒙郡教委批准了一项"为了每一个学生成功"为主题的教育发展战略计划。该战略计划实施至今，已对蒙郡公立学校系统的教育产生了重大影响，取得了阶段性的效果。

一、教育发展战略出台的背景

　　蒙郡教育工作者认为，当代社会发展神速，教育应为所有的学生主动地迎接社会各种挑战做好准备。而现实状况是，仍有许多学生没能成功地走向社会。"在相同的社会和教育环境中，为什么一些学生成功了，而另一些学生则失败了。"①这是目前美国学校教育系统共同关注的问题。故而"为了每一个学生成功"成了蒙郡教育工作者在世纪之交思考的主题。蒙郡教育发展战略计划一开始就提出"有质量的教育是每一个孩子的基本权利，我们期望所有的孩子都能学习。学生可以失败的歉意是不可接受的，所有学生的权利是成功，所有的人有责任去保护这种权利，帮助每一个学生成功。"②

　　蒙郡的教育工作者认为，在当代美国，为了使学生的发展处于较高的水平，就应把学校的目标定位在为学生将来的发展打下基础。该战略计划要求学生、教

＊　此考察见闻由本人撰写。

①　蒙郡公立学校系统《为了每一个学生成功的计划》，1992 年 1 月 6 日，第 2 页。

②　指蒙郡公立学校系统。

职员以及社区都来提高蒙郡公立学校系统内学生的学业成就，尤其要致力于满足学业成就水平低的学生的需要。该战略计划强调，通过学校教育系统的积极努力，家庭、社区的积极参与，学生自身的主动学习，使每一个学生走向成功。

该战略计划的核心是"为了每一个学生成功"，由此而形成了它的战略目标、任务以及实施策略。

二、教育发展战略的主要内容

（一）教育理想

蒙郡的教育工作者确信，有质量的教育是每一个孩子的基本权利，所有的孩子将得到尊重、鼓励，并为他们增长知识、技能，形成良好的行为习惯创造机会，进而成功地适应正在变化着的全球社会。

（二）战略目标

1. 确保每一个学生的成功。为每一个学生提供迎接智力挑战和情感发展需要的服务和环境，使每一个学生具有有效交流的能力、获得并使用信息的能力、解决问题的能力、积极参与的能力、终身学习的能力。

2. 制订有效的教学计划。每一门课程都应教会学生应知道什么，能够做什么，包括对一个多元社会的许多看法，并建立学习标准；教学必须包括各种教学策略和技能，主动地关心学生，了解学生实现学习目标的结果。

3. 加强教育合作关系。通过与家庭、社区、企事业单位建立合作关系，来保证整个社区承担的义务，支持并促进蒙郡"为了每一个学生成功"的战略计划，保持有质量的教育。

4. 创造一个不断进取的工作环境。营造教职员工的工作效力和创造力得到鼓励和尊重、价值得到体现、工作得到支持的氛围；为了学生的成功，促进教职员工自身的发展，为教学计划提供效能和效率的保障。

（三）基本任务

1. 增加每年达到马里兰州学校执行州标准的学生的百分比，以便在今后四年（1993—1996 年）系统内①的所有种族群体的学生都将达到此标准。

2. 增加每年达到马里兰州学校执行州标准的学生的百分比，以便在今后四年（1993—1996 年）在每一所学校内的所有种族的学生都将达到此标准。

---

① 指蒙郡标准。

3. 增加每年达到马里兰州学校执行当地标准的学生的百分比，以便在今后四年（1993—1996年）系统内的所有种族群体的学生都将达到此标准。

4. 增加每年达到马里兰州学校执行当地标准的学生的百分比，以便在今后四年（1993—1996年）在每一所学校内所有种族群体的学生都将达到此标准。

5. 增加非洲裔和西班牙裔八年级学生代数预备教学计划的完成率，为学生成功地完成九年级代数做好准备。

6. 增加非洲裔和西班牙裔学生在荣誉课程和高级课程方面的参加率，包括成功地完成八年级代数 I 。

7. 增加非洲裔和西班牙裔学生在预备性学校评价测试（PSAT）和学校评价测试（SAT）方面的参加率，并提高其成绩。

8. 消除非洲裔和西班牙裔学生在系统内不相称的辍学率。

9. 消除非洲裔学生在特殊教育计划方面不相称的情况。

10. 增加每年达到蒙郡公立学校参考性测试熟练水平标准的学生的百分比，以便在今后五年（1993—1997年）每一所学校内所有种族群体的学生都达到此标准。

三、教育发展战略的实施对策

战略计划要求系统内各个学校、各个部门都要围绕"为了每一个学生成功"的战略制订工作计划，明确工作目标、任务、操作程序及具体措施，并以战略计划的目标和任务要求对各个学校、各个部门的工作进行评估。

学校方面：

1. 学校调整策略。对系统内每一所学校进行全面分析、考核，对个别与战略计划相违背的，教育质量差的学校予以停办，以消除学校发展中的不相称性。

2. 课程建设策略。积极拓宽课程的内容，所有的课程都要反应多元文化社会的特点，并表明对多元文化的看法。教会学生鉴赏多元文化。

3. 择业指导策略。及时为学生提供择业信息，鼓励和指导学生参加具有挑战性的课程考试。加强升学和就业指导，确保每一个学生在上大学和就业的选择中取得成功。

4. 学校教学工作评估策略。教育行政部门与学校共同工作，分析马里兰州学校成绩评估计划的结果，并帮助学校采取适当的改进措施，以便达到州的标准。同时，把评估每一所学校在提高学生学业成绩方面的进步，作为学校改进管理的部分。

教师方面：

1. 教师工作行为改善策略。战略计划提出每一位教师都要成为学生的榜样和良师益友，并以自己的模范行为来赢得每一位学生的尊敬；学校要为教师提供为人师表的机会；人事服务部门要对来蒙郡应聘的教师提出行为和态度的专门要求。

2. 教师教学能力提高策略。加强对教师的业务培训，积极推广成功的教学经验，使所有的教师能在教与学的过程中熟练地应用各种教学手段和方法，充分满足学生的需要。尤其强调的是，不仅教师要掌握现代教学技术来为教学服务，而且要教会学生掌握这些技术，独立地从事学习活动。

3. 加强师资培训策略。要实现战略计划，必须加强教师培训，不断提高教师的专业水平。教育行政部门和学校要为所有参加培训的教师提供帮助。

4. 教师配置策略。继续聘用在系统内有影响的高级教师；向全国招聘优秀的教师；人事服务部门在分配教师时，应区分出师资力量强的学校和师资力量弱的学校，优先考虑师资力量弱的学校。

5. 教师激励策略。鼓励和支持系统内各个层次的教师在实施战略计划的过程中都能获得成功。蒙郡教育基金会将募集奖励经费，对在实施战略计划中取得成就或巨大进步的学校、团体和教师予以奖励。

学生方面：

1. 制订学业成就标准策略。教学和计划发展部门将为学生在数学、阅读、语言艺术等课程的学习建立清楚的系统的学业成就标准，一方面帮助学生明确学习的目标和要求，一方面帮助教师改进教学方案。

2. 学习困难学生知道策略。对学习困难的学生进行鉴定，然后指派专人为他们制订专门的教学目标，进行专门的教学指导，帮助他们逐步走向成功。

3. 危险学生早期预防策略。成立专门的教育管理工作小组，及时收集各种值得注意的消息；一旦确定处于危险状态的学生后，要立刻指派专门的教育人员，并制订预防策略。早期预防，消除危险，使这些学生能在普通教育中获得成功。

社区方面：

1. 与社区、企事业单位建立伙伴关系的策略。鼓励学校与商业部门、企事业单位合作，相互交流在职人员的培训。教育行政部门将与商业部门、企事业单位共同确定在蒙郡求职的入门标准，学校将根据此标准，对学生进行就业指导。

2. 鼓励家长参与策略。把家长作为改进学校管理的一个组成部分，教育行政部门每三年组织家长对每一所学校工作进行一次检查，并把检查的结果反馈给学校和社区。学校要根据反馈意见，加强和完善学校管理。

四、实施教育发展战略的阶段成果

自实施"为了每一个学生成功"的战略计划以来，蒙郡的教育取得了巨大的成功，从下面几个来自蒙郡公立学校系统的统计资料，可以反映出蒙郡教育的阶段成果。

（一）学生学业成绩提高。在 1996 年全国学校评估测试中，蒙郡的平均成绩是 1 088 分；马里兰州的平均成绩是 1 011 分；全国平均成绩是 1 013 分。1996 年在蒙郡有 68% 的学生参加外语学科的学习。1996 年蒙郡 9—10 年级（高一、高二）学生学业成绩测试结果表明，各年级主要科目均达到优良标准。

（二）教师、行政人员学历层次和业务水平提高。教师、行政管理人员的学历层次不断提高，据 1997 年统计：教师中，博士占 1.9%，硕士占 46.9%；行政管理人员中，博士占 18.3%，硕士占 71.7%。教师为落实"为了每一个学生成功"的计划，通过业务培训，提高业务水平，保证了蒙郡的教育质量在一个较高的水平上。

（三）社区、家长对学校的满意度提高了。1995 年，蒙郡完成了一项为期三年的"家长对小学教育的满意度"的专题调查，被调查的均为刚进初中的 6 年级学生的家长，计 31 000 多人，占 6 年级学生家长总数的 70%。调查结果显示：93% 的学生家长对其孩子的整个小学教育感到满意。

五、几点启示

（一）在世纪之交的时刻，一个科技、经济、文化迅速发展的社会要求教育为每一个学生提供成功的机会，帮助每一个学生做好迎接新世纪挑战的准备；每一个学生的成功必将使社会的发展更迅速、更健康。显然，充分开发每一个学生的潜能、发展每一个学生的特长、发现每一个学生的价值，让每一个学生成功地走向社会已成为全球教育探究和实践的共同主题。

（二）实现每一个学生成功的关键是教师。蒙郡教育部门把好教师应聘、培训、考核关，不仅注意提高教师的业务水平，而且注重改善教师的工作行为。这是很有远见的做法。当然，如何在师资队伍管理过程中引入竞争机制，增强师资队伍的活力还有待进一步探究。

（三）改善教育行政管理，提高教育行政管理的效能和效率是提高教育质量的重要保证。蒙郡教育部门实行人、财、物、事统一分配、统一管理，一方面是为了体现义务教育的均等性，一方面也是便于宏观管理。但是，如何处理宏观管理与微观管理的关系，让学校有一定的办学自主权，调动学校的办学积极性，是有待探索的问题。这一问题已引起蒙郡教委的重视，试图赋予校长更多的行政权力。

（四）教育法律，法规和政策是教育行政管理和学校管理正常有序运作的基石。蒙郡教委十分重视依法行政、依法治校，不仅按照州和郡的法律制定了一系列的教育法规和政策，而且强调在整个管理过程中的依法行事。无论是管理人员还是教师、学生和家长法律意识都很强。由于教育的新问题、新情况不断涌现，一方面要不断地完善法规和政策，一方面要注意克服凡遇事先机械地查"文本"的倾向。

（五）教育的发展必定要有坚实的财力基础，蒙郡政府非常重视教育投入，除了保证联邦和州下拨的经费用于教育外，80%的教育经费由郡税收中列支，并通过制定法律和法规来保证教育经费投入，且每年有所增长。到 1996 年，生均教育经费已达到 6 700 多美元。同时。蒙郡建委还积极拓宽教育投入渠道，争取社会方面的支持，每年从社区、社团、企事业单位、家庭以及公民个人中获得的实物支持也相当可观。充裕的教育经费是蒙郡教育发展的有力支柱。

（六）教育是全社会的事业。社会中的所有成员都应主动地为教育承担责任。在蒙郡，一方面教育管理者和教职工积极加强与社区、家庭、社团以及企事业单位的联系，争取他们对教育的支持和帮助，一方面社区、家庭、社团以及企事业单位主动地关心和参与教育，把教育视为分内事。目前，蒙郡热心教育的志愿者队伍就有 45 000 多人。由于教育的内部与外部形成了合力，有力地促进了蒙郡教育的发展。

内外协调　促进发展

——"上海学校发展项目"考察团赴英考察报告 *

　　应英国教育文化委员会邀请，"上海学校发展项目"考察团一行8人在市教委领导率领下，于2001年3月18日至28日对英国学校发展情况进行了考察。

　　围绕"教育督导评估与学校可持续发展"这一中英合作研究项目，考察团首先听取了由英国教育文化委员会聘请的专家罗伊·普赖克（Roy Pryke）先生和英国教育标准局（Office for Standards in Education）官员戴维·豪沃思（David Howarth）先生关于英国教育督导评估与学校发展情况的介绍。然后根据英方的安排，重点考察了利物浦市的各类学校。

　　利物浦市的经济近30年来经历了从萧条到复苏的巨大变化，这对教育的发展产生了重大影响。教育发展面临的困难、矛盾以及不平衡性都比较突出。为了使教育能主动适应社会经济发展，利物浦市教育委员会按照英国教育标准局的要求，以制订和执行学校发展计划为抓手，转变政府职能，促进学校主动发展，从而使利物浦市的教育取得了长足的进步。英方认为，考察这一区域教育的变化，对于深化项目研究，促进上海项目学校的发展具有典型意义。

　　在利物浦市期间，考察团考察了四所中学、五所小学、两所特殊教育学校、埃温顿早期优质教育中心（Everton Early Excellence Centre）、博斯克城市学习中心（Bosco City learning Centre）、利物浦足球俱乐部青少年教育学习中心（Live）以及加斯顿教育行动区（Garston Education Action Zone），通过实地考察、直接交流，考察团每一位成员不仅获得了许多有益的启示，而且进一步体会到了英方安排本次考察的匠心所在。回顾、总结整个考察活动，我们试图从实地观察启示，有待共同探讨的问题以及推进项目研究的思考三个方面做出报告。

一、实地观察启示

　　考察团以学校发展为主线，较为深入地考察了利物浦市各类学校自主发展

---

　　*　此考察报告由本人撰写。

的状况和教育行政部门主动转变职能，支持学校发展的情况。利物浦市积极构建内外协调发展体系，促进学校主动发展的做法与成效，给考察团留下了深刻的印象。

（一）构建学校自主发展体系

利物浦市的教育行政管理人员、校长和教师都认为，让每一个学生都能接受良好的学校教育是教育工作者的责任。但是，他们清醒地认识到所面临的挑战十分严峻。由于区域社会经济发展的不平衡性，由于收入差异形成了富裕和贫穷的社会阶层，由于不同的社会阶层居住在不同的社区，形成了不同的社区文化环境等外部因素，以及学校管理、教师职业道德、专业水平等内部因素，造成了学校办学水平的差异性。为了改变这一状况，使每一所学校都能成为受社区、家长和学生欢迎的好学校，他们的主要做法是构建学校自主发展体系。这一体系的核心成分有三个方面：

1.确立学校发展计划

根据观察，我们发现学校都能按照英国教育标准局的要求制订学校发展计划。为了使发展计划更切合学校实际，学校比较注重学校发展背景分析。如对学校所在社区的社会、经济、人口、文化状况，学生的家庭及家庭教育状况，学校管理、师资队伍构成及人文环境状况等分析都较为深入全面。学校发展背景分析不仅为学校发展计划的制订提供了依据，而且使学校发展的重点更为明确。为了使学校发展计划的目标更清晰，操作性更强，利物浦市教育委员会根据英国教育标准局《学校督导框架》，结合利物浦市学校实际，制订了利物浦市教育督导评估细则，供学校制订发展计划时参考。

利物浦市督导评估细则示例

英国教育标准局《学校督导框架》主要有 10 项内容。利物浦市针对学校实际，以问题形式制订了细则。主要包括 6 个一级问题，39 个二级问题，以及若干个三级问题。示例：二级问题：学校是否根据教育与劳工部的课程标准，在咨询地方教育当局后，为学生设立了符合法定要求的成绩目标？该问题共包含下列 11 个三级问题：

1. 学校是否已将关于本校学生先前成绩的全面、明确的信息提供给校董们，以便校董会就学校所设定的成绩提高的目标达成一致？

2. 学校是否明确理解"努力提升的目标"与"可能成绩的预测"二者之间的差别？

---

3. 是否有全校性的评价系统，以便在设定目标过程中能够获得有效的信息？

4. 是否有分析近期考试和督导数据的合适系统？

5. 是否与先前的考试结果作比较？

6. 是否与同本校投入相当的学校的成绩相比较？

7. 是否与学生协商以设立切实可行的个人短期目标？

8. 家长是否参与孩子目标确定过程？

9. 是否在学生先前成绩及其潜能评定的基础上，为学生个体和不同年级设定了既有挑战性又有现实性的目标？

10. 是否通过多种手段来评价各年级学生的发展和成绩？

11. 在评价学生时，是否将"增值"（value-added）比较考虑在内？

同时，学校还十分重视对发展计划的自我评价。通过自我评价，检测学校发展目标的达成度。

2. 加强教师专业培训

利物浦市的教育行政管理人员和学校校长都认为教师是学校发展的关键。那么，如何来提高教师的能力水平呢？他们着眼于加强教师专业培训。这种培训紧紧围绕课堂教学展开。无论是培训课程的设计，还是培训组织形式和方法的选择，都着力于转变教师的课堂教学观念，增强教师探究课堂教学的意识和能力，优化教师课堂教学的方法，提高教师课堂教学的效率。由于培训的专业性强，目标指向明确，满足了教师专业发展的需要，因而深受教师欢迎。这种培训也易于评价，人们可以以课堂教学效果来印证培训的实效性。

3. 针对每个学生的实际，确定提高学业成绩的目标

利物浦市的教育行政管理人员和学校校长们认为，学校的发展、教师的发展归根结底要体现在学生的发展上，这是学校自主发展体系中最核心的部分。学业水平是反映学生发展的重要方面。造成学生学业成绩低的原因是什么？到底是智力问题，还是学习态度和方法问题？或者是社区和家庭环境问题？学校要求任课教师对每一位学生的学业状况进行全面深入的了解，并进行准确的分析。然后针对每一个学生的实际情况，提出提高每一位学生学业成绩的目标，并采取相应的措施。同时，学校还要求教师注意保护每一位学生的学习积极性，发现学生有困难，要及时给予帮助，发现学生有点点滴滴的进步，要及时给予鼓励和支持。

> **对诺蒂阿什（Knotty Ash）小学向学生颁发奖励卡片的观察**
>
> 时间：2001 年 3 月 23 日上午 9:00
>
> 地点：学校礼堂
>
> 全校师生举行集会，向一周来在某一点上取得进步的学生颁发奖励卡片（praise card）。集会由学生干部主持。宣读了表彰名单后，由担任校长助理的学生向获奖学生颁发奖励卡片。卡片上写着表彰内容和鼓励之词。如，有一张奖励卡片写道："你的字写得越来越整洁、漂亮了。"集会结束后，由学生干部将奖励卡片张贴在学校橱窗里。
>
> 据校长介绍，这样的活动每周举行一次，对鼓励学生进步十分有效。

（二）构建支持学校发展体系

学校自主发展体系形成离不开支持学校发展的体系。只有两个体系协调、互动，才能使学校真正获得自主发展。对此，利物浦市教育行政部门进行了积极而富有成效的探索。利物浦市支持学校发展的体系主要包括以下五个方面：

1. 强化政府行为，确保经费投入

利物浦市把抓好教育工作作为政府的主要职责，依法保证教育经费的投入。在英国，利物浦市属于经济比较困难的地区之一。在全英 8 500 个地区中有 20 个为最贫困的地区，而利物浦市则占了六个；全英有 20% 的学生需要享受免费午餐，而利物浦市则有 60% 的学生需要享受免费午餐。这说明利物浦市的经济较为困难，贫困人口也比较多。但是，利物浦市并没有因此而减少教育投入。反而近些年来对教育的投入一直高于全英平均数。

2. 转变行政管理职能，主动为学校发展提供服务

首先是利物浦市教育行政部门的管理理念发生了根本性的变化，即由行政指挥、行政监控转变为行政指导、行政服务。

其次是简政放权，调整机构，削减人员。他们有两个既实在又奏效的做法：一是增加直接拨到学校的经费份额，让学校在经费使用上有更大的自主权。1991 年，直接拨到学校的经费达 70%；2001 年要达到 80%—85%，到 2004 年要达到 90%。二是压缩教育行政部门的办公经费。1998 年到 1999 年生均办公经费是 77 英镑；2001—2002 年要减少到 52 英镑；而到 2004 年要下降到 50 英镑以下。同时，把省下来的办公经费投到学校发展中去。他们认为，压缩办公经费是防止机构膨胀、冗员增加的有效措施。

第三是转变职能，以指导、服务来支持和促进学校发展。学校的发展，单靠

行政指挥是不行的，它主要是靠具有一定行政职能的业务部门来帮助推进的。为此，利物浦市教育委员会在其属下成立了一个"教育与终身学习服务中心"（Education and lifelong learning service）。这是一个具有一定行政权威的服务机构，主要由专业人员组成，其中许多人是注册督学。其主要职责是为校长的管理和教师的发展提供专业咨询、培训和支持。该机构内有专门的分工，有的负责联系小学，有的负责联系中学，有的负责联系特殊教育，有的则负责决策咨询研究。每一所学校都有咨询、指导、服务责任人。责任人每年到学校6—8次，观察学校的发展变化，与校长一起检查学校发展目标达成情况，共同总结经验，探讨解决问题的对策，支持学校发展。

对督学与校长共同研讨学校发展计划执行情况的观察

时间：2001年3月22日上午9:30

地点：布罗德格林（Broad Green）高级中学校长办公室

吉姆先生（Mr. Jim）是一位注册督学，在教育与终身学习服务中心工作，负责联系高中。他首先向校长说明今天研讨的主题。然后校长根据利物浦市的学校评估细则，与吉姆一起逐一检查学校计划执行情况，并就学生辍学的情况进行了重点讨论。由于学校所在社区较为贫困，学生的辍学率较高。为了改变这一状况，他们研究了一些对策，如建立教师与家长联系责任制、学校向社区通报制、家长委员会参与管理等。

---

3. 加强社区功能，合理使用教育资源

学校教育、社区教育和家庭教育一体化是教育发展重要趋势。利物浦市十分重视三者教育资源的统筹协调，互为开放，互为利用。尤其注重发挥社区的作用。社区的政治、经济、文化对学校教育的影响很大。如果社区不仅能主动优化自身的教育环境，而且能积极参与学校教育，就能有力地促进学校发展。利物浦市在这方面进行了有益的探索。比如，他们在兴建斯皮克加斯顿（Speke Garston）经济开发区时，注意经济与教育的协调发展。在开发区内专门设立了教育行动区（Education Action Zone），组织、协调开发区内的教育发展，综合利用开发区内的教育资源，积极鼓励开发商投资教育。目前已有五个规模较大的企业成为教育行动区的合作伙伴。最近，由教育行动区负责建设了一个设施先进的"学习伙伴中心"（Partrership for Learning）。该中心不仅为开发区内的中小学生开设各类教育活动，而且为开发区内的成年人提供各类培训。因为提高开发区的劳动者素质，为开发区培养各级各类专业技术人才是教育行动区的基本目标。

利物浦市在挖掘社区教育资源为中小学教育服务方面也做得相当成功。比如，利物浦市足球俱乐部在利物浦市有相当大的影响。利物浦市教育行政部门充分利用这一影响力来为中小学教育服务。俱乐部开设了青少年教育学习中心，并配备了先进的计算机网络系统。由中小学校组织学生到中心学习。学生在中心既能听老师讲课，又能直接上网学习，既可以学习足球知识，熟悉球星，又可以学习其他学科知识。这种寓球于乐，寓球于教的教学组织形式，把青少年学生对足球的热情和对学习科学知识的兴趣有机结合起来了，因而深受学生欢迎。

对利物浦市足球俱乐部青少年教育学习中心活动情况的观察

时间：2001 年 3 月 22 日下午 2:30

今天参加活动的中学生 20 余人，有三位指导教师，四位利物浦大学的大学生志愿担任辅导者。活动主题是"足球与中国"。因为今天到中心来的是上海考察团，所以大型电脑屏幕上首先出现了有关上海的若干幅照片，然后介绍上海申花足球俱乐部。接着进行有关中国的知识问答，学生们分成四个学习小组，随着老师的讲解和电脑屏幕上出现的关于中国的人口、首都、长城等一个个问题，四个学习小组进行热烈的讨论，并逐一做出回答。整个教育活动生动、有趣，学生学习热情高涨。

---

4. 加强计算机网络建设，确保教育技术现代化

利物浦市教育行政部门十分重视学校计算机网络建设，投入的力度比较大。他们认为，实现教育技术现代化是学校持续发展的基础和条件。因此，他们把学校计算机网络建设作为支持学校发展的重点。学校为每一位教师配备电脑；政府向家庭经济困难的学生免费提供电脑。考察团发现，利物浦市中小学的计算机普及率和使用率都比较高。他们要求从小学到中学的各年级学生都能用电脑来解决计算、设计、查询等问题。教师除了自制多媒体课件外，还要为学生制作自主学习软件，组织学生上网查阅、分析有关信息资料。尤其是用大型计算机触摸屏组织课堂教学，给考察团成员留下了深刻印象。这种触摸屏可以用手指随意点击，形象直观的效果体现得十分充分，大大提高了课堂教学的效率。

5. 建立激励机制，促进学校主动发展

利物浦市教育行政部门注意把评价机制与激励机制结合起来，以达到促进学校主动发展的目的。他们的基本做法是，根据督导评估结果，对办学质量高的学校和校长给予奖励；对办学质量比较低的学校，调离校长，并对新任校长提出限期整改目标。比如，1999 年，有 15 所中小学被认定为办学质量未达到规定的要求。教育行政部门提出了一个两年整改的目标，并重新任命了一批校长。经过两

年的努力，已有 13 所学校达标。这一激励机制，进一步增强了校长办好学校的责任感，促进了学校的主动发展。

二、有待共同探讨的问题

（一）关于统一评估标准与学校创新，办出特色的问题

统一评估标准与方法，有利于从整体上提高办学水平。如果没有一个统一标准去评估，的确难以全面把握学校的办学质量。但是，仅按统一的评估标准去思考学校的发展，又不利于学校的创新，形成学校的个性，办出学校的特色。如何在统一评估标准的前提下，为学校创建特色，留出一块发展空间，是值得探讨的重要问题。

（二）关于学校效能问题

现在人们都十分关注教育的投入与产出问题。学校效能自然成为人们研究的重点。如果仅以学业成绩的高低来评价学校效能好差显然是不科学的。因为构成学校效能的因素十分复杂。就学校内部而言，有生源问题，教师问题，课程教材问题，管理问题，教育教学技术条件问题等，就学校外部而言，有社区政治、经济、人口、文化问题，上级对学校的管理与支持问题，家庭对学校教育参与和支持问题等。因此，要提高学校效能，就必须认真研究学校自主发展体系与支持学校发展体系的整合问题，以及对整合的过程和结果进行评价的问题。

（三）关于评价导向问题

评价具有重要的导向作用。评价标准是按照教育发展目标来确定的，当然，它不能脱离一定的教育文化背景。就英国来说，过去教育活动搞得比较多，学生活动能力也比较强，而学科教育则比较弱，学科教育质量相对较低，为了改变这一状况，英国强化学业成绩测试不无道理。从中国来看，以往学科教育搞得比较扎实，而教育活动则较为薄弱，学生的能力相对较弱，现在通过推进素质教育来加强教育活动，从而提高学生的生活能力和工作能力，这是明智之举。问题的关键在于如何准确把握好"度"。我们要加强对"度"的研究，也就是说要注意对教育领域出现的"走向中间地带"的现象的思考和研究，这样才能防止走极端，以一种倾向掩盖另一种倾向，才能通过评价对学校的发展做出正确的导向。

三、推进项目研究的思考

通过这次考察，我们不仅进一步体会到该项目对于促进中英两国学校发展的

重要价值，而且进一步增强了推进项目研究的紧迫感和责任感。我们认为，除了上述有待探讨的问题可以作为深化项目研究的内容外，下列几个问题可以列为近期推进项目研究的重点。

（一）关于最低学业成绩标准的设定问题

最低学业成绩标准设定既关系到办学的基本质量，更关系到未来国民的基本素质。英国教育督导部门在按英国教育标准局的评估标准进行督导评估时，把学生是否达到最低学业成绩标准作为评估学校办学质量的重要依据。比如，他们非常关注学生基本的读写能力和计算能力。尽管我们一向以为学科教育质量比较高，其实发展很不平衡。有一部分学生同样存在着基本读写和计算的困难。如果我们不设定最低学业成绩标准，可能会导致学校放弃或降低对这部分学生的教育。因此，在推进项目研究的过程中，我们是否可以借鉴英国的经验，把设定最低学业成绩标准作为研究重点之一。

（二）关于评价软件的设计问题

开发和运用评价软件，有利于提高评估的效能。利物浦市根据英国教育标准局的评价标准，结合利物浦市学校的实际，设计了一套评价软件，对于提高督导评价的质量，促进学校的发展产生了积极的效果。按照上海目前学校计算机发展水平，随着项目研究的深入，应该开发出一批具有上海水平和特点的评价软件。

（三）关于教师自我发展的问题

教师在学校发展中起着至关重要的作用。促进教师发展的根本目的是为了学生的发展。如果教师不能实现自身的发展，学生就难以获得健康的发展，学校也难以形成办学风格和特色。因此，校长应把教师的发展作为学校发展计划重要组成部分加以设计和实施。当然，这并不是把学校发展计划中的各项目标简单地分解给教师，而是要让教师在认同学校发展计划的基础上，制订自我发展计划。由于教师的知识背景、能力结构、价值取向、思维方式和心理情感不同，教师的发展需求和发展重点是不一样的。因此，校长要对教师的发展规划进行指导，使之更贴近教师自身发展的实际。同时，校长还要为教师自我发展规划的实施创造良好的条件和人文环境，真正使教师通过自我发展规划的实施，实现自我价值。总之，教师发展问题应成为该项目后续研究的又一重点。

图书在版编目（CIP）数据

学校教育改革视界与设计／赵连根著.—桂林：广西师范
大学出版社，2020.8
　ISBN 978－7－5598－2938－2

　Ⅰ.①学… Ⅱ.①赵… Ⅲ.①中小学教育－教育改革－
研究－中国 Ⅳ.①G639.21

中国版本图书馆 CIP 数据核字（2020）第 099181 号

学校教育改革视界与设计
XUEXIAO JIAOYU GAIGE SHIJIE YU SHEJI

出 品 人：刘广汉
责任编辑：刘美文　王荣光
封面设计：李婷婷

广西师范大学出版社出版发行

（ 广西桂林市五里店路9号　　邮政编码：541004
　网址：http://www.bbtpress.com ）

出版人：黄轩庄
全国新华书店经销
销售热线：021－65200318　021－31260822－898
山东临沂新华印刷物流集团有限责任公司印刷
（临沂高新技术产业开发区新华路1号　邮政编码：276017）
开本：720mm×1 000mm　　1/16
印张：16.75　　　　　　字数：296 千字
2020 年 8 月第 1 版　　2020 年 8 月第 1 次印刷
定价：48.00 元